WIZARD

WIZARD BOOK SERIES Vol.52

バーンスタインの
デイトレード
実践

Jake Bernstein
ジェイク・バーンスタイン[著]
長尾慎太郎[監修]　岡村桂[訳]

The Compleat Day Trader II

Pan Rolling

日本語版への序文

 日本の皆さん、The Compleat Day Trader IIへようこそ。この本が皆さんの国の言葉に翻訳されたことをとてもうれしく思っています。
 わたしのシステムや手法は国やマーケットを問わず、すべてのトレーダーにとって役立つものだという自信があります。グローバルエコノミーが進展する現在、アメリカ経済が日本のマーケットに影響を及ぼし、逆もまた然りで、今や世界経済はひとつです。また1980年代半ば以降、世界のマーケットではボラティリティが増しています。今後もマーケットの変動はさらに激しくなるはずで、そうなれば短期トレーダーやデイトレーダーにとってのチャンスが多く生まれます。
 もしあなたが自己規律を身につけた真剣なトレーダーであるのなら、本書に収録された手法が非常に役立つものだということがお分かりいただけるでしょう。ただ、忘れてはならないことがあります。デイトレーダーにとっての「ベスト」とは、これだと感じたシステムや手法を見つけたら、一貫性と自己規律をもってそれに従うことであり、デイトレーダーにとっての「ワースト」とは、規律を失ってしまったり、負けトレードをオーバーナイトすることです。ひとたびルールを破ってしまえば、その他のルールもたやすく破ってしまうことになるでしょう。せっかくのプランが崩れ出し、お金を失うことになります。
 本書の目的は、皆さんが「金儲けする」のを手助けすることにあります。紹介した戦略や手法を実践して利益を上げられるかどうかは、すべて「あなた次第」なのです。

 わたしはマーケットリサーチを常に継続しており、新たな、そしてより有効なトレーディング手法を日々開発しています。より最新の研究にご興味がある方は、ぜひともわたしのウエブサイト http://

www.trade-futures.com/ にいらしてください。そして本書の内容についてご質問や疑問がある方は、どうぞ気兼ねなくわたしにEメールをください。メールアドレスは、jake@trade-futures.com です。

読者の皆さんがトレーディングで最高の結果を出され、人生においても大きな成功を収められることを心より祈っています。

2003年３月

　　　　　イリノイ州ウィネトカ　ジェイク・バーンスタイン

監修者まえがき

　デイトレードの入門書として好評を得た『バーンスタインのデイトレード入門』から5年の歳月を経て、ジェイク・バーンスタインはその発展版とでもいうべき本書"The Compleat Day Trader II"を著した。
　デイトレードにかぎらず、投資・投機の世界において驚かされることのひとつに、情報の質と量に関する近年の劇的な変化がある。それは情報通信技術の発達と安価で高速なPCの出現、そして経済や金融の世界における急速なグローバル化によってもたらされたものであるが、現在では昔とは比べ物にならないほど大量の投資・投機に関する情報が流通している。もちろんそのなかには、無意味な、あるいは場合によっては有害な情報も数多く含まれてはいるが、情報の量の増大は同時に量質転化のプロセスを促し、少なからぬ良質な情報がほとんどただ同然で広く一般に流布することにもなった。
　この事実を個人投資家の立場から考察してみると、以前であればいわゆる優れた売買手法を自力で探し出すだけで大変な労力を要したし、逆にいえば、それを見つけることができさえすれば長い期間にわたって優位性が得られたのであるが、前述した理由によって、優れた情報を知っていることは今やだれにとっても当然のことになってしまったのである。たしかに私たちのもとに押し寄せる情報は膨大ではあるが、データベースの整備が進み、皆が手元に高性能のPCを所有できる現代にあっては、それらの真偽を見分けることは比較的容易であると言えよう。
　もちろん、そういった「情報のインフレ化」が、情報それ自身が持つ優位性の度合いを薄めた感は否めないが、それにもかかわらず、いまなお以前と同じようにマーケットにおいて有意に効くファクター、

アノマリーが多く存在するのも事実なのである。なぜなら、優れた情報を、利益を生み出す売買として具現化するにあたっては、依然としてそれ相応の技術や知識、経験といったものが必要であり、このことが大なり小なり参入障壁として働いているからである。

つまり別の表現をすれば、情報のインフレ化は投資においてカギとなるポイントを大きく変化させてしまったとも言える。すなわち、売買の確実性と正確性が損益の行方を決めることになったのである。平たく言えば、優れてはいるが難解で複雑な情報に基づいて、不正確あるいは不確実に売買を行うよりも、だれもが知っているような簡単で単純な情報に基づいて、正確かつ確実に売買を行うほうがより成功に近いということなのだ。逆にいえば、インフラの程度、運用資金の多寡や自身の性格、自由になる時間などといった個々人の持つ特性に応じて扱いきれる売買手法を選ぶことが肝要なのである。そこで依拠する情報が複雑なものであるか否かは二の次であると言えよう。

さて、本書では私たち個人投資家にとって実行が容易な手法が慎重に選ばれて解説されており、またそれらがもつ優位性を確実に生かすための方法について多くのページが割かれている。その意味においては、本書は一見平易な内容であるように見えながら、実態としてはデイトレードに関する技術や知識の集積が急速に進んだこの20世紀の最後の５年間の教訓や経験が十分に反映された内容で構成されており、まさにデイトレーダー向けの実務書と言っていいだろう。

前作に続き、本書の出版にあたっては、以下の方々に心から感謝の意を表したい。岡村桂氏は特異な分野に特化した本書に対し丁寧で分かりやすい翻訳を実現してくださった。阿部達郎氏はいつもながら丁寧な編集・校正を行っていただいた。またパンローリング社社長の後藤康徳氏はいち早く本書の価値を見抜き、われわれに翻訳のチャンスをもたらしてくれた。こうしてデイトレードに関するバーンスタイン

の著書2冊をそれぞれ翻訳・出版できたことはこれらの方々のおかげであり、私たちの努力が日本のデイトレーダー、そしてデイトレーダーを志す人々にとってなんらかのお役に立てるとしたら望外の幸せである。

2003年3月

長尾慎太郎

CONTENTS

日本語版への序文 ―― 1
監修者まえがき ―― 3
まえがき ―― 15
謝辞 ―― 17

第1章　デイトレーディングの展望――観測、主張、警告 ―― 19
　なぜデイトレードか？ ―― 20
　デイトレーディングの規律と根気 ―― 23
　デイトレードとは有利なのか、不利なのか？ ―― 25
　本書を読むにあたって ―― 27
　自己規律の重要性 ―― 27
　規律とは？ ―― 28

第2章　タイミング指標について ―― 33
　典型的な移動平均（MA）指標 ―― 34
　さまざまなタイプの移動平均 ―― 36
　ストキャスティック指数（SI）と相対力指数（RSI） ―― 37
　チャートのパターンとフォーメーション ―― 39
　パラボリック ―― 41
　ADXとDMI ―― 43
　サイクル ―― 45
　季節性 ―― 47
　モメンタム（MOM）／変化率（ROC） ―― 50
　マーケットセンチメント ―― 54
　ブレイクアウト ―― 55

第3章　デイトレード――芸術か科学か？　　57
規律の問題　　58
芸術と科学の分かれ目　　58
科学が芸術に変わるとき　　59
芸術と科学――何をするべきか？　　60
ベストポジション　　61
デイトレード――良い点、悪い点、そして厄介な点　　61
ほとんどのトレーディングシステムはうまくいかない　　62
手数料に食いつぶされる　　63
プロが勝ち、大衆は負ける　　64
不利な価格での執行を回避できるか？　　64
誤報と偽情報の蔓延　　64
トレーダーはＳ＆Ｐを好むが、その多くは損を出す　　65
先物オプション――現実と神話　　65
インサイダーが利益を得る　　67
成功の見込みはますます悪化している　　67
コンピューター――役に立つか？　障害物か？　　69

第4章　30分ブレイクアウト　　71
基本的手法　　71
その他のパラメータ　　74
ストップロスとトレイリング・ストップロス　　82
30ＭＢＯを使用して何ができるか　　82
検証結果の分析　　84
最適なマーケットは？　　88
リスクと報酬――現実と合理性　　89

CONTENTS

第5章　曜日のパターン —— 91
　主な季節性の例 —— 93
　曜日と日付の価格パターン —— 97
　曜日、日付、月中の位置 —— 99
　月曜日のパターン —— 99
　ほかの曜日パターン —— 101
　曜日パターンとタイミング —— 102
　DBOのルールとパラメータ —— 103
　日中ベースのDBO —— 104

第6章　トレーディングシステム——賛否両論 —— 107
　純粋なテクニカルトレーダー —— 107
　純粋なファンダメンタルトレーダー —— 109
　テクノ・ファンダメンタルトレーダー —— 110
　直観的で勘と経験に頼り、気合いで成功を収めようとするトレーダー —— 110

第7章　インサイドデイ（はらみ足）のパワー —— 113
　はらみ足の例 —— 114
　はらみ足とトレンドの転換 —— 114
　はらみ足のルール —— 116

第8章　システム検証と最適化——友か敵か？ —— 121
　なぜトレーディングシステムを検証するのか？ —— 122
　各自のトレーディングシステムを検証する —— 122
　最適化 —— 127
　システム開発の合理的なアプローチ —— 130

第9章　感情、トレーダー、そしてマーケット ─── 133
ルールの作成 ─── 135
システムトレーディング、規律、そして利益 ─── 139
トレードで損を出す「見事な」方法 ─── 140
建設的な提案 ─── 149

第10章　どんなマーケットでデイトレーディングをするのか？ ─── 155
出来高 ─── 155
ボラティリティ ─── 158
両刃の剣 ─── 159
状況の変化 ─── 159
異銘柄間スプレッドのデイトレーディングは可能か？ ─── 161
デイトレーディングに推奨されるスプレッド ─── 162

第11章　大引けと寄り付き ─── 165
高値、安値、終値の関係 ─── 165
始値と終値の関係 ─── 169
始値と終値の関係に基づくトレーディングシステムの作成 ─── 172

第12章　ギャップ手法 ─── 183
デイトレーダーの理想 ─── 183
ウップスについて ─── 184
基本的な買いシグナル ─── 186
基本的な売りシグナル ─── 186
ギャップトレードの心理 ─── 188
「ベスト」のギャップトレード ─── 191
ギャップトレードの実践 ─── 192

CONTENTS

さまざまなタイプのギャップトレード ——————— 193
ギャップ期間の比較——複数日のギャップシグナル ——— 196
ギャップトレードの日中フォローアップ ——————— 204

第13章　アキュムレーション／ディストリビューションのオシレーターと派生指標 ——— 207

典型的な状況 ——————————————————— 208
アキュムレーションとディストリビューションの理論 ——— 211
A／Dオシレーターを使用する ——————————— 211
騰落派生指標（ADD） —————————————— 216

第14章　注文の重要性 ——————————————— 225

成行注文 ————————————————————— 226
条件付き成行（MIT）注文 ————————————— 227
フィル・オア・キル（FOK）注文（即時執行注文） ——— 228
ストップオーダー（逆指値注文） —————————— 229
ストップリミット・オーダー（指値条件付逆指値注文） — 229
グッド・ティル・キャンセル（GTC）注文（オープン注文）— 229
ワン・キャンセル・アザー（OCO）注文 ——————— 230
注文をうまく利用する —————————————— 230

第15章　デイトレーディングの心理 ———————— 237

忍耐、短気、感受性 ——————————————— 238
デイトレーダーとして成功する特性 ————————— 239
柔和の危険性 —————————————————— 242
自制心について ————————————————— 244
デイトレーダーのその他の心理について ——————— 245

成功に必要な自己規律 ──────────────── 246
損失を受け入れる ────────────────── 248
資力を超えた売買をしない ─────────── 250
マーケットの限定 ────────────────── 251
十分な資金で始める ───────────────── 252
ニュースの活用 ──────────────────── 253
一瞬の値動きの利用 ───────────────── 254
毎日の目標を忠実に守る ─────────── 255
マーケットセンチメントを利用してデイトレーディングの
　機会を見つける ─────────────────── 256

第16章　デイトレーダーとして成功するルール ─── 259

方向性を決めること──自分の方向を知ること ───── 260
最初に損を出しても驚かないこと──成功しない人もいる── 261
期待を最小限に抑えること──過大な期待を持たないこと── 263
他人の意見を遮断すること──自分のルールでゲームをすること── 263
シグナルが示しているときは損切りをすること──言い訳はしないこと
　──────────────────────────── 264
デイトレーダーとしての目標を立てること ────── 266
利食いを急がないこと ───────────────── 266
利益を長く持ちすぎないこと ───────────── 267
シグナルが出現しない場合は「無理に」トレードしないこと── 268
躊躇しないこと ──────────────────── 268
トレードの記録をつけること──良くても悪くても、
　面白くないときでも ─────────────── 269
適切な情報を入手していないかぎりトレードしないこと── 270
確かでないときには何もしないこと ─────── 270

CONTENTS

 ホームワーク（下調べ）をすること――――――――――271
 トレード結果を追跡すること――――――――――――272
 複雑であることが必ずしも利益を意味するわけではない――273
 マーケットの作り話の危険性――――――――――――273
 増し玉（ピラミッディング）の危険性―――――――――274
 薄商いのマーケットを避けること―――――――――――274
 レミングと一緒に走らないこと――――――――――――275
 大きなイベントやニュース後のデイトレーディング機会に
  気をつけること―――――――――――――――――276
 正しくタイムリーな価格データの重要性―――――――――276
 手数料とブローカーについて―――――――――――――276

第17章　よくある質問――――――――――――――279

あとがき――本書を終えるにあたって――――――――――289
 なぜ本書を書いたか――――――――――――――――289
 それでは始めよう―――――――――――――――――294

The Compleat Day Trader II
Copyright © 1998 by Jake Bernstein

Japanese traslation rights arranged with The McGraw-Hill Companies, Inc.
through UNI Agency, Inc., Tokyo

まえがき

　1995年に前作を執筆したとき、私は、デイトレーディングの科学と芸術は成熟したと感じた。価格のボラティリティが高くなり、マーケットに関するデータの配信や分析が技術的に高まったことを考えると、デイトレーダーがトレードできる機会がたくさん存在することは明白であった。事実そのとおりだった。しかし、機会があるところにはリスクもある。利益を上げる可能性が高くなると、損失を出す可能性も高くなる。実際にデイトレーディングをしているトレーダーや、デイトレーディングをしたいと考えているトレーダーがかつてないほど増えたように思う。しかし、デイトレーダーの人数が増えるということと、掛け金の高いこのゲームで勝利を収めるトレーダーの割合が増えるということは違う。デイトレーダーとその志望者は、危険が潜むマーケットの海路をナビゲートしてくれる効果的なツールを使用する必要がある。デイトレーディングに関する本を新たに執筆するに当たって、私は次のことを目標とした。

- 私が得た最新のデイトレーディングのシステムと手法を紹介し、それについて説明すること
- マーケットの方法論とトレーダーの心理面の両方から、効果的なリスク管理についての考えを詳しく述べ、さらに新しい考えを共有すること
- デイトレーディングのテクニックについて、新しく、そして見込みのある提案をすること
- 以前に説明したテクニックと方法に多少手を加えること

　本書は前作の目標をはるかに超えている。本書では今後の問題探求

に役立つコンセプトだけでなく、効果的なツールも紹介している。

今皆さんが手にしているこの本には、デイトレーディングに関するさまざまな手法やシステムがたくさんつまっている。時間をかけて手法を学習し、研究し、追跡してもらいたい。そして、皆さんの興味や懐を刺激したテクニックを学習したら、それを使用してトレードを始めてもらいたい。ただし、手法について十分に学習しないうちにマーケットに飛び込んではならない。トレーディングを始めるに当たっては、デイトレーディングの報酬だけでなく、リスクについてもしっかり理解しておくこと。十分な資金を持ってトレーディングを始め、各自の手法に必要な規律に従うこと。

最後に、デイトレーディングは簡単だ、などという誤まった考えに基づいて先に進んではならない。デイトレーディングには確かに利点もあるが、自己規律の点から言うと、デイトレーディングはポジショントレーディングより難しいというのも事実である。たいした努力もしないでデイトレーディングを実行することはできない。デイトレーディングには、一にも二にも努力が必要なのだ。さらに、規律、注意力、秩序、責任も必要である。デイトレーダーとしての成功は、雑誌や本を読んだだけで手にすることはできない。

本書で紹介したツールが皆さんの役に立つことを心から望んでいる。さらに、皆さんの投資が成功することを祈る。何か私にできることがあれば、いつでも質問を受け付けているので次のアドレスに連絡してもらいたい。jake@trade-futures.com

私が実施した新しいデイトレーディングに関する調査については、http://www.trade-futures.com/で随時紹介している。

イリノイ州ノースブルック

ジェイク・バーンスタイン

謝辞

本書の執筆にあたって、膨大な量の研究を行った。システムテスト向けのソフトウエアと信頼できる過去のデータなくして、私の任務を遂行することは不可能であった。次の方々、企業、組織の多大なる支援に感謝の意を表したい。

- クオート表示の優れたツールであるSYSTEM ONEからチャートを転載させてくれたコロラド州グレンウッドスプリングスのコモディティ・クオート・グラフィックス（CQG）。CQGのソフトウエアは、デイトレーディングを行ううえで非常に効果的である。私はこのツールを長年愛用していて、今でも非常に役立っている。
- フロリダ州マイアミのオメガリサーチ社のビル・クルーズ氏と、その優秀なスタッフの方々。いつも支援してくださり、また、システムテスト向けのソフトウエア・プログラム、TradeStationで作成したレポートの使用を許可してくださった。この高度なプログラムのおかげで、過去データの検証やシステム開発を効果的かつ効率的に進めることができた。これは、すべてのデイトレーダーのニーズに応えるものである。
- ジェネシス・フィナンシャル・データのグレン・ラーソン氏。過去の日々のデータとティック単位のデータを継続的に提供してくれた。これらのデータなくして、デイトレーディングのシステムや指標や手法を開発、評価、検証することは不可能であった。
- FutureSource。優れたトレード・ソフトウエアからチャートを転載させてくれた。
- 意見、提案、システム、方法、タイミング指標のヒントを与えてくれたすべてのトレーダーの皆さん。

- 本書のために、熱心にそして一生懸命働いてくれたスタッフたちにも感謝する。私と一緒に働くことは楽ではなかったはずだ。私は意見をすぐに変えることがあるからだ。
- 最後になったが、私の家族たち。このプロジェクトを完成させるために私に時間を与えてくれ、それに根気よく付き合ってくれた。

　　　　　　　　　　　　　　ジェイク・バーンスタイン

第1章
デイトレーディングの展望
――観測、主張、警告
A Perspective on Day Trading : Observations, Claims, and Caveats

◎影をつかもうとして実を失うな
────イソップ

　デイトレーディングは、実現性があり利益を上げられる投資として、すべてのトレーダーが行うことができるようになってきた。かつて、デイトレーディングは厳しく保護されていて、実質的にはプロのトレーダーの専門領域であったが、情報通信のスピードが急激に速まり、コンピューターのテクノロジーも高度になったため、平均的なトレーダーでも「街で最速のゲーム」に参加して勝利を収めることができるようになったのだ。もはや、フロアトレーダーはデイトレーディングの成果を独占するわけにはいかなくなった。知識、トレーディングシステムや手法、そして十分な資金があれば、ほぼすべてのトレーダーがこの掛け金の高いゲームに参加できるようになった。

　しかし、ゲームのルールや手順を正しく理解し、学習し、適用しないと、デイトレーディングで利益を上げるというのは夢のまた夢である。デイトレーダーとして成功するのに必要な資質である「規律」と「根気」を持つことができる人物は、実際にはごく少数しかいない。

　この目的を達成するには、次の要素を備えなければならない（重要な順番に並べているわけではない）。

●トレーディングの用語、手法、システム、指標に関する知識
●十分な資金（それはすべてリスク資本となる）

- 実現性があり、検証済みで、効果的で、いつでも利用できるトレーディングシステム、手法、指標
- 指標、システム、手法を効果的かつ堅実に実施するための時間、忍耐力、根気
- トレーディングシグナルに従うための規律
- デイトレーディングのシステムや手法が指図する場合、損切りをしたり利益を確定したりするための規律

　予備的な定義や説明は省略する。本書は、マーケットやトレーディングの基本についてすでに理解しているトレーダーを対象にしている。トレーディングの経験があるとなおよいだろう。したがって、ざっと説明しただけの事柄のなかにも重要な要素が含まれていることもある。あまりにも基本的な情報であったり、私のほかの著書ですでに説明した事柄であったりするため、省略しているだけなのだ。デイトレーディングの入門書を探している方は、前作ではデイトレーディングの基本について説明しているので、それを参照していただきたい。本書では、トレーディングシステムや手法だけでなく、デイトレーディングのルール、手順、基本原則について徹底的に調査した結果を紹介している。

なぜデイトレードか？

　デイトレーディングに時間、エネルギー、そして努力を費やそうと考えているなら、まずはその理由から考えてみるとよいだろう。「デイトレーディングの魅力」というだけでは、これほど集中力を要し、時間を浪費し、コストのかかる投資にかかわる理由としては不十分である。「なぜデイトレードをするのか？」という基本的な疑問に対する最も客観的な答えは、「儲けるため」である。しかし、トレードす

るモチベーションはそれほどシンプルではない。デイトレーディングで利益を上げるためには、まず、利益に対する単なるインセンティブに加え、どのようなモチベーションがあるのかを理解し、それを認めることが大切である。

私自身の長い経験、そしてほかのデイトレーダーを観察した結果から、人々がデイトレーディングに関心を持つ理由を考えてみた。

潜在的利益

これは、最も明白な理由である。国内外を問わず、先物市場では値幅の振幅が大きいというのは当然のことであるため、1日の時間枠で多くの機会を見つけることができる。値幅の振幅が大きいことに加え、日中のトレンドには持続性がある。このことから、いったんマーケットにトレンドが見られるようになるとそのトレンドが継続する傾向がある、と言える。もちろん例外もある。トレンドはその日のうちに反転することもあり得るが、デイトレーダーがそのような変化をうまく利用できる(あるいは少なくともそのような変化からポジションを保護できる)システム、手法、手順もある。

典型的なデイトレーダーのマーケットであるS&P500先物では、1日に1000ポイント以上もの値動きがあることは当たり前である。これは金額では2500ドルのレンジに相当し、デイトレーダーにとっては十分な大きさである。図表1.1は、1997年10月から12月のS&P500先物の日足チャートである。1000ポイント以上の値動きがあった日には「X」を記した。これに該当する日は非常に多く、デイトレーダーにとって十分な潜在的利益があることを示している。

Tボンド、コーヒー、スイス・フラン、英ポンド、日本円の先物などでも大きな値動きが見られる。原油先物の値動きも大きいが、前述のマーケットほどではない。そのほかに、ヨーロッパの先物にも1日の値幅が大きいマーケットが多い。このように、デイトレードの機会

図表1.1　1997年10〜12月のS&P500先物(「X」は1000ポイント以上の値動き)

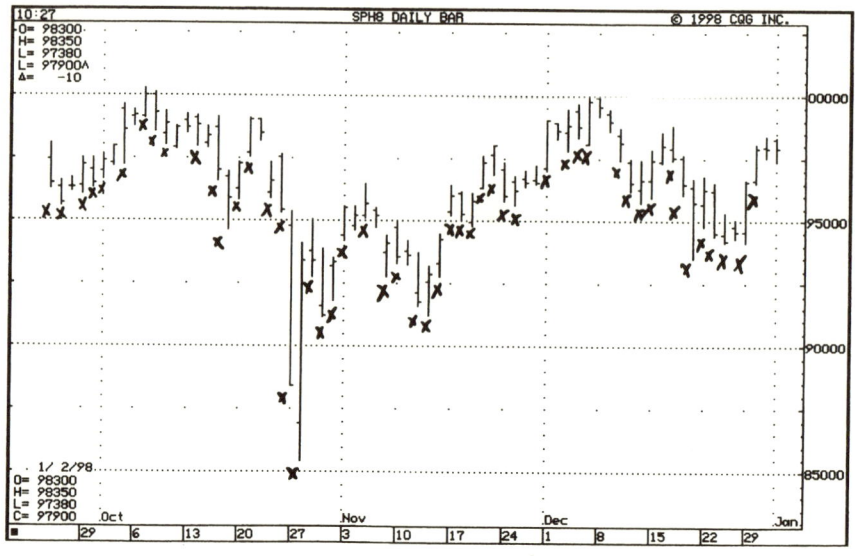

は、国内外を問わずさまざまなマーケットに存在しているのだ。

　当然のことながら、利益の機会があるところには損失のリスクもある。経験の浅いトレーダーでも、損失のリスクがあることを認識しているだろう。しかし、ポジショントレーディングと比べてデイトレーディングはリスクが少ないなどと勘違いしてしまわないように、いやおうでもリスクのことを強調しておく。

チャレンジ

　もうひとつの現実的な理由は、ゲームにチャレンジするということである。利益の次に位置するモチベーションではあるが、儲けることができると同時に知的ニーズにも応えてくれる投機に満足感を覚える

人は多い。初心者のトレーダーは、利益を上げて生き残ることを目指している。やがてゲームに慣れると、利益を上げるだけでなく勝利を収めることも目指すようになる。

デイトレーダーとして成功するためのチャレンジに、多くのトレーダーが魅せられてきた。同時に、欠陥のあるツールを使用したり規律もなくゲームに参加した結果、多くのトレーダーが破滅していった。したがって、デイトレーディングで堅実に利益を上げる能力というのは、マーケットを理解し、その理解に基づいてツールを開発し、それを実際の行動に移す能力のことなのである。

名声

名声の誘惑も、趣味や仕事としてトレーダーがデイトレーディングに携わる理由として無視できない。トレーダーのエゴや名声は、儲けるという欲望に勝るものでないことが望ましい。しかし、デイトレーダーとしての名声は、収益性のあるトレーディングやシステム開発なくしては得られない。名声に対する欲望が責任や方法に勝ってしまわないように、名声という目標は最低限に抑えておくこと。

デイトレーディングの規律と根気

何よりもまず、自己規律と根気を習得しなければ利益も成功も名声もあり得ない。これは、デイトレーディングで利益を上げるのに欠かせない要素である。これらのスキルは、トレーダーの心理に本質的に織り込まれるものである。私の経験から、長期、中期、短期、そしてデイトレーディングのいずれかを問わず、トレーディング手法のなかで最も重要な部分はトレーダーの心理であるという認識に至った。心理的なバランスがとれていなければ、世界で最高のトレーディングシステムでも、トレーダーの気まぐれや不安や望みに左右されてしまう。

心理的に弱いトレーダーはシステムを傷つけ、そして損失に結び付いてしまう。

　私がトレーダーの心理について調べ始めたのは、1968年にさかのぼることができる。この長年の経験から、多くのことを学んだ。システムのルールを適用する心理的能力をトレーダー自身が理解しないかぎり、どんな手法もどんな指標も効果を発揮しない。自己規律がないトレーダーは、最終的に損失を出してしまう。そうなるとフラストレーションがたまり、ますます規律がなくなって損失を増やすことになってしまう。

　トレーダーがシステムを機能させることができなければ、当然、システムは機能しない。規律のないトレーダーはたくさんのミスを犯し、成功のチャンスをむしばんでいく。意識的なミスもあれば、無意識のミスもあるだろう。私は臨床心理学や行動心理学を学んでいるため、トレーダーが自らの行く手に心理的な障害物を置いてしまうことや、トレーダーの限界についてたくさん見てきた。

　実際に、私はこのテーマについて著書を発表している。『インベスターズ・クオーシャント（Investor's Quotient）』と『インベスターズ・クオーシャント――第二版（Investor's Quotient―Second Edition）』は、何年間もベストセラーとなっている。世界中のトレーダーが私の本を読んでくださっているようで、多くの手紙や電話をいただいた。マーケットに対する心理的位置づけを明確にしていないトレーダーが失敗することは最初から分かりきっている、という私の主張が正しいことを確認することができた。デイトレーディングでは意思決定を迅速に行わなければならないため、特にこのことに注目してもらいたい。

　トレーダーは、自分の限界を素直に認めなければならない。そして、限界を克服するために戦略を学んでそれを適用しなければならない。私の意見に賛成できない方もいるだろうが、効果的なトレーディング

システムや手法と同じくらいトレーダーの心理も重要である、と私は考える。両方の要素がなければ、成功を収めることは簡単ではない。いや、不可能である。

　私の主張を無視したり飛ばして読んだりしてもかまわないが、きっと大きなミスにつながるということを警告しておく。何冊もの本で説明している事柄をひとつの章にまとめるのは至難の技であるが、トレーダーである皆さんに落とし穴が待ち受けていることを知らせるためにベストを尽くすつもりだ。

デイトレードとは有利なのか、不利なのか？

　長年にわたって、デイトレードはトレーディングのなかで最も投機的であると考えられていた。しかし私が思うには、それはデイトレードできない人やデイトレードすることを恐れている人が伝えた作り話ではないだろうか。デイトレーダーは有利な立場にいる、というのが真相だ。成功を収めるデイトレーダーは、1日の時間枠でできることが制限されているということを認識している。したがって、デイトレーダーは真の投機家であると言える。デイトレーダーは非常に手ごわい任務に直面しているが、その報酬は法外なものになる。

　デイトレーダーは、腕利きの外科医、射撃の名手、あるいはカーレーサーのようなものではないだろうか。有望なターゲットを見つけ、それに狙いを定め、引き金を引き、獲物を捕らえることに集中する。まるで守銭奴のように聞こえるが、これがトレーディングなのだ。優秀なトレーダーは、万が一に備え、最も確実なターゲットに的を絞る。しかし、デイトレーダーにとって最も確実なターゲットが、必ずしも最大の利益を上げられるとは限らない。デイトレーダーは、成功の可能性と利益の可能性の両方を注意深く見極めなければならない。このことは、デイトレーダーにとって必ず有利に働く。デイトレーダーは、

どのマーケットでトレードするかということだけでなく、何をトレードするかということについても慎重に選別しなければならない。

デイトレーダーは、時間枠という点でも有利な立場にいる。そもそも、デイトレードとは1日で完結するトレードのことであるため、デイトレーダーは勝っても負けてもトントンでも、大引けにはポジションを手仕舞いしなければならない。このことは利益を限定することになるが、損失も限定できる。トレーダーが犯す最大の失敗は、手仕舞いのポイントを超えて損失を抱えることである。大引けに手仕舞いするということは、私が知るかぎり、損失を限定する最も良い方法である。

トレーダーには、損失は長引かせて、利益はすぐに手に入れる、という傾向がある。私の説明を疑うなら、皆さんのこれまでのトレードを振り返ってみてもらいたい。きっと、損切りをするべきときにしておかなかったために、最大の損失が生じたことだろう。デイトレーダーはすぐに損切りをする。したがって、デイトレーダーにはポジショントレーダーとは明確に異なる強みがある。しかも、それは非常に大きな強みと言えるだろう。

デイトレーディングのもうひとつの利点は、証拠金を効果的に利用できるということだ。大引けにはポジションを手仕舞いしているため、オーバーナイトのための証拠金は必要ない。利益を上げられるシステムを使用していれば、証拠金の問題に悩まされることはない。つまり、ポジショントレーダーと比べて最初の資金が少なくて済む、ということだ。

最後に、デイトレーダーは夜間の値動きの影響を受けない、というメリットがある。今は、マーケットボラティリティがとてつもなく大きい時期である。S&P500で5000ドルの含み益があっても、一晩で4000ドルになっていることもあり得る。しかし、大引けに手仕舞いすると5000ドルはそのまま利益となる。国内外のイベントによって翌日

の寄り付きが急に上下しても、この利益が消えてなくなることはないのだ。私が考えるには、これがデイトレーダーの最大の強みだろう。含み益を失わずに済むだけでなく、何も心配せずに安らかに睡眠をとることができるのだから。

本書を読むにあたって

すべてのトレーダーは、一貫性があり、効果的で、順応性があり、根気強くなければならない。これらは、トレーダーにとって最も重要な資質である。しかし、デイトレーディングはトレーダーに開かれた道のなかでも特にユニークなトレードであるため、心理的な面でも独自の特徴を持っている。本書で説明するシステム、手法、指標のなかには、補足説明を加えたり、個別に考慮しなければならないものもある。

本書を読むにあたって、メモをとることをお勧めする。本書では、デイトレーダーの限界を克服して強みを最大限に伸ばすのに役立つ手法を皆さんに紹介する。必ずしも１カ所にまとめて示しているわけではなく、本書全体のいろいろな個所で示している。

自己規律の重要性

トレードでの成功を妨げている心理的問題や行動の問題については第15章で説明するが、私が開発したシステムと手法について考える前に、人は利益の出るトレーディングは簡単であるとか、もっと利益を増やすことができると考えがちな資質について知る必要があるだろう。何よりも重要なのは、「規律」である。

これまでに、皆さんは規律という言葉を何百回、いや何千回と耳にしたことがあるだろう。これは、トレードにおいて最も使い古された

言葉と言えるだろう。単にこの言葉を使うことと、本当の定義を行動レベルで理解することとは違う。理解するのははるかに難しいのだ。

規律とは？

- 規律とは、トレーディングプランを立ててそれを維持できるだけでなく、トレーディングプランがうまくいかない時期やそれを断念する時期を認識できることでもある。
- 規律とは、トレーディングのポジションが利益を上げているときでも、ポジションがうまくいっていないときでも、十分な時間をトレードにかけられるということである。
- 規律とは、損失を出しても再度トレードできることである。
- 規律とは、関係のない情報を無視して、自分のシステムに関連しない意見を避けられることである。
- 規律とは、妥当なポジションのサイズを維持し、資力を超えたトレーディングにつながる行動を避けられることである。
- 規律とは、自分のトレーディングシステムを維持し、必要なタイミング指標を算出する（コンピューターでも手計算でも）のに必要な根気強さである。
- 何よりも規律とは、前日に勝っても負けてもトントンでも、毎日トレーディングをすることである。

お分かりのように、規律とは、さまざまな要素で構成されている。規律とは、ひとつの特定のスキルではないのだ。トレーディングにおける規律を理解するのに最適な方法は、規律を構成する行動について調べることだ。では、その構成要素について考えてみよう。

※参考文献：マーク・ダグラス著『規律とトレーダー』（パンローリング刊）

根気

　これは、トレーダーが持つべき資質のなかで最も重要なものだろう。トレードでは、結果が良くなかった場合でもトレーディングを続けられるという能力が必要である。マーケットやトレーディングシステムの特性から、悪い時期のあとには良い時期も訪れ、良い時期のあとには悪い時期が訪れるものだ。

　損失が続いたあとに最大の成功が待ち受けていることもある。このような理由から、自分のトレーディング手法を根気強く適用し、それを妥当な期間使用し続けることが重要なのだ。すぐにあきらめてしまうような人は、システムが機能し始めたころにはもうトレーディングから手を引いてしまっているし、あきらめが遅すぎても取引資金を使い果たしてしまう。そのため、根気強いことも重要であるが、手放す時期を知ることも重要である。

　根気強いことがそれほど重要であるなら、トレーダーはどのようにしてこの資質をつくり出せばよいのか？　答えは簡単であるが、それを実行するのは容易ではない。根気強く行動することで根気が形成されるのだ。循環論法のように聞こえるかもしれない。しかし、根気を養う唯一の方法は、各自のシステムや手法の指図に従って実施するように自分に強いることである。

　難しいと思ったら、まずトライしてみよう。トレーディングのシステムや手法に責任を持つ。ルールに従ってそのアプローチを一定期間やり遂げる。あるいはそのシステムが主観的なものであれば、できるだけ堅実にそのシステムを使用してトレードしてみる。首尾一貫してルールを適用してみると、その一貫性が成果を上げていること、そして努力に見合った利益を上げていることに気づくだろう。

　トレーディングがうまくいかなかった場合でも、多くのことを学んでいるはずである。できるだけ多くのトレーディングやルールに従うと、システムや手法を守ること、規律を持ってトレードできること、

そのためには根気が必要であることを学んでいるだろう。

　このような行動と、無計画にトレードしたり、ルールを首尾一貫せずに適用したりして無知や混乱が生まれることを比べてみよう。皆さんのトレーダーとしての経験を振り返ってみてもらいたい。最大の損失を出したときのことを思い起こしてみると、システムや手法に従って損失を出したのであれば、ルールを破った結果の損失よりも心理的に受け入れることは簡単だ。

　しかし、規律の欠如による損失というのは非常に厄介なもので、最終的には財政的にも心理的にも大きな大きな手痛い失敗となるだろう。根気というスキルを身につけたかったら、それを実践する必要がある。責任を持つことで、たとえ短期的なものであっても素晴らしい結果が得られるだろう。

損失を受け入れる

　これも、トレーダーとして成功するのに持つべき（あるいは開発するべき）重要な資質である。どのトレーダーにも当てはまることであるが、失敗の最大の原因は、損切りするべきときに損失を受け入れることができない、ということだろう。

　損失というのは、改善するよりも悪化しやすいという厄介な習性を持つ。損切りをするべきときにしておかないと、好ましい結果は得られない。（1日の大引けには損失を認めなければならないため）デイトレーダーのほうがポジショントレーダーより損切りは簡単であるが、それでも損失を認めたがらない多くのデイトレーダーが失敗している。規律のあるトレーダーというのは、損切りが妥当と思われるときには損切りすることができるのだ。各自のトレーディングシステムやリスク管理テクニックで損失の状況を規定するのが正しい方法といえよう。私の経験と観測から言わせてもらうと、大きな損失の75％以上が、まだ損失が小さかったときに認めておかなかったことが原因となって生

じている。

　これらは、デイトレーディングと規律に関して私が思いついた順に述べた考えのほんの一部にすぎない。1日のうちに、価格やトレンドは急激に動くということを覚えておいてもらいたい。その場で意思決定をしなければならないような状況ばかりである。そのため、規律と根気が最も重要になるのだ。間違った行動はいくらでもできるが、正しい行動は一握りしかない。正しいことを知って、それに従って行動しよう。

まとめ

　この章では、デイトレーダーが直面する問題、強み、責任、困難について説明した。デイトレーディングは非常に収益性の高い投機であるということは間違いないが、ルールを理解し、ルールに従い、自己規律を身につけ、効果的なトレーディングのシステムや手法を使用しなければ、デイトレーディングで常に成功を収めることは難しい。本書では、そのようなツールについて明確に、簡潔に、そして論理的に説明する。

　デイトレーディングとはダイナミックなプロセスであるということを覚えておいてもらいたい。マーケットも、トレーダーも、そして状況も変化する。したがって、デイトレーダーとして皆さんは、自分自身について、そしてマーケットについて常に理解していなければならない。現状を有利に生かせるような新しい手法、新しいマーケット関係、新しいテクニック、新しい手順を絶えず探求しなければならない。永久的に有効な基本的指標や解釈もあれば、必ず新しい見解と手法もある。現在のシステムや手法を継続的に研究し、継続的に評価することによってのみ、これらを発見することができるのだ。

第2章
タイミング指標について
A Review of Market Timing Indicators

◎寝ているとき、人生とは素晴らしいという夢を見て起きてみたら、人生とは義務だということを悟った。
─────エレン・スタージス・フーパー

　だれもが知っているように、トレードにおける究極の問題は「タイミング」である。予測がどんなに価値のあるものであっても、タイミングは欠かせない要素である。マーケット予測とマーケットタイミングとは根本的に異なる。また、「雰囲気」や「予感」と実際のマーケットタイミングも異なる。雰囲気や予感とは感情的なものである。何らかの論理に基づいているのだろうが、デイトレーダーが使用するにはメカニカルとは言えないため、排除する必要がある。たくさんのトリックのなかから、これらを排除しなければならない。皆さんの役には立たないからだ。

　この章では、デイトレーダーの間でよく知られている主なタイミング指標を中心に説明する。アメリカの学習心理学の父と言われているE・L・ソーンダイクは、間違った行動はたくさんあるが、正しいのはほんの一握りの行動だけだ、と述べている。間違った事柄を取り除き、デイトレーダーとして儲けることができる事柄だけに目を向けるのに、この章を役立ててもらいたい。

　各指標の例と、メリット／デメリットの評価について簡単に紹介する。指標の計算方法についてはここで説明しない。テクニカル分析の本がほかにたくさん出版されているからだ。皆さんのお気に入りの指標について否定的なコメントをすることもあるかもしれないが、私の

デイトレーダーとしての経験と調査に基づいて客観的な意見を述べているにすぎない、ということをご理解いただきたい。

典型的な移動平均（MA）指標

移動平均をいくつ使用していても、そのコンセプトは同じである。市場価格と移動平均の交差で買いや売りを示すか、あるいは複数の移動平均がその位置関係を変えることでトレードのシグナルを示す。図表2.1は、日中チャートの３つの移動平均線と、買い・売りのシグナルを表したものである。

メリット

典型的な移動平均指標は、１日でも長期でも、強いトレンドがあると極めて効果的に機能する傾向がある。強いトレンドが現れると、多く儲けることができる。

デメリット

典型的な移動平均指標は、だましのシグナル（つまり、損失のシグナル）が多い。動きが見られてからかなりたってから皆さんをトレードに誘い込み、そしてトレンドが変わると、相当な利益を払い戻させてからやっと皆さんを逃してくれる。

そのため、このような移動平均は不正確なことが多く、連続して損失を出すだけでなく資金が枯渇してしまうこともある。図表2.1では、S&P500の５分足チャートの買い（B）と売り（S）のシグナルを示している。シグナルのパフォーマンスは、かろうじて利益が出るという程度である。１日の時間枠で何度もトレードを行うと、手数料とスリッページが高くつく。１日の最後のトレードだけが利益を上げるものと思われる。これが典型的な移動平均のシステムなのである。トレ

図表2.1　日中チャートの3本の移動平均（4日間、9日間、18日間）――買い（B）と売り（S）のシグナルを表示

ードしすぎると、「熱」（損失）ばかり出して「光」（利益）は少ない。

解決法

移動平均に関する問題は、次のように解決できる。
- 加重移動平均、指数移動平均、平滑移動平均、代替移動平均のいずれかを使用する
- 仕掛けと手仕舞いのときの移動平均の期間を変える
- ストップロスの移動平均の期間を変える
- 移動平均シグナルを確認したり否定したりするのに異なる指標を使用する

さまざまなタイプの移動平均

移動平均にはさまざまな種類がある。移動平均ベースのオシレーターには、移動平均収束拡散（MACD）、移動平均チャネル（MAC）、高低移動平均の組み合わせなどがある。MAC手法については、前作で詳しく説明しているので参照してほしい（MACDはジェラルド・アペルが考えたS&Pトレード向けの手法で、MACは私が考えたものである）。

メリット
さまざまな種類の移動平均は、単純移動平均を組み合わせたものよりも正確であり、感応度も高い。MACは支持水準と抵抗水準を判断するのにも使用できる。このアプローチは、トレンドに向かってアクティブにトレードしたいデイトレーダーに非常に有効である。

デメリット
移動平均ベースのシステムを使用すると、トレンドの転換が起こったときに多くの利益を失ってしまう傾向がある。これは、すべての遅行性指数に当てはまることである。

解決法
移動平均ベースの指標の限界を克服する方法は、次のとおり。
- 手仕舞いには短い移動平均期間を組み合わせる。移動平均がトレンドの転換を示す前に手仕舞いすることができる
- 移動平均シグナルを確認するのに異なる指標を使用する
- ポジションを手仕舞いするのに、移動平均ベース以外の指標を使用する
- システムの精度を大幅に低下させずに手仕舞いの価格を上げる

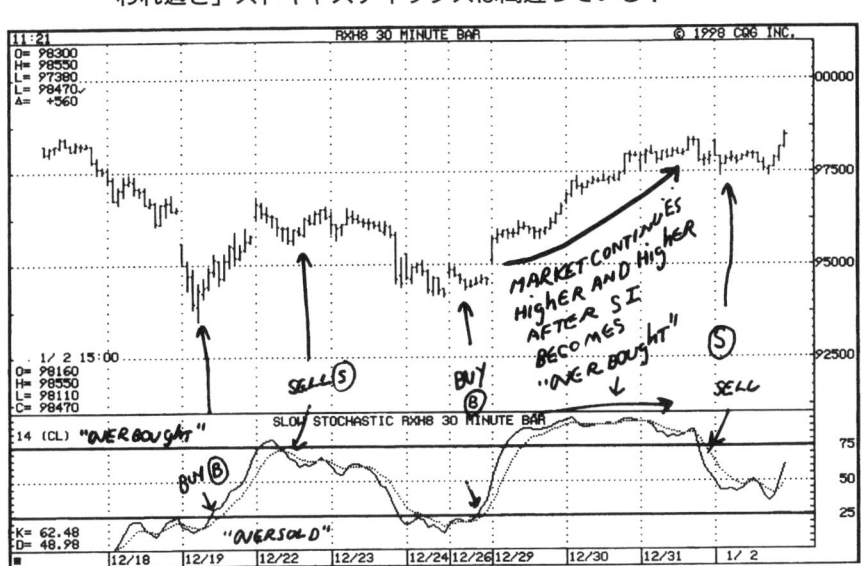

図表2.2 ストキャスティックの買い(B)シグナルと売り(S)シグナル──「買われ過ぎ」ストキャスティックスは間違っている！

(下げる) トレイリング・ストップロスを開発する

ストキャスティック指数（SI）と相対力指数（RSI）

SIはジョージ・レインが一般に広めた指標であり、RSIは基本的にSIと似ている。SIには2つの変数があるがRSIには1つしかない、という点が異なる。SIの二番目の値は、1つ目のSIの移動平均を計算したときに派生する。どちらの指標も、理論的に「買われ過ぎ」または「売られ過ぎ」の状態を示すものである。また、タイミング指標としても使用される。

※RSIについては『ワイルダーのテクニカル分析入門』（パンローリング刊）を参照

図表2.3 Tボンド先物10分足の9期間RSIでの買いシグナル(B)と売りシグナル(S)——RSIの値が50を上回ったら買い、下回ったら売り

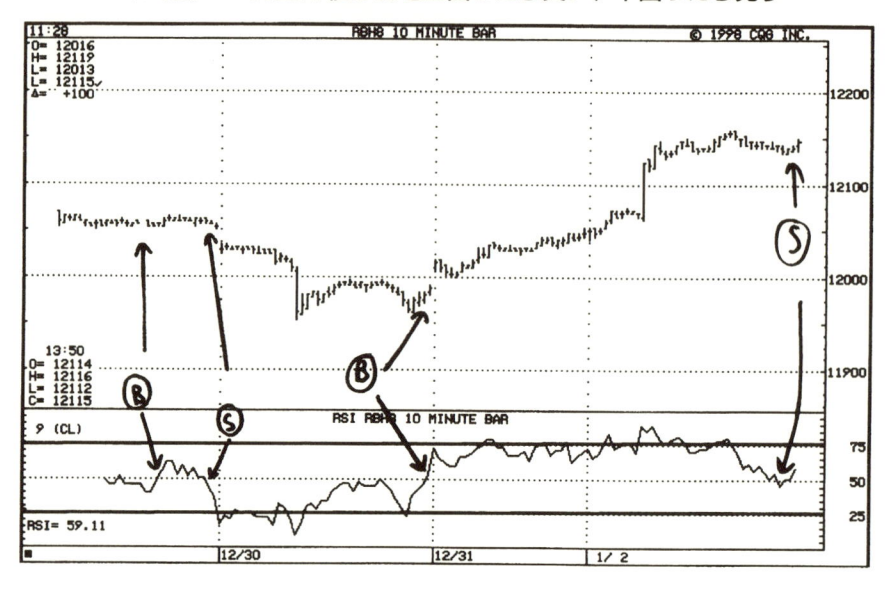

メリット

RSIもSIも魅惑的な指標である。つまり、チャート上で良好に見える。天井と底を明確に示す傾向がある。

また、適切なクロスオーバーエリアを使用すれば、タイミングを見極めるのにも役立つ。図表2.2（OVERBOUGHT＝買われ過ぎ、BUY＝買い、OVERSOLD＝売られ過ぎ、SELL＝売り、MARKET CONTINUES HIGHER AND HIGHER AFTER SI BECOMES "OVERBOUGHT"＝SIが買われ過ぎになったあともマーケットは高値を更新し続ける）と図表2.3（B＝買い、S＝売り）の例は、それぞれSIとRSIを表している。

デメリット

「買われ過ぎ」と「売られ過ぎ」のコンセプトが役に立たず、皆さんをトラブルに巻き込むことがある。どちらの指標も、いわゆる「買われ過ぎ」の領域と「売られ過ぎ」の領域が長く続く傾向がある。価格がどんどん上昇すると、指標は「買われ過ぎ」を示す（逆のパターンもある）。ここで問題となるのは、トレーダーが「買われ過ぎ」を天井、「売られ過ぎ」を底と混同してしまう、ということである。これが当てはまらないこともあるのだ。買われ過ぎのRSIやSIに基づいてトレーダーがトレンドと格闘していても、価格が上昇し続けることもある。これは下降トレンドでも見られる。

解決法

「買われ過ぎ」と「売られ過ぎ」の状態を判断するのにSIとRSIを使用しないこと。一定の値を上回ったり下回ったりするときに、タイミング手法として使用すること。ほかのタイミング指標と併せてRSIやSIを使用してもよいだろう。

　私は、「買われ過ぎ」と「売られ過ぎ」の領域で生じる動きでトレードするのに役立つ手法としてストキャスティック・ポップ手法を開発した（私の著書『ショートターム・トレーディング・イン・フューチャーズ（Short-Term Trading in Futures）』で詳しく説明している）。RSIとSIを使用する別の手法としては、仕掛けるときより手仕舞いするときに短い指標を使用するとよい。

チャートのパターンとフォーメーション

　この手法は、エドワードとマギーが提案した従来型の分析、ならびにW・D・ギャン、ジョージ・バイヤー、R・N・エリオットが開発した手法に基づいている。チャートにはさまざまなフォーメーション

※参考文献：ロバート・D・エドワーズ、ジョン・マギー・W・H・C・バセッティ著『マーケットのテクニカル百科　入門・実践編』（パンローリング刊）

図表2.4 コーヒー先物の日中のチャートパターン

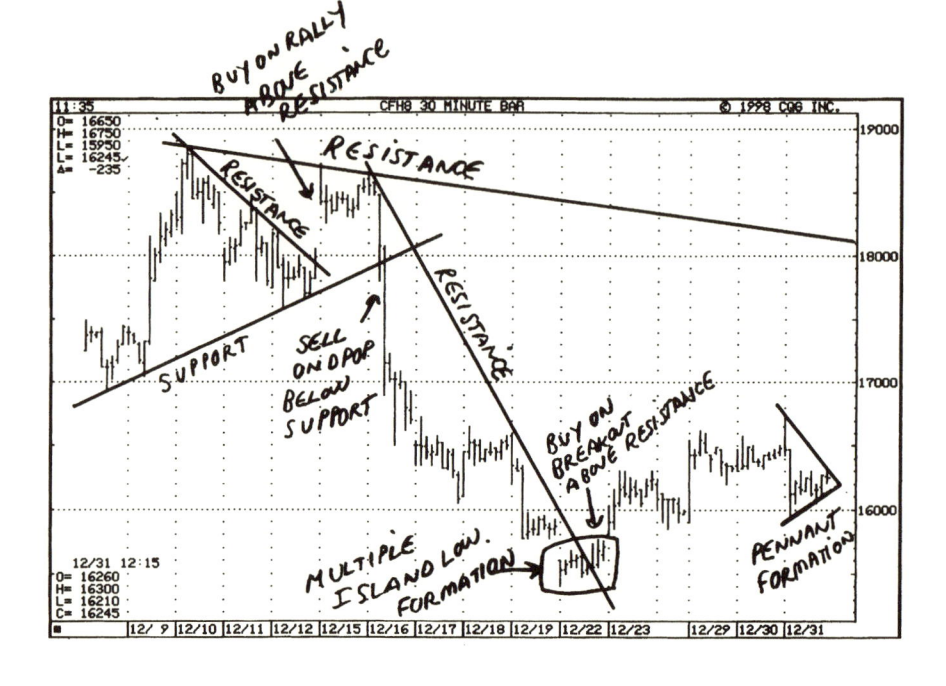

があり、それに伴いさまざまな結果がある。相当な研究を必要とし、かなり複雑なものもある。これらのアプローチに基づいた手法やシステムに関してはさまざまな文献があるため、ここではその例をひとつだけ図表2.4（SUPPORT＝支持線、RESISTANCE＝抵抗線、BUY ON RALLY ABOVE RESISTANCE＝抵抗線を上回った上昇で買い、SELL ON D POP BELOW SUPPORT＝支持線を下回った下落で売り、MULTIPLE ISLAND LOW FORMATION＝複数のアイランドロー、BUY ON BREAKOUT ABOVE RESISTANCE＝抵抗線のブレイクアウトで買い、PENNANT FORMATION＝ペナント）で示す。

メリット

これらの手法はビジュアルに訴えるものである。言い換えると、紙にラインを引くと、何をするべきか知ることができる。さらに、コンピューターがなくても、だれにでも学習することができる。チャートパターンの必要事項を解釈できると、そこで指示される行動は具体的なものになる。また、非常に論理的であるため、表面上の妥当性は相当高い。

デメリット

これらの手法は非常に主観的であり、妥当性をテストするのが難しい。例えば、ギャンとエリオットの手法は長年トレーダーに親しまれてきた。しかし専門家の間でも、特定の時点でどのパターンが存在するかということについて、そしてそのパターンをどのようにトレードするかということについて、議論が分かれる。

解決法

客観的で実務的なほかのタイミングツールと一緒に使用する。

パラボリック

パラボリック手法は、放物線の公式から導き出されたものである。毎日２つの数値（売り数値と買い数値）をトレーダーに提供する。買いストップまたは売りストップとして、この数値を使用することができる。

買い数値のブレイクは買いを仕掛け、売りを手仕舞いすることを意味し、売り数値のブレイクは買いを手仕舞いし、売りを仕掛けることを意味している。図表2.5（BUY＝買い、SELL＝売り）の日中の価格チャートは、パラボリック指標の例である。

図表2.5 ダウ・ジョーンズ先物のパラボリックシグナル

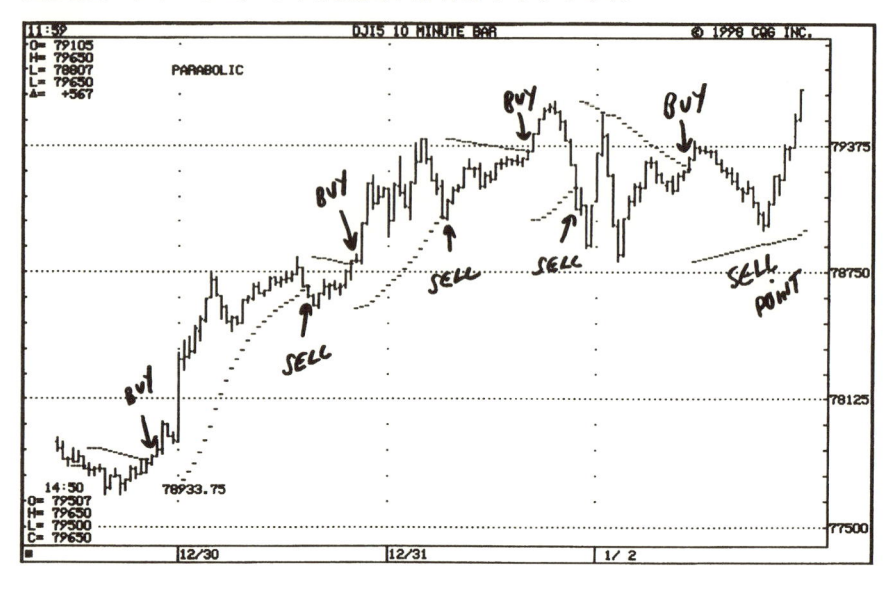

メリット

　パラボリックは完全に客観的な指標である。リスク管理手法と一緒にメカニカルなトレーディングシステムとして使用することができる。さらに、買いストップと売りストップも示し、買いから売りへのドテンにも対応できる。

デメリット

　保ち合いのマーケットまたは非常にボラティリティの高いマーケットで「ウィップソー」と呼ばれるだましの動きが現れることがある（図表2.5参照）。パラボリック手法は非常に大きな値動きをとらえることができるが、従来型の移動平均を使用した場合と同様の制約がある。

解決法

価格を基準としない指標（出来高や取組高）と一緒に使用する。パラボリックトレードを手仕舞いするときには短期の時間枠を使用する。さらに、パラボリックは本来「常にポジションを持っている」ことを前提としたシステムであるため、マルにする（つまり、ポジションを持たない）状態を導入して改良することができる。

ADXとDMI

ADX（トレンドの強さの指数）とDMI（方向性指数）は、マーケットの動きに関する堅実な理論に基づいた指標である。計算方法は比較的簡単で、トレーディングシステムの一部として客観的に使用することもできるし、トレンドやマーケットの強さの指数として使用することもできる。図表2.6（SELL＝売り、BUY＝買い）と図表2.7（BEARISH DIVERGENCE AT THE HIGH OF THE MOVE AS PRICE MOVES UP WHILE DMI REMAINS FLAT＝DMIはフラットな一方、価格は上昇していることから弱気のダイバージェンス）を参照。

メリット

この手法は、時代遅れのコンセプトやマーケットの作り話を相手にしていない。トレーディングシステムの開発を目的として、研究する価値のある手法と言える。

デメリット

天井と底に指標がやや遅れる。その結果、シグナルが遅れてしまい、利益を減じることもある。

※ADXとDMIについては『ワイルダーのテクニカル分析入門』（パンローリング刊）を参照

図表2.6　日中の銀チャートの21期間DMIの差

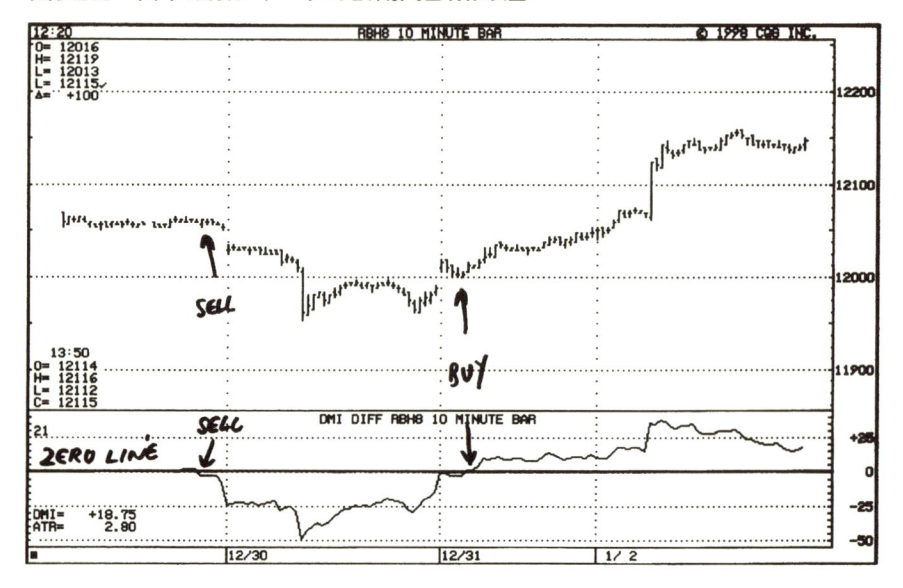

図表2.7　日中の銀チャートの9期間DMIの弱気のダイバージェンス

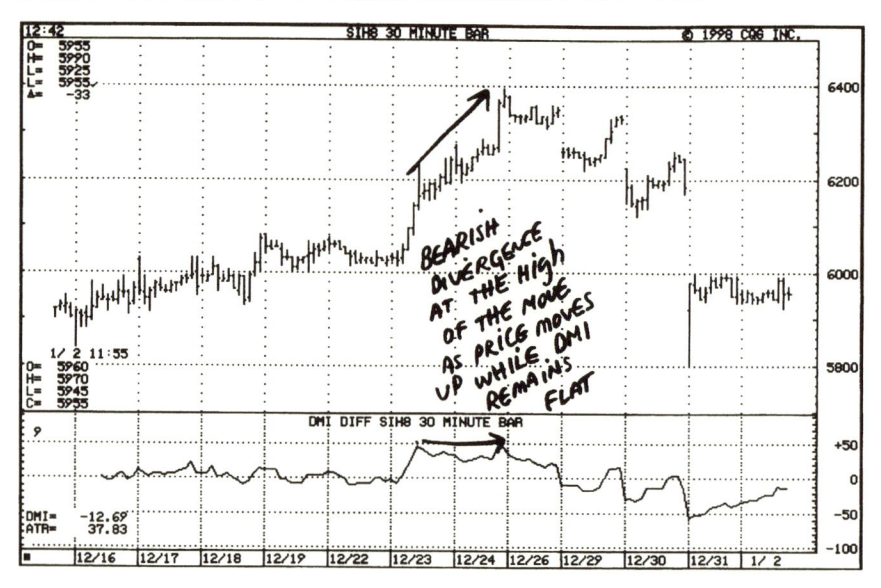

解決法

マーケットのさまざまな理論的解釈に基づいたほかの指標と一緒に使用する。DMIの差を指標として使用する。

手法の一部としてDMIまたはADXの派生指標を使用する。言い換えると、ADXまたはDMIの移動平均を計算して、より正確なタイミングを開発するのに使用する。

サイクル

サイクル手法は、価格の歴史は繰り返す、という事実に基づいている。経済サイクルやマーケットサイクルについては、学術論文や研究が多数発表されている。例えば、サイクル研究団体（The Foundation for the Study of Cycles）では、景気循環に基づくトレードのアプローチに関して多数の研究結果を発表している。また、MITのジェイ・W・フォレスターは、非常に複雑で統計的にも信頼できる長期経済サイクルの評価手法を開発している。

メリット

サイクルトレンドとサイクルパターンは、比較的簡単に見つけることができ、数学的な検証や評価にかけることができる。価格サイクルは、基本的にすべてのマーケットにおいてさまざまな時間枠で存在する。

デメリット

サイクルはいつも正確というわけではない。安値と高値のサイクルが見落とされることもあれば、底や天井のサイクルが遅れたり早まったりすることもある。そのため、タイミングが非常に重要になる。超短期でもサイクルが生じるかどうか、ということに関しては疑問の余

図表2.8　日本円先物には平均210分サイクルが見られるか？

図表2.9　原油先物には平均320分サイクルが見られるか？

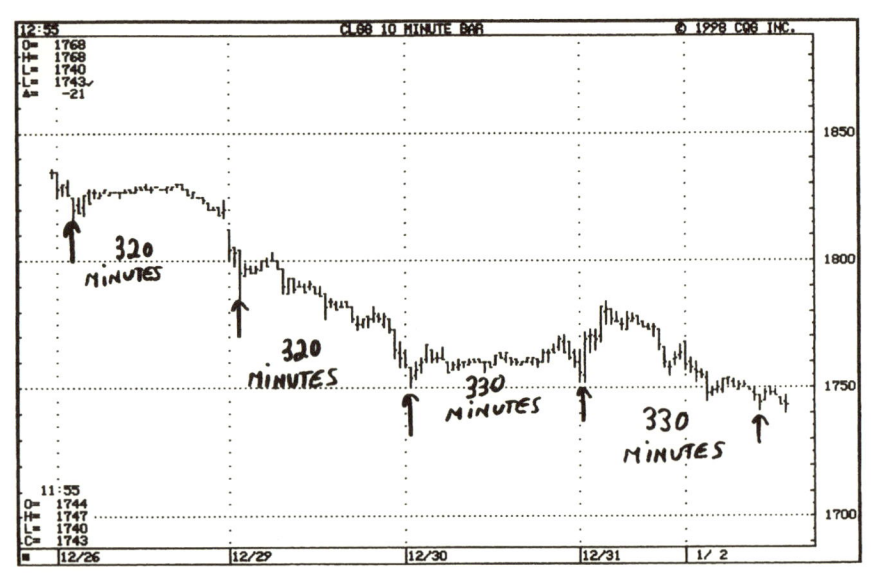

地がある。根っからのサイクル信奉者は、サイクルはあらゆる時間枠で存在すると主張しているが、この主張を支持する統計的証拠は十分ではない。

しかし、サイクルがデイトレーディングにまったく役に立たないと言っているのではない。タイミングを使用して、デイトレーディングに有効な循環傾向を引き出すことができる。図表2.8（240 MINUTES＝240分、180 MINUTES＝180分、210 MINUTES＝210分、190 MINUTES＝190分、230 MINUTES＝230分）と図表2.9（320 MINUTES＝320分、330 MINUTES＝330分）は、日中サイクルの例を示したものである。

解決法

タイミング指標と一緒に使用する。サイクルの期間は不変だという誤まった考えを持ってはならない。サイクルはゆがむこともある。底や天井が遅れたり早まったりして現れることもあるのだ。

季節性

季節性についての研究も昔から行われている。季節性は、価格は１年を通して一定のパターンで繰り返す、という妥当で堅実な考えに基づいている。これには、天候、需給、消費といったさまざまな要因がある。

季節性は、月、週、日ごとのデータで見られる。また、価格差や価格比にも季節性を見ることができる。しかし、日によってバイアスがある、ということがデイトレーダーにとって好材料となる。マーケットは、その年の特定日や、その年の特定時期に一定の方向性を持って引ける可能性が高い。株式市場や株式指数先物で見られる季節傾向は、勝率が非常に高い。季節性の歴史を研究する最適な方法については、

さまざまな説がある。

メリット

季節性は、数学的に検証するだけでなく、歴史的にも検証することができる。日中のタイミングを一緒に使用してもしなくてもかまわない。また、季節性が当該年度に生じるかどうかを判断するための要因について、妥当性を検証することもできる。

デメリット

ブローカーの営業トークの題材に使われてきたために、季節性の概念はこの10年間というもの評判が芳しくない。とはいうものの、十分なデータに基づいていれば、季節性を使用することができる。

また、過去の時期を限定した季節性データを公表している企業もある。そのような季節性の結果は疑わしいため、十分に注意しなければならない。図表2.10（ARROWS DOWN↓ SHOW HIGH PERCENTAGE OF TIME DOWN CLOSE FOR INDICATED DATE＝下向きの矢印の日は下げて引けた確率の高い日、ARROWS UP↑ SHOW HIGH PERCENTAGE OF TIME UP CLOSE FOR DATE＝上向きの矢印の日は上げて引けた確率の高い日）は、日々のバイアスの例である。Tボンド先物6月限の過去19年間において、上げて引けた日と下げて引けた日の割合を示している。見にくいかもしれないが一番下の数字（％）は、毎日の終値に基づいて計算したものである。図表中の線は、時間枠での平均的な季節傾向を示している。

解決法

日中のタイミング指標またはトレンド指標を、フィルターとして日々のバイアスと一緒に使用する（ただし、うまくいかないこともある）。また、長期の過去データに基づいた季節性のみを使用する。過

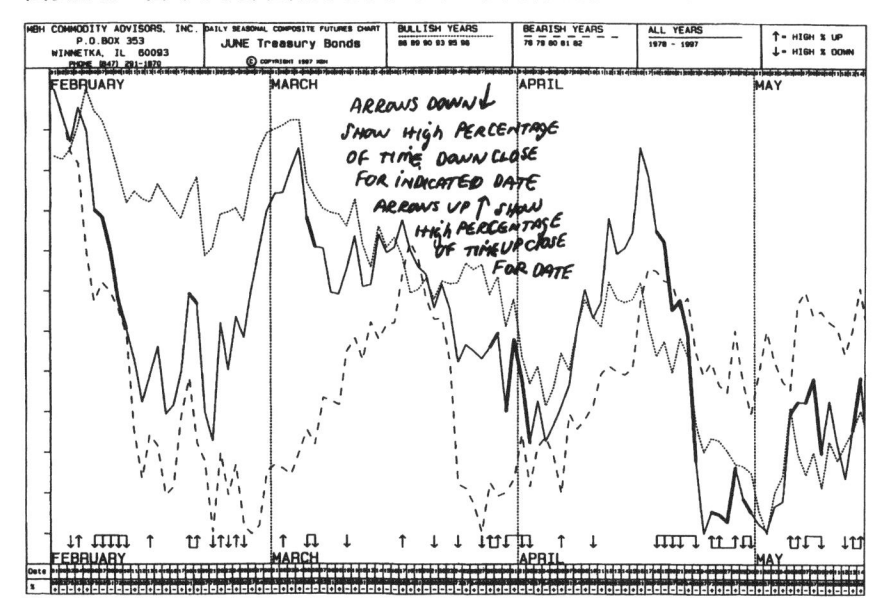

図表2.10　日々の季節性傾向を示すTボンド先物6月限チャート

去15年程度のデータしかない場合もあるが、15年未満の季節性データは使用しないほうがよい。先物オプションで季節性を使用する場合は、アット・ザ・マネー・オプションか、クローズ・トゥー・ザ・マネー・オプションを使用すること。しかし、一般的には先物オプションでデイトレーディングすることはお勧めしない。

季節性は完全なものではない。過去の信頼性がいかに高くても、損失を被ることがある。

図表2.11　モメンタムがマイナスで、トレンドが下向きに推移

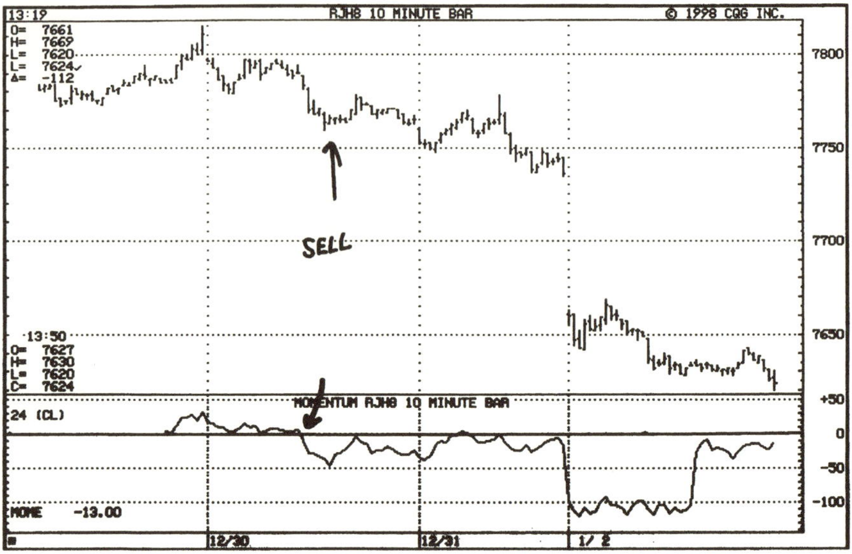

モメンタム（MOM）／変化率（ROC）

　この２つの指標は、最終的には同じものである。別々の公式で算出するが、高値、安値、トレンドという点で同じ結果が導き出される。モメンタムもROCも、トレーディングシステムの指標や情報として無視されたり過小評価されたりしてきた。

　メリット
　これらの指標には順応性がある。つまり、指標として使用できるだけでなく、リスク管理能力のあるトレーディングシステムにもなり得

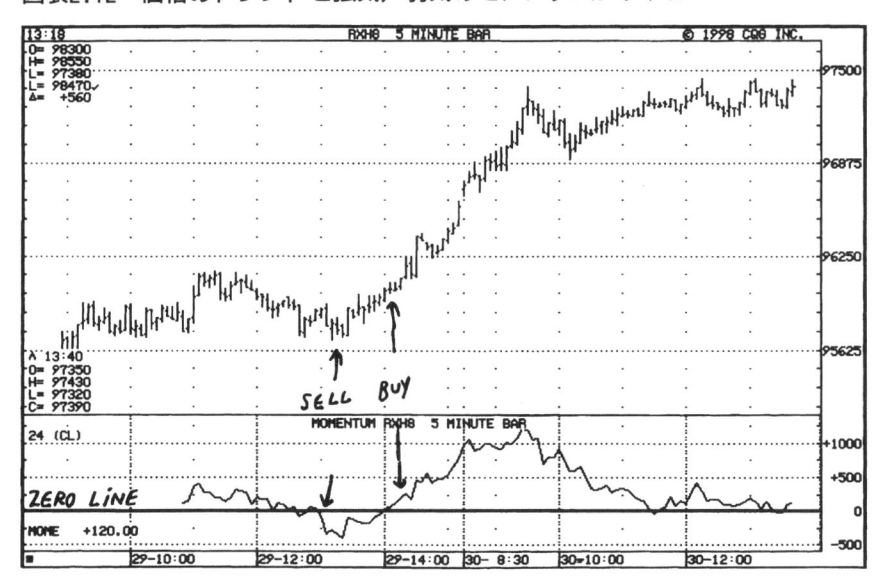

図表2.12 価格のトレンドと強気／弱気のモメンタムシグナル

る。また、日中スプレッドで仕掛けたり、手仕舞いしたりするタイミングを図る目的で使用することもできる。

デメリット

やや遅行気味の指数である。その結果、天井と底が多少遅れる傾向がある。

解決法

シグナルのタイムラグを小さくするため、移動平均に対してプロットする。シグナルを改善するもうひとつの方法は、少なくともオシレーターがゼロラインを2〜3本上回ってから行動をとることである。

図表2.13 価格のトレンドと強気／弱気のモメンタムシグナル

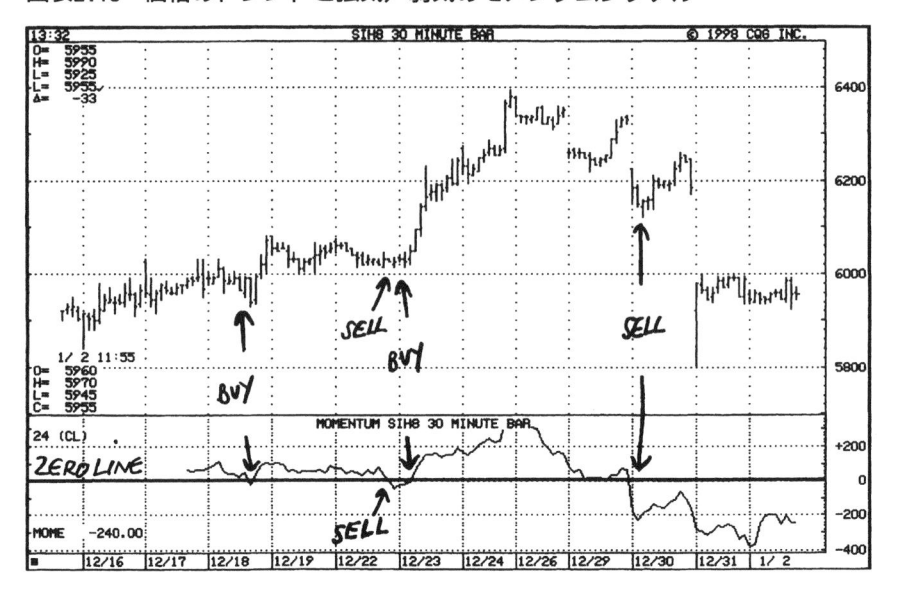

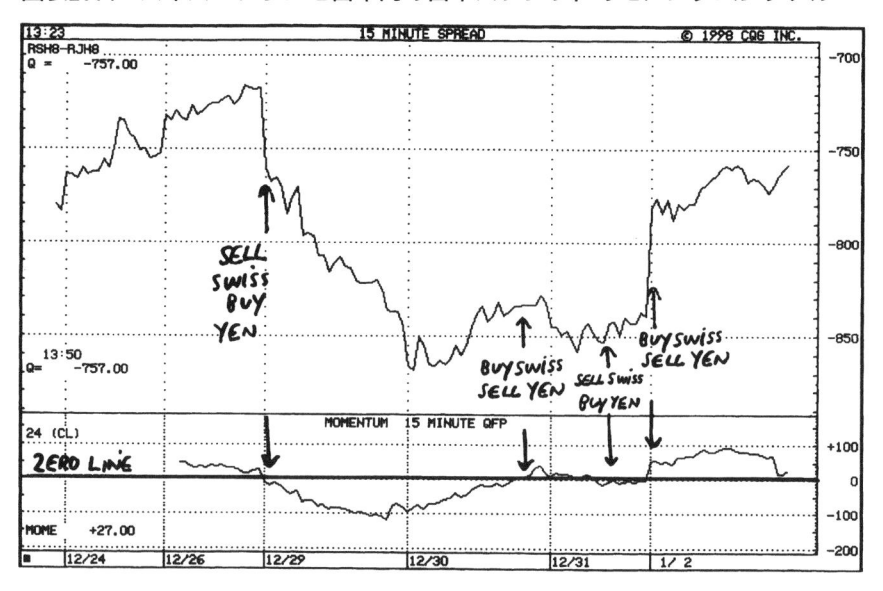

図表2.14 スイス・フランと日本円の日中スプレッドのモメンタムシグナル

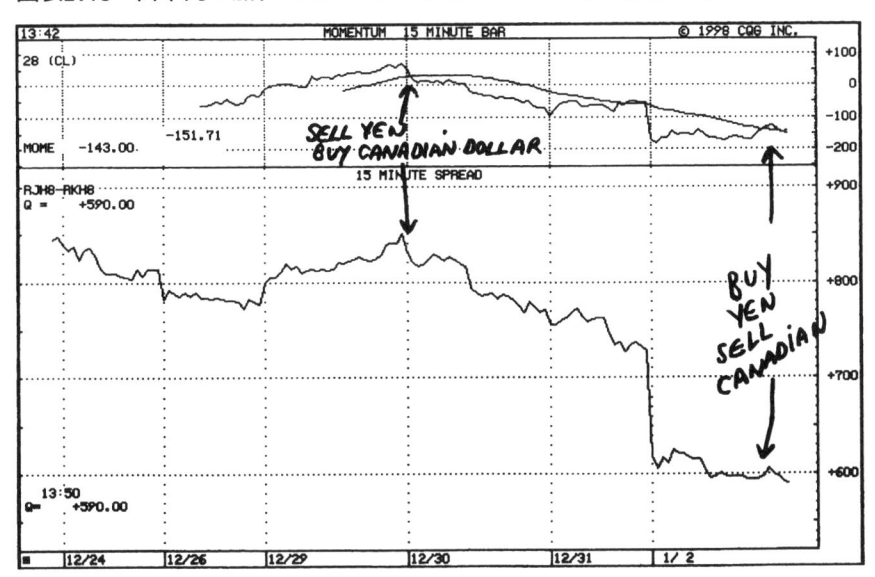

図表2.15 日本円と加ドルのスプレッドのモメンタムと移動平均

図表2.11（SELL＝売り）、図表2.12（ZERO LINE＝ゼロライン、SELL＝売り、BUY＝買い）、図表2.13（ZERO LINE＝ゼロライン、BUY＝買い、SELL＝売り）から図表2.14（ZERO LINE＝ゼロライン、SELL SWISS BUY YEN＝スイス・フラン売り、円買い、BUY SWISS SELL YEN＝スイス・フラン買い、円売り）のシグナルは、この要件でフィルターされたものである。ウィップソーのシグナルも排除されている。図表2.15（SELL YEN BUY CANADIAN DOLLAR＝円売り、加ドル買い、BUY YEN SELL CANADIAN DOLLAR＝円買い、加ドル売り）は、シグナルを出現させるためにモメンタムとその移動平均を使用した日中スプレッドを示している。

53

マーケットセンチメント

マーケットセンチメント指数は、コントラリーオピニオンのコンセプトに基づいている。つまり、大多数のトレーダーは間違っていることが多い、という考えである。コントラリーオピニオンを評価する指標や情報として、マーケットベイン、コミットメント・オブ・トレーダーレポート、端株空売り（株式市場の場合）、そして私が開発したデイリーセンチメント指数（DSI）などがある。その理論はシンプルである。つまり、強気のセンチメントが高すぎると価格は天井を付ける傾向があり、強気のセンチメントが低すぎると底を付ける傾向がある。

メリット

マーケットセンチメントとコントラリーオピニオンは、長い間、妥当であり信頼性が高いとされてきた。客観的に使用することができ、タイミング指標やその他のテクニカルツールと一緒に使用することが望ましい。

さらに、ファンダメンタルと併せて使用することも、ニューラルネットワークシステムの情報としても使用することができる。マーケットセンチメント指数は先行指数となることが多い。また、短期や中期の値動きにも使用できる。

デメリット

天井と底を早くとらえすぎるきらいがある。情報を収集する時間やトレーダーに送信する時間に遅れがあるため、データがタイムリーでないこともある（ただし、私が知るかぎり、デイリーセンチメント指数が最もタイムリーである。この指数は、大引けから数時間以内に発表される）。

マーケットセンチメントの基準のなかには、客観的でないものもある（例えば、強気や弱気の要素として新聞の見出しや記事を考慮するもの）。

解決法
マーケットトレンドやマーケットタイミングと一緒に使用する。マーケットセンチメント・データの移動平均を使用してタイミングアプローチを開発する。

ブレイクアウト

デイトレーダーが使用できるすべてのトレーディングテクニックやツールのなかで、買いシグナルとして抵抗線を上回るブレイクアウトを使用し、売りシグナルとして支持線を下回るブレイクアウトを使用する手法は、平均的なデイトレーダーに最も適していると思われる。このアプローチは高値で買って（できれば）より高値で利益を確定する、あるいは安値で売って（できれば）より安値で利益を確定する必要があるため、追従するのが難しい。この目標を達成する手法については前作でいくつか説明しているが、そのなかで最も広く使用されているのが決定的瞬間（CTOD）である。CTODは有効で現実的な手法であるが、このほかに30分ブレイクアウトというブレイクアウト手法も開発した。

さらに、レンジブレイクアウト・システムというブレイクアウト手法もある。このアプローチは、ケルトナータイプの支持線と抵抗線ブレイクアウトの、デイトレーディング向けバリエーションである。本書ではいくつかのブレイクアウト手法について説明している。ブレイクアウトは、デイトレーダーにとって最も信頼でき、最も堅実で、最も利益性のある手法であると私は確信している。

まとめ

　この章では、現代のトレーダーが最もよく使用する主なタイミング指標とトレンド指標の概要を説明した。しかし、デイトレーダーにメリットがあるものは非常に少ない。各アプローチについてメリットとデメリットの評価をして、そして制約の克服法を紹介した。主観的すぎるとか不正確であるという理由から否定的なコメントをした手法もある。表面的には理にかなっているようでも、検証したり、トレードしたりしてみると、利益を上げられない手法やシステムもある。また、明らかに不正確であるとか、ドローダウンが大きすぎるという理由から、反対している場合もある。

　デイトレーダーには、手法、システム、指標の選択肢がたくさんある。皆さんにとってメリットがあると思われるアプローチに的を絞ることができるように、この章では範囲を限定して紹介した。トレーダーが直観的に行動したくなるような誘惑もたくさんあるが、長期的には、想像力を最小限に抑えて客観的になることが望ましい。客観的で、ある程度科学的で、メカニカルなシステムが多いに役立つだろう。

第3章
デイトレード──芸術か科学か?
Day Trading : Art or Science?

◎真実は小さいコンパスのなかに収められているが、誤差はかぎりなく大きい。
──────ヘンリー・セント・ジョン

　マーケットにおいてある程度の経験を積んでいるトレーダーは、手法とテクニックは互いに関連している、ということに早い段階で気づくことになる。つまり、芸術と科学を分けることはできないのだ。純粋にメカニカルなデイトレーディングのアプローチを支持する意見は多いが、一方で、デイトレーダーとしての成功するかどうかはデイトレーディングの科学における技能（芸術）面にかかっているということを裏づける証拠も（不確かではあるが）多数ある。トレーディングにおいて芸術感覚の鋭い人が成功する、ということを意味しているのではない。厳密に調べると、芸術的であるとか、直観的であると考えられていることは本当は内面化された科学的アプローチなのだ、と私は考えている。

　この可能性を額面どおり受け入れるのではなく、デイトレーダーに対する波及効果についてある程度詳しく調べてみようと思う。融通の利かないデイトレーダーはデイトレーディングの科学には芸術的な面も存在するかもしれないということを不快に思うかもしれないが、実際にある程度存在しているのだ。では、科学における芸術面について、さっそく分析し、説明することにしよう。

規律の問題

　芸術と科学が異なる最も重要な点は、規律の問題である。トレーディングにおける規律は、生まれつきのものでもなければ簡単に身につけられるものでもない。どのトレーダーにも、マーケットの規律からはずれたり規律を曲解したりする傾向がある。この原因となるのはエゴやプライドである。「自分が間違っている」と進んで認めようとするトレーダーはほとんどいない。間違っているのはタイミングテクニックのほうなのかもしれないが、損失を出し、最終的には規律ある行動をとれなくなってしまう。

　ここで、期待と不安について考えてみよう。この2つの感情は、規律のあるトレーダーが規律のないトレーダーへ、良いトレーダーが悪いトレーダーへ、成功するトレーダーが失敗するトレーダーへと変わる要因となりうる。そのとき、科学も芸術に変わる。

　すべてのトレーダーに完全に規律があるとしたら、この解説も分析も必要ないだろう。しかし、トレーダーが規律を失うと、芸術、感情、感覚、直観、偶然の反応に逆戻りする、というのは明白な事実だ。そうでなければ、敗者の人数がこれほどまでに多くなるはずがない。したがって、マーケットに対する感情的、直観的、心理的反応によってトレーダーはミスを犯す、という事実を認めざるを得ない。そのような行動の悪影響を克服するために何をしたらよいのか、ということが重要な問題である。この件に関する私の意見を述べることにする。

芸術と科学の分かれ目

　まず、芸術と科学の異なる点を明かにしよう。ルールはルールである。ルールは具体的で、実務的で、メカニカルで、厳格なものである。ルールから逸脱するということは、トレーディングシステム、手法、

指標を変更したり、それに違反したりすることになる。そのため、トレーダーがトレーディングシステムのルールに違反した時点で、そのことは明確に分かるはずである。ルールが完全に明確ではないトレーディングシステムは、ルール違反をしても気づかないことがある。本書で説明する手法やシステムが十分に明白で、正確で、実務的であり、ルールに違反した時期を判断できるものであることを期待する。ルールを変更するということはシステムに違反するということであり、まさに科学に代わって芸術が登場する瞬間である。

　トレーディングルールが変わるとき、トレードの境界が踏み超えられるとき、手順が変わるとき、芸術と科学は分岐点を迎える。手法とシステムが芸術と直観になるのである。トレーディングルールが具体的で実務的なものであれば、芸術と科学を区別する能力も高められる。そのため、できるだけ明確に定義した正確で簡潔なルールを考え出して、それに従うことを皆さんに勧める。長期的にも短期的にも、きっと皆さんにとってプラスになるだろう。直観の役割を度外視しているわけではないが、その重要性を最小限に抑えているのだ。

科学が芸術に変わるとき

　具体的で実務的なトレーディングルールがないと、方法論は単なる通念へと変わってしまう。このことは、長期的に見てトレーダーにとってマイナスになる。感情的で直観的なトレーディングスタイルを促進し、結果として損を出してしまう。これを防ぐには、次に挙げる事柄を実行する以外に方法はない。

- トレーディングルールが変わった時期、ルールに違反した時期、あるいは回避された時期を認識すること
- これを認識したら、できるかぎり早く問題を解決するための行動

をとること
- トレードに関しては、具体的なものだけを扱うこと。意見、期待、予測は、デイトレーディングのアプローチとして役に立たず、逆効果である
- 何よりも、規律のあるアプローチを維持すること
- いかに直観がさえていたとしても、結局は方法論的で実務的なトレーディングアプローチがうまくいくということを覚えておくこと。できるだけ直観には頼らないようにすること
- トレーディングルールをいつでも参照できるようにしておくこと
- 小さな変更でも、結果に大きな影響を及ぼすということを覚えておくこと
- ルールに違反してシステムを変更したことが過去にうまくいったという理由だけでは、今回も同様にうまくいくという保証にはならないということを認識しておくこと
- 意識的にも無意識にも、トレーディングルールを文字どおり頭に焼き付けるために、トレーディングルールをできるかぎり頻繁に参照すること

芸術と科学——何をするべきか？

　私は、トレーディングにおける芸術面について何ら不平があるわけではない。実際、優れたアーティストであり、直観力を生かして成功しているトレーダーも多い。このような人は、ほかのトレーダーにはない能力を持っているのだ。有能で、超人的で、天賦の才がある。そのスキルを生かして利益を上げているかぎりは、推奨に値する。
　一方で、そのスキルで利益を上げられないと、その手法に疑問を抱き、利益のためにトレーディングをしているのか、直観力を立証するためにトレーディングをしているのか、と考えるようになる。直観で

トレードしている人のほとんどが敗者になるだろう。私は、洞察力の存在を否定しているのではない。将来を予測する超人的な能力を持つ人がいる、ということを否定しているのでもない。ただ、ほとんどの人にとってこの手法はうまくいかない、と言っているのだ。

ベストポジション

　直観力を生かして成功を収めてきたトレーダーのことは尊敬するが、ほとんどの人にはこのことは当てはまらないということも明白な事実である。普通の人は、限られた直観力と洞察力しか使えない。トレーダーのベストポジション、つまりいるべき場所とは、規律と実務的な方法論が存在するところである。私は、マーケットに対する直観と超常的なスキルについての本を書くこともできるが、それはこの本のテーマではない。何も、直観的トレーダーは利益を上げられない、と言うつもりはない。しかし、成功したいならルール（私が定めたルールでも、皆さんのルールでも、ほかの著者やシステム開発者のルールでも）に従うべきだ、ということを明言する。これはシンプルであるが、難しいことでもある。ルールに従うと、長期的には有利な立場にいることになる。超常的に行動しようとすると、長期的には損を出してしまうだろう。直観的トレーダーとして成功を収めている人には、一握りのトレーダーしか持ち得ない能力があるのだ。

デイトレード——良い点、悪い点、そして厄介な点

　子供のころは、人生とは喜びに満ちあふれていて、世界には敵など存在しなくて、魔法があれば何でもかなえられる、と考えていた。青年のときには、美徳は邪悪に打ち勝ち、勉強すればそれだけお金を稼ぐことができるようになり、政府は私たちを助けるために存在する、

ということを確信していた。そして大人になって、人生には些細ながらも失望があふれていて、物事はなかなか自分の思うようには行かず、残忍で冷酷な現実がはびこっていることを認識した。

しかし、どのような状況にもどのような出来事にも、良い点と悪い点があることも知った。トレードも例外ではない。トレードの良い点と悪い点について、私の考えを紹介しよう。コメントを読むときには、次のことを念頭に置いてもらいたい——新規のトレーダーは群れをなしてマーケットに参入してくるが、その多くは、わずかな投資で大きな利益を上げられるという誘惑に魅せられている。ラジオやテレビで流れている灯油先物のオプションの宣伝に耳を傾けてほしい。利益を保証する取引関連出版物の広告に目を通してほしい。私の言っている意味がお分かりいただけるだろう（トレーディングプログラムに資金を投入する前に、リスク開示をしているかどうか必ず確認すること）。トレードに関する広告のDMを受け取ったら、注意深く中身を読んでほしい。主張している内容を調べ、初心者に何を説明して何を約束しているのか、皆さんなりに結論づけてもらいたい。

これまでの部分を読んで、実際にトレーダーになったときに遭遇する出来事に多くの人が幻滅を感じるのも無理はない。しかし、ベテランのトレーダーでも、マーケットの冷酷で厳しい経験から逃れることはできない。ここに挙げたのは、トレードの残忍な現実の例のごく一部である。この意見に異議を唱えても構わないし、気に入ったならばそれを信じても構わない。あるいは、トレーディングの世界の現実をこんな風に説明したと言って私に八つ当たりをしてもかまわない。

ほとんどのトレーディングシステムは
うまくいかない

皆さんが物事をどのように見たところで、簡単で痛ましい事実は変わらない。つまり、大多数のトレーディングシステムは、あるマーケ

ットではうまくいっても、別のマーケットではうまくいかないのだ。良い点は、何年も一貫してうまくいっているシステムが「いくつか」ある、ということだ。悪い点は、その勝率はあまり高くない、ということだ。20年以上堅実なパフォーマンスを実現し、60％以上の勝率を誇るシステムなど、まず見つけることはできないだろう。

　では、どうしたらよいのか？　システムをすべて断念し、タイミング手法と直観に頼ることも考えられる。しかし、この方法がうまくいくのは、鉄のような規律を定めていて、損失が比較的小さいときに損切りできるような場合だけである。あるいは、独自のスタイルを開発することも考えられる。

手数料に食いつぶされる

　トレーディングにおいてある程度の金額の手数料を支払うことは大切なことだ。しかし、多く払いすぎると、役に立たない教材にお金を支払っていることになる。サービスの代価を支払う場合、見返りにサービスの提供を受ける。当然、サービスを必要としなければ支払わない。このことは、特にオプショントレードに当てはまる。手数料として、オプションプレミアムに対し一定割合の金額を請求するブローカーがあるのだ。

　このような会社には十分注意しなければならない。2500ドルのオプションを購入してプレミアムの手数料が25％だと、625ドルの手数料を支払うことになる。これではあまりにひどくないか？　適正なブローカーを選べば14ドルで済む。フルサービス（ブローカーの意見を聞くことができる）に75ドルを支払ったとしても、まだ余裕がある。

プロが勝ち、大衆は負ける

これは、シンプルで、明白で、予測可能なことである。プロに囲まれてポーカーをしているようなものである。初心者はいいカモである。プロと一緒にゲームをする場合は、プロのように行動し、考え、トレードする必要がある。実際に行動するのが難しいという悪い点があるが、学習することができるという良い点もある。

不利な価格での執行を回避できるか？

ときには規制が皆さんに有利に働くこともある。しかし、ほとんどの場合、規制は大衆のためにあるのではない。さらに、マーケットの規制当局が皆さんをプラスにするような行動をすることはほとんどない。規制当局は、狡猾な悪党を捜査するのではなく、明らかに見せしめとして、人々を懲らしめることを考えているのだ。

したがって、注文の執行、ブローカー、取引所のことで問題を抱えているときに、規制当局の支援を期待しても無駄だ。自分で行動し、ブローカーの経営陣か取引所に直接申し出なければならない。不当な扱いを受けたときにこのような行動に出ることは難しいかもしれないが、事を円滑に運ぶためには、きしんでいる車輪に油をささなければならないのだ。

誤報と偽情報の蔓延

コンピューターの時代が到来し、表面上完全なトレーディングシステムを作成して一般大衆をだますのはより簡単になった。システムは、理論上は効果的に見えるが、実際にはベストのバックテスト・シナリオを示すように最適化されているのだ。うまくいく可能性は非常に低

い。購入するにあたっては用心すること。システムが豊富にあるという良い点もあるが、そのほとんどがうまく機能しないという悪い点もある。

トレーダーはS&Pを好むが、その多くは損を出す

なぜだろうか？　その理由はいたって簡単である。第一に、証拠金が高くつくためほとんどのトレーダーがポジションを翌日に持ち越そうとしないからだ。そのため、S&Pをデイトレードするのだ。S&Pのトレードで損を出す要因は、ストップロス・オーダーをほとんど出さないということだ。私の経験から言うと、500ポイント（1250ドル）のストップロスでも不十分なことがある。1日平均600ポイントのレンジでトレードされているときは、500ポイントのストップロスを考慮する必要がある。良い点は、S&P先物にはトレード機会が多く、特にデイトレーディングに適している。一方、悪い点は、ストップオーダーを大きく定める必要があり、そうしないとストップアウトする公算が高くなってしまう。

先物オプション──現実と神話

皆さんもご存じのように、先物オプションの良い点は、ロングポジションのリスクがオプションのプレミアムと手数料に限定されていることである。つまり、リスクが明確に限定される。しかし、失う金額はあらかじめ決められているが、その可能性は高い。「買っても損が出るし、売っても損が出る。しかしトレードしなければ儲ける機会もない」ということである。

一見すると、先物オプションの考えは妥当で理にかなっているようである。結局、ポジションを長く持ちすぎたりいろいろ考えすぎたり

して損を出してしまうトレーダーが多いため、損失を固定するという考えに人気が集まるのだ。しかし、トレーダーが見落としてしまい、オプションのプロモーターも言及しない問題が３つある。それは、デルタ、プレミアム、そしてタイムディケイである。

「プレミアム」とは、オプション料のことである。オプションのプレミアムは、本来あるべき金額よりも高いことが多い。これは、オプションを保有する期間と現物市場の価格に基づいている。フロアブローカーは、利益を得られるようにプレミアムを上げる。言い換えると、フロアブローカーは卸売価格でオプションを買ったり（ショートポジションをとって）オプションを売ったりする。それなのに、小売価格で一般に売り出して、その差額を利益としているのだ。

「タイムディケイ」は、オプションの買い手にとって永遠の敵であるが、売り手にとっては永遠の味方である。ほとんどのオプションが無価値となって満期を迎え、売り手は利益を得ているのに買い手は価値が目減りしていくのを眺めている。タイムリーにオプションを買い、プレミアムを低くしないかぎり、成功する可能性は相当低い。

３つ目の問題は「デルタ」である。この言葉を耳にしたことのあるトレーダーは少ないだろう。意味を理解しているトレーダーはもっと少ないだろう。簡単に言うと、デルタとは、原資産が変化したときにオプション価格がどれだけ変化するかという感応度のことである。デルタが90％（0.9）とは、原市場が上下した金額の90％だけオプションが上下する、という意味である。デルタが低いと、マーケットが好ましい方向に急激に動かないかぎり、利益を上げる可能性は非常に低い。

高いプレミアムを支払っていて、満期が迫っていて、デルタが低いオプションは、予想外の状況にならないかぎり利益を上げられないだろう。それでも、そのようなオプションは価格が安く、初心者のトレーダーにとっては魅力的である。オプショントレーディングでは利益

を上げられないと言っているのではない。皆さんが最大の成功を収めることができる場所はオプションではない、と言っているだけなのだ。

インサイダーが利益を得る

マーケットを公正に維持する法や規制が施行されているが、原証券であれオプションであれ、インサイダーが巨額の利益を獲得している、というのが事実である。インサイダーとは、コマーシャルズ（当業者）やピットブローカーのことを指している。良い点は、マーケットは資本主義の最後のとりでだ、ということだ。つまり、根気と規律と知識があれば、だれでも成功できる場所なのだ。

一方、悪い点は、競争が激しくなり、一般投資家にチャンスが巡ってくる前にインサイダーが機会を横取りしているため、勝利を収めるのが難しくなっている、ということだ。幸いにも、利益を上げるトレードの基本ルールを適用することはできる。

したがって、ルールに従っていれば、（15年前よりは低いかもしれないが）成功する公算も高くなる。

成功の見込みはますます悪化している

この部分を読んだら、読者の皆さん（特に、マーケットの世界のプロ）はきっと怒り出すことだろう。しかし、この考えは、確実で、信頼でき、長期にわたる経験に基づいている。統計データを持ち出してこの意見を裏づけることはできるだろうか？　それはできない。しかし、私の経験にも多少の価値はあり、間違いなく、トレーダー全体に占める勝者の割合は15～20年前と比べて低下してきている。

できればそうでないことを願いたいのだが、無理なようだ。では、その原因は何なのだろうか。答えはいくつも考えられる。第一に、未

熟なトレーダーが増えてきている。弱みにつけこむトレード講座の広告に踊らされているのだ。手始めに数千ドルもあればトレードで1年分の所得を稼ぐことができる、などとうたっている。さらに、季節的な投機として灯油先物のコールオプションを買えば数百％の儲けがある、と紹介しているのだ。どれも本当のことではない。それでも、海岸に向かうレミングのように、無謀にも続々とマーケットに参入してくるのだ。

　第二に、マーケットは以前よりもボラティリティが高くなってきている。S&P先物取引はボラティリティが非常に高いため、500ポイント（1250ドル）のレンジは当たり前である。運用資産が5000ドルに満たないのにS&P先物に参入したいと思っているトレーダーが多いことを考えると、成功の見込みはごくわずか、まったくない。ほかのマーケットも値幅は大きいため、少額トレーダーが破滅することは必至なのである。

　第三の理由は、情報が過剰に供給されていることである。コンピューターの影響力と徹底的なリサーチは優秀なトレーダーの誕生に役立った、と皆さんは考えているかもしれないが、私はそうは思わない。情報を氾濫させ、未熟なトレーダーを惑わせ、規律をむしばんでしまった、というのが現実である。その結果、平均的なトレーダーは混乱してしまい、15～20年前と比べて初心者の教育が不十分になってしまった。もちろん有益な情報は重要であるが、情報が多すぎると混乱と困惑を生み出すことになってしまう。

　第四の理由は、トレーダーが最終的に利益を確定するとき、大きな動きを目前にしておびえてしまったりストップアウトしてしまったりすることが多い、ということだ。これもボラティリティと関係がある。反応が速く経験豊富なトレーダーはボラティリティを有利に生かすことができるが、平均的なトレーダーや初心者はボラティリティの犠牲になるだけである。

コンピューター——役に立つか？　障害物か？

　多くの場合、そして多くのトレーダーにとって、コンピューターを使用してトレードすることは役に立たない。実際のところ、障害物となってしまうことが多い。率直に言うと、ほとんどの人がコンピューターに精通していないのだ。トレードのツールとしてのコンピューターの機能について、ほとんど理解していない。トレーダーが各自の方向を定めてからでなければ、トレーディングプログラムにおけるコンピューターの価値について判断できるようにはならない。

　皆さんがトレードに不慣れで、ソフトウエアに大金をかける余裕がなければ、余分な出費のかからない簡単なシステムを使用することだ。コンピューターがなくてもトレードできる方法はいくらでもあるのだ。

まとめ

　この章では、デイトレーダーが直面する主な問題や障害について考えた。成功を制限している障害を克服するために、具体的な答えを提案している。ほかのタイプのトレーディングと違い、デイトレーディングというのは芸術というより科学として考慮しなければならない。デイトレーダーは、夜間の動きについて心配しなくてよいという利点がある一方で、１日の時間枠で得られる利益が限られている。しかし、変動的なマーケットでのみ注意深くトレードしていれば、利益が限定されるという問題を克服することができるだろう。デイトレーディングは厳しく限定された時間枠内で実施されるため、独自のルールや手順を持っているのだ。

第4章
30分ブレイクアウト
The 30-Minute Breakout

◎言葉少なくして意義多きこと。
―――― 作者不明

　30年間にわたる経験から、私が発見したり、開発したりしたデイトレーディング手法のなかで、簡潔という面でも利益を上げるという面でも、30分ブレイクアウト（30MBO）に匹敵するものはまずないだろう。しかし、デイトレーディングは両面通行の道であることを忘れてはならない。多くの報酬を得られることもあれば、手痛く苦しめられることもあるのだ。30MBOは、簡単にできて、理解し、実施することができる一方で、相当の勇気と最大限の規律を必要とする。というのも、トレーダーにとって最も難しい2つの事柄を行わなければならないからだ。具体的に言うと、トレーダーは、その日の新高値に対するブレイクアウトで買い、その日の新安値に対するブレイクアウトで売る必要がある。そのため、ストップアウトしないかぎり大引けまでポジションを維持する必要があるのだ。

基本的手法

30MBOのルールは次のとおり。
- 最初の30分はトレードに参加してはならない（推奨マーケットについてはあとでリストアップする）
- 最初の30分足の高値と安値をメモしておく

- 最初の30分が過ぎ、最初の30分の高値よりも次の30分足の終値のほうが一定ティック高かったら、そこで買う
- 最初の30分が過ぎ、最初の30分の安値よりも次の30分足の終値のほうが一定ティック安かったら、そこで売る
- ストップロスは、あらかじめ決めておいたシグナル（つまり、絶対安全で「動かない」ストップ）でも、反対のシグナル（つまり、当初買いシグナルのあとの売りシグナル、あるいは当初売りシグナルのあとの買いシグナル）でもかまわない
- 一定の利益を保護するため、トレイリング・ストップロスを使用して保有中のポジションをフォローアップする
- ドテンのシグナルでストップロスに引っかかった場合は、現在のポジションを手仕舞いして、反対のポジションを建てる（これについてはあとで説明する）
- 大引けの数分前か、引成注文のいずれかで、その日のトレードを手仕舞いする
- アクティブなマーケットでのみトレードする
- （トレードしているマーケットに日中のストップ制限がある場合は）買いのトレードでストップ高になったら利益を確定し、売りのトレードでストップ安になったら利益を確定する

　図表4.1（BUY SIGNAL＝買い、EXIT ON CLOSE＝大引けで手仕舞い）は、30MBOの買いシグナルを表している。

　ある30分足の終値が最初の30分足の高値を一定ティック上回ったら、買いシグナルが出る。ティックの数値はマーケットによって異なる。S&P先物の統計については、この章の後半で説明する。シグナルは、最初の30分が過ぎたあと、30分足ごとに出る。買いシグナルに続き、ストップロスまたはトレイリング・ストップロスのいずれかでフォローアップする。次に、図表4.2（SELL SIGNAL＝売り、EXIT ON

図表4.1　30分ブレイクアウトシステムの典型的な買いシグナル

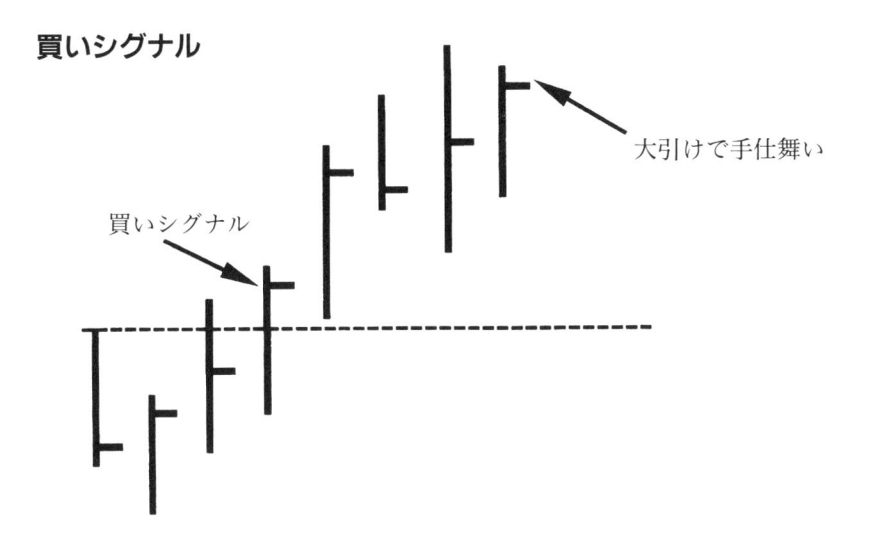

買いシグナル

買いシグナル

大引けで手仕舞い

図表4.2　30分ブレイクアウトシステムの典型的な売りシグナル

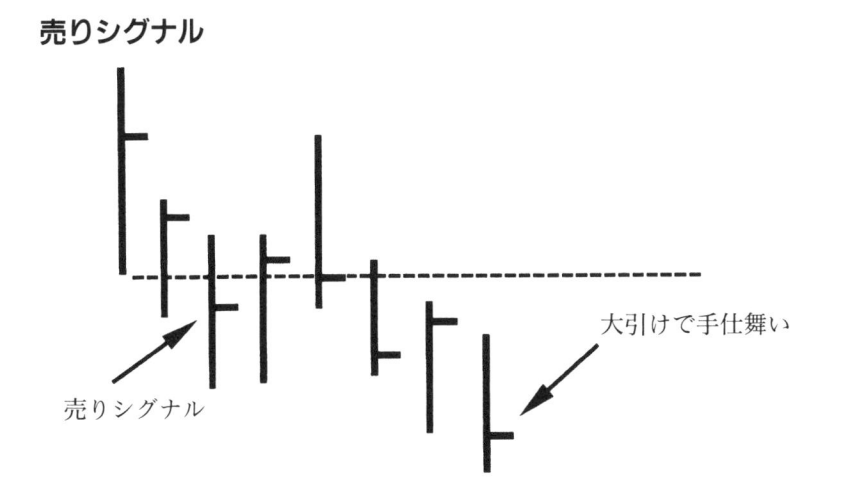

売りシグナル

売りシグナル

大引けで手仕舞い

CLOSE＝大引けで手仕舞い）の典型的な売りシグナルについて見てみよう。

　ある30分足の終値が最初の30分足の安値を一定ティック下回ったら、売りシグナルが出現する。シグナルは、最初の30分が過ぎたあと、30分足ごとに出現する。仕掛けのシグナルに続き、一定の利益目標を達成したらストップロスまたはトレイリング・ストップロスのいずれかでフォローアップする。

その他のパラメータ

　基本ルールが分かったところで、このシステムについてさらに詳しく見ていくことにしよう。

最初のストップロス
　最初からストップロスを置くが、そのストップロスはストップアウトせずに上下の値動きに対応できるくらいの余裕がなければならない。S&P500先物では、ストップロスを大きく定めなければならない。システムの検証結果については、この章の後半で詳しく紹介する。

突き抜けのティック数
　一般的に、有効なシグナルが出現するには、最初の30分足のレンジを、終値で数ティック突き抜ける必要がある。S&P先物の直近の結果を見ると、理想的な突き抜けは買いでも売りでも12ティックである。この数値はマーケットによって異なる。しかし、通常、少なくとも2ティックの突き抜けは必要である。終値の突き抜けとは、実際の終値のことを言っているのではない。30分足でみての終値のことである。

　マーケットの状況が異なると、突き抜けのサイズも異なる。通常、大幅な突き抜けを求めると、トレード機会が少なくなってしまう。し

かし、勝率は高くなる。この章の後半で紹介するS&Pの統計では、1997年1月から1997年11月下旬の274のトレードでの最適値を示している。

最低利益金額

トレイリング・ストップロスには「最低利益金額」を定めるとよい。言い換えると、30MBOで一定の利益目標を達成したら、トレンドの転換時に利益を確定するためにトレイリング・ストップロスを使用する。

パーセントのトレイリング・ストップロス

最低限の利益を達成できたら、含み益のトレイリング・ストップロスをパーセントで定めることを勧める。言い換えると、含み益1000ドルの最低利益金額に達したら、最初のストップロスをやめて、含み益のピークの一定割合であるトレイリング・ストップを出す。例えば、30MBO買いシグナルに従ってS&P先物で仕掛けたとする。仕掛けた価格を2050ドル下回るところに最初のストップロスを置く。期待どおり値が上がり、含み益1000ドルの最低利益金額に達する。そこでストップロスをキャンセルして、最大含み益の50％に当たるところにトレイリング・ストップを置き換える。さらに値が上がり、その日の高値を更新する。含み益が2000ドルになる。トレイリング・ストップが50％であるため、1000ドルの反落でトレードから撤退し、ポジションを手仕舞いする。ストップアウトせずに値がさらに上がると仮定すると、最大の利益が3000ドルに更新される。トレイリング・ストップは新高値の50％、つまり1500ドルになる。ストップアウトせず、転換シグナルもないとすると、MOC（引成注文）を出して大引けで手仕舞いする。

図表4.3　30MBOの典型的な買いシグナル(左)と典型的な売りシグナル(右)

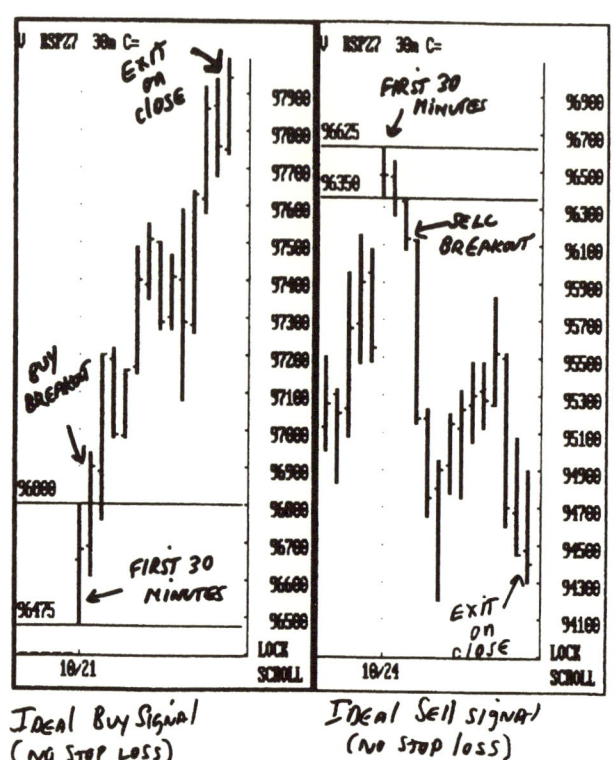

１日当たりのトレード

　時には30MBOで買っても、30MBOの売りに転換することがある。ドテンのシグナルが出現する前に利益を確定していることが望ましい。しかし、損失を出して転換した場合は転換した方向にポジションをとる。私の最新の調査によると、ドテンのシグナルの出現によって１日に５回のトレード機会があることもある。買いポジションをストップアウトしたら、次のトレードは売りポジションにするか、まったくポ

第4章●30分ブレイクアウト

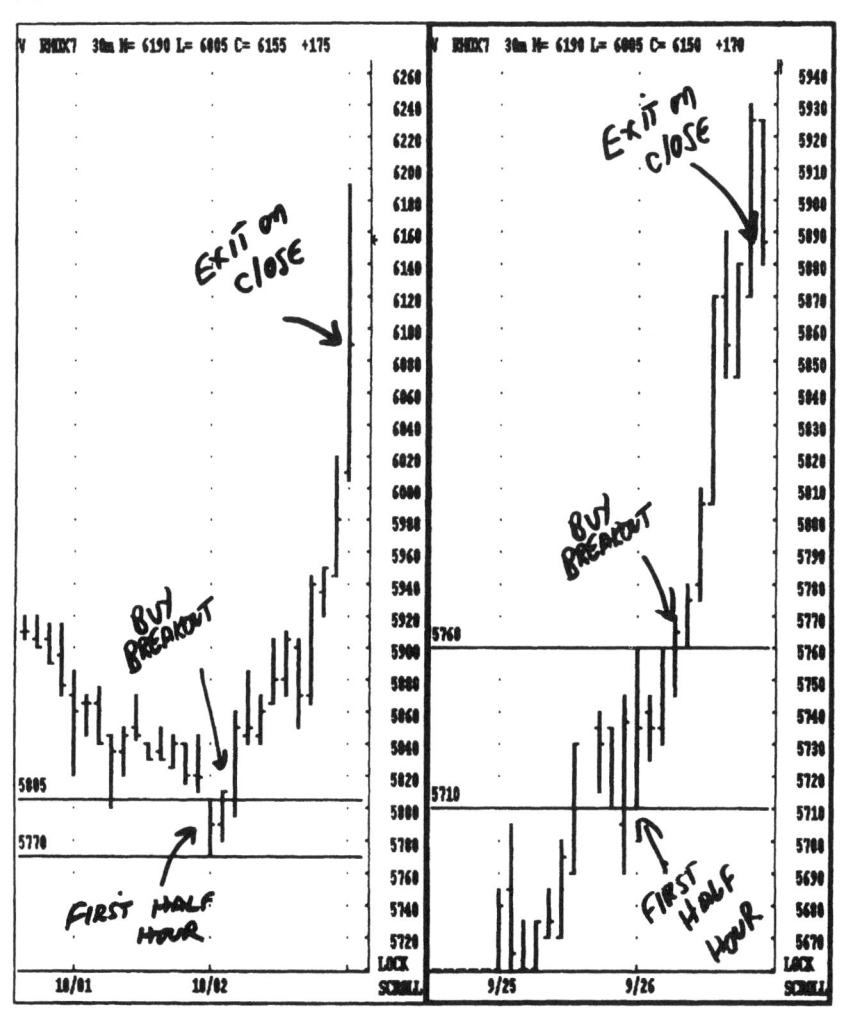

図表4.4　1997/10/2と9/26の灯油の30MBOシグナル（ストップロスはない）

77

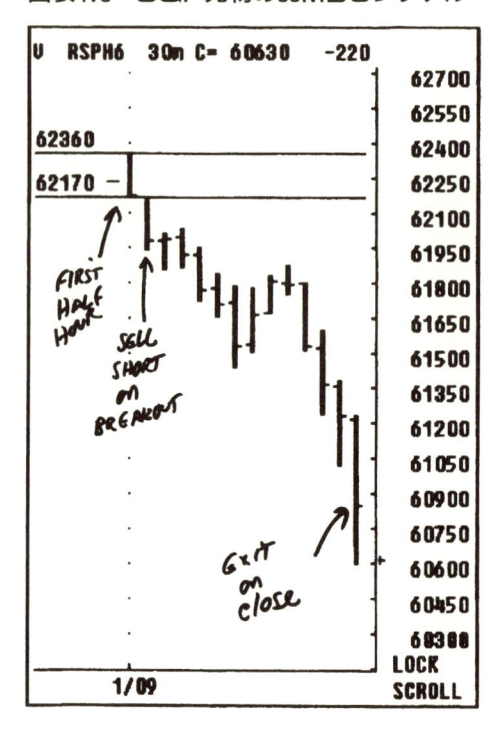

図表4.5 S&P先物の30MBOシグナル

ジションを持たないようにしなければならない（この逆のパターンもある）。

　典型的な形の30MBO買いシグナルと売りシグナルを示したところで、ブレイクアウト価格、仕掛け、手仕舞いを明らかにした実際の例をいくつか検証してみよう。図表4.3（FIRST 30 MINUTES＝最初の30分、BUY BREAKOUT＝買い、SELL BREAKOUT＝売り、EXIT ON CLOSE＝大引けで手仕舞い）、図表4.4（FIRST 30 MIN-UTES＝最初の30分、BUY BREAKOUT＝買い、EXIT ON

図表4.6　S&P先物の買いシグナルと売りシグナルへのドテン

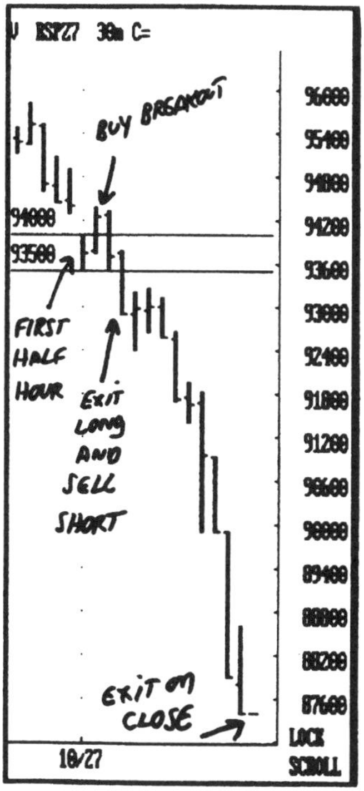

CLOSE＝大引けで手仕舞い)、図表4.5（FIRST 30 MINUTES＝最初の30分、SELL SHORT ON BREAKOUT＝売り、EXIT ON CLOSE＝大引けで手仕舞い)、図表4.6（FIRST 30 MINUTES＝最初の30分、BUY BREAKOUT＝買い、EXIT LONG AND SELL SHORT＝買いを手仕舞いして売り、EXIT ON CLOSE＝大引けで手仕舞い)、図表4.7（BUY＝買い、EXIT ON CLOSE＝大引けで手仕舞い)、図表4.8（FIRST HALF HOUR＝最初の30分、SELL＝売り、EXIT＝大引けで手仕舞い、FIRST HALF HOUR＝最初の30分、

図表4.7　ロンドンFTSE100先物の2日連続の買いシグナル

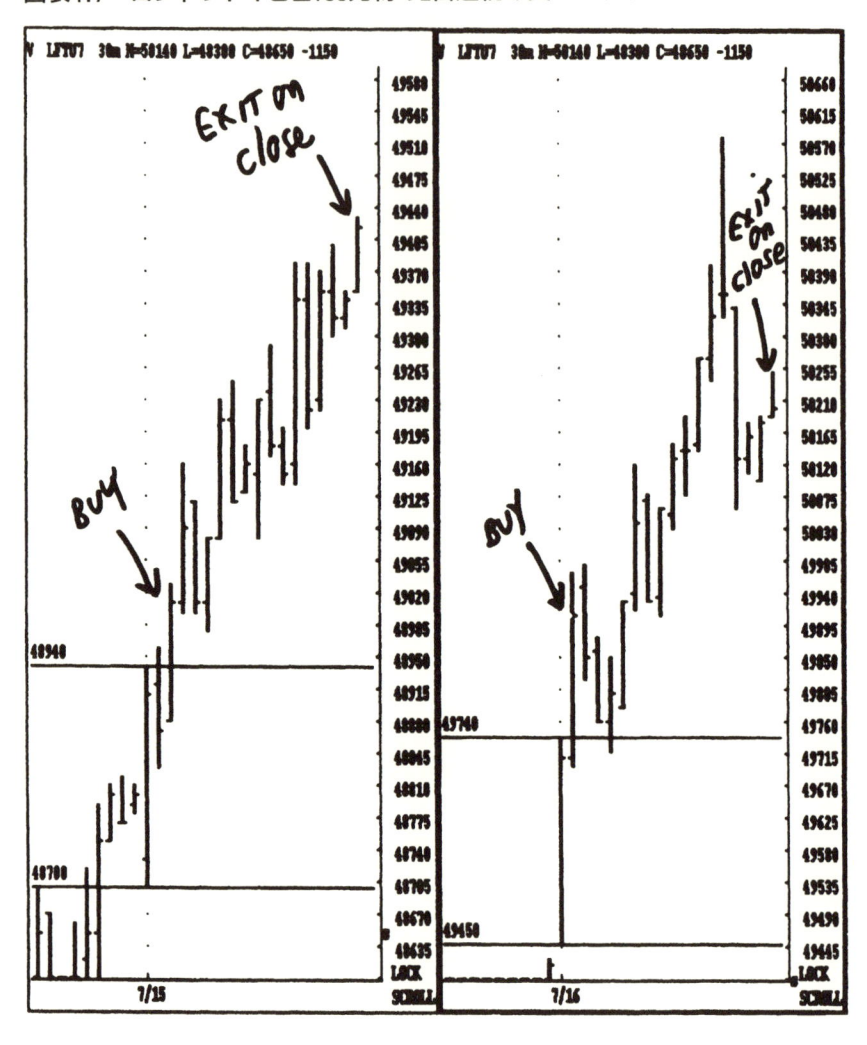

図表4.8 スイス・フランの買いシグナルと売りシグナルへのドテン、日本円は売りシグナル（いずれも1996/12/2）

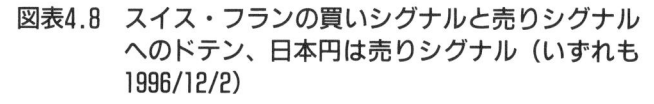

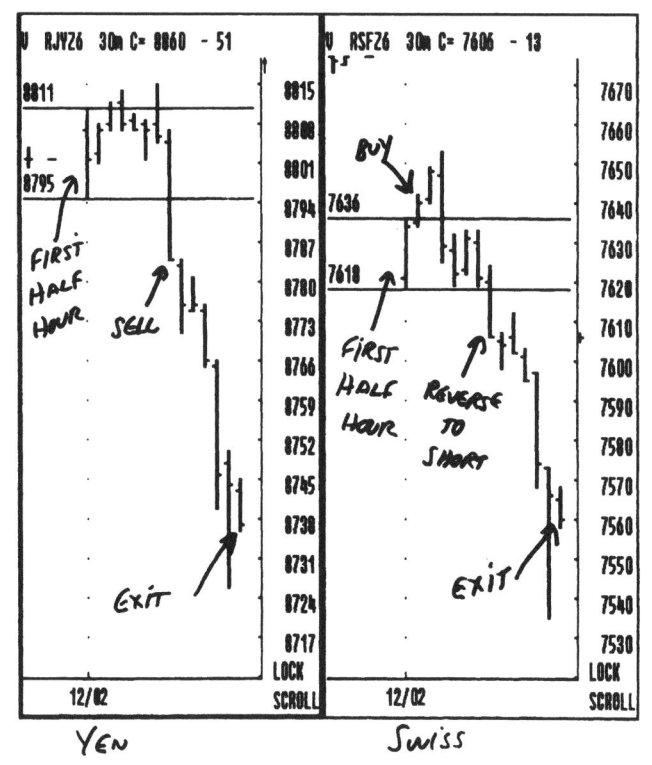

BUY＝買い、REVERSE TO SELL＝ドテン売り、EXIT＝大引けで手仕舞い）、図表4.9（BUY＝買い、EXIT＝大引けで手仕舞い、SELL＝売り）、図表4.10（LARGE GAP DOWN OPEN＝大きなギャップダウンで寄り付き、FIRST 30 MINUTES＝最初の30分、BUY＝買い、EXIT＝大引けで手仕舞い）は、30MBO買いシグナルと売りシグナルの例である。

図表4.9 スイス・フランの3日間の30MBOシグナル

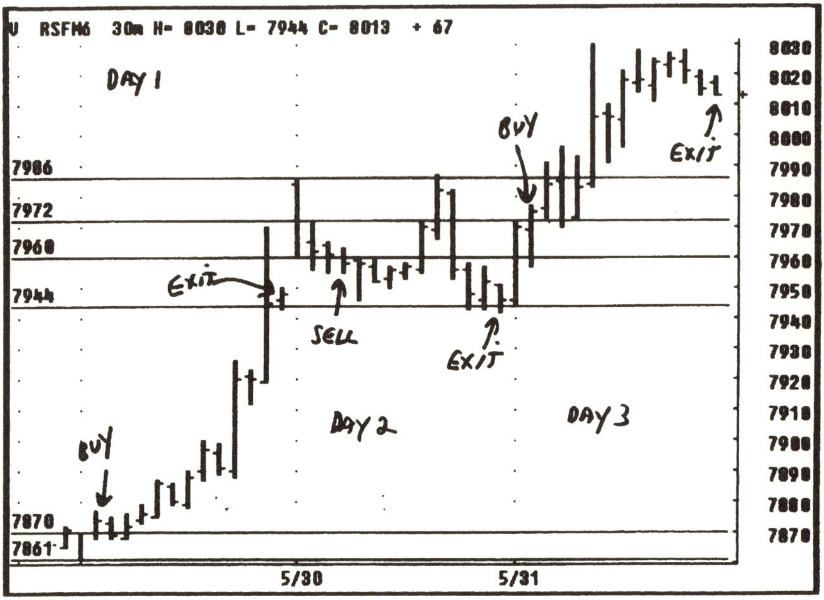

ストップロスとトレイリング・ストップロス

　システムの多くは損を切る方法を土台としているため、ストップロスの手順を説明するのに多少の時間と労力をかける必要がある。30MBOのストップロス手順は非常に単純で簡潔である。ぜひ活用してほしい。

30MBOを使用して何ができるか

　ルールと手順をしっかり守ってさえいれば、30MBOはデイトレー

図表4.10 レンジの大きいギャップダウンやギャップアップが見られると、30MBOシグナルは信頼性が高くなる。レンジの大きいギャップダウンで寄り付いた1996/5/20の原油(左)と、同日の30MBO買いシグナル(右)

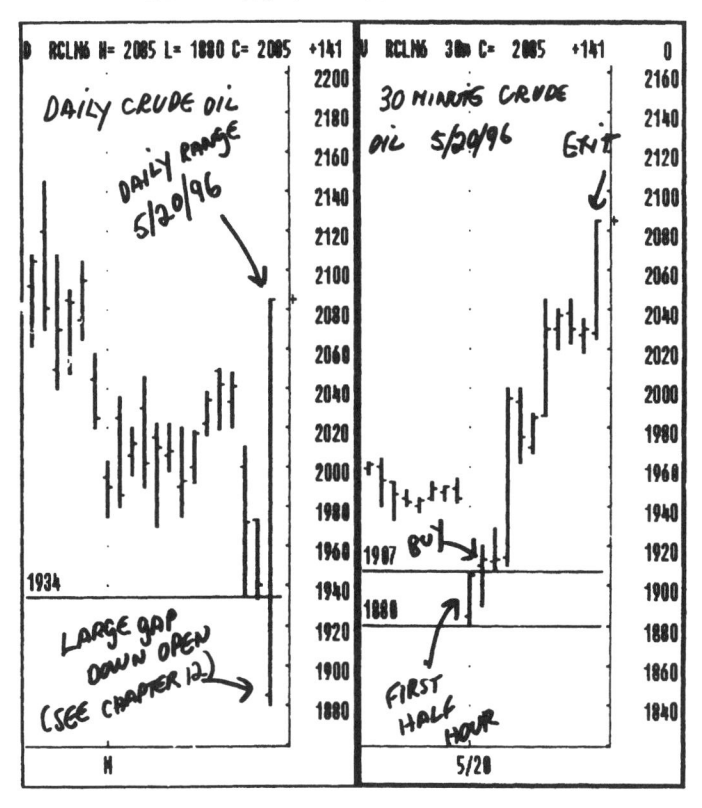

ディングに非常に適した手法である。トレーディングシステムや手法に関しては、理論と現実に大きな違いが見られることが多い。30MBOを使用した経験に基づき、発見した事柄をいくつか紹介しよう。ただし、必ずしも重要な順番に紹介しているわけではない。

　30MBOルールは明白で簡単に理解することができるのに、ルールに従うことができなかったり、従おうとしないトレーダーが多い。こ

の手法の妥当性やパフォーマンスを軽視し、この手法の良さを無駄にしてしまっている。30MBOを使用するうえでの最大の難点は、大引けまで待ってポジションを手仕舞いすること、あるいはストップロスを置くことである。また、適当なタイミングにドテンすることも難しい。

　利益が出たらトレイリング・ストップを置く、あるいはポジションを追加するという誘惑もある。含み益を危険にさらさずにこれを効果的に実施する方法がいくつかある。ほとんどのトレーダーが、現在価格の近辺にトレイリング・ストップロスを置きたいという誘惑に駆られる。これは効果的なアプローチとは言えない。皆さんがストップアウトしても、トレンドが再開されることを確認するだけだろう。ポジションは残されていない。私が研究したところ、トレイリング・ストップロスを置く場合は緩めでなければならない。つまり、ストップロスは現在価格から大きく離れていなければならない。一般的に、効果的なストップロスというのは、現在価格から50％以上離れていなければならない。言い換えると、含み益の50％以上をマーケットに喜んで返さなければならないのだ。図表4.11と図表4.13では、2つの時間枠で30MBOの統計記録を示している。図表4.12は、それをチャートの形にしたものである。皆さんはどのような結論を導き出すだろうか？

検証結果の分析

　図表4.11に示した過去の検証結果は非常に印象的だ。サンプルのトレード数が多いことを考慮すると、このシステムは現実的なものであると結論づけることができる。しかし、検証結果自体はトレーディングシステム全体の良し悪しを物語るものではない。65％の勝率というのは印象的であるが、あくまでも表面的なものであり、綿密な調査に基づいて示されているわけではない。より綿密な調査を実施すると、

図表4.11 1997/1/3～1997/11/28の30MBOの検証結果（パラメータ――買いシグナルの突き抜けは12ティック、売りシグナルの突き抜けは12ティック、当初ストップロスは2050ドル、最低利益金額は1100ドル、50％トレイリングストップ、1日に5回のドテンが可能、ストップや反対売買や引成注文のいずれかで手仕舞い）

```
jb.30min BreakOut #3   SP_E99.ASC-30 min   01/03/97 - 11/28/97
```

全トレードのパフォーマンス

総損益	$ 105900.00	未決済ポジションの損益	$ 0.00
総利益	$ 246850.00	総損失	$-140950.00
総トレード数	274	勝率	65%
勝ちトレード数	178	負けトレード数	96
最大の勝ちトレード	$ 10025.00	最大の負けトレード	$ -2125.00
勝ちトレードの平均利益	$ 1386.80	負けトレードの平均損失	$ -1468.23
平均利益/平均損失	0.94	1トレードの平均損益	$ 386.50
最大連続勝ちトレード	17	最大連続負けトレード	5
勝ちトレード平均日数	4	負けトレードの平均日数	3
日中の最大ドローダウン	$ -9775.00		
総利益/損失比	1.75	最大建玉枚数	1
必要資金	$ 9775.00	運用成績	1083%

買いトレードのパフォーマンス

総損益	$ 45625.00	未決済ポジションの損益	$ 0.00
総利益	$ 131525.00	総損失	$ -85900.00
総トレード数	146	勝率	64%
勝ちトレード数	93	負けトレード数	53
最大の勝ちトレード	$ 6325.00	最大の負けトレード	$ -2125.00
勝ちトレードの平均利益	$ 1414.25	負けトレードの平均損失	$ -1620.75
平均利益/平均損失	0.87	1トレードの平均損益	$ 312.50
最大連続勝ちトレード	8	最大連続負けトレード	4
勝ちトレード平均日数	4	負けトレードの平均日数	4
日中の最大ドローダウン	$ -9800.00		
総利益/損失比	1.53	最大建玉枚数	1
必要資金	$ 9800.00	運用成績	466%

売りトレードのパフォーマンス

総損益	$ 60275.00	未決済ポジションの損益	$ 0.00
総利益	$ 115325.00	総損失	$ -55050.00
総トレード数	128	勝率	66%
勝ちトレード数	85	負けトレード数	43
最大の勝ちトレード	$ 10025.00	最大の負けトレード	$ -2125.00
勝ちトレードの平均利益	$ 1356.76	負けトレードの平均損失	$ -1280.23
平均利益/平均損失	1.06	1トレードの平均損益	$ 470.90
最大連続勝ちトレード	9	最大連続負けトレード	4
勝ちトレード平均日数	4	負けトレードの平均日数	3
日中の最大ドローダウン	$ -6625.00		
総利益/損失比	2.09	最大建玉枚数	1
必要資金	$ 6625.00	運用成績	910%

図表4.12　仕掛けと手仕舞いのポイントのチャート（図表4.11の検証のパラメータを使用）

図表4.13 1996/1/11～1996/11/27のS&P先物の30MBOの検証

```
jb.30min BreakOut #2    SP_E99.ASC-30 min    01/11/96 - 11/27/96
```

全トレードのパフォーマンス

総損益	$ 50300.00	未決済ポジションの損益	$ 0.00
総利益	$ 136825.00	総損失	$ -86525.00
総トレード数	208	勝率	55%
勝ちトレード数	114	負けトレード数	94
最大の勝ちトレード	$ 5700.00	最大の負けトレード	$ -2875.00
勝ちトレードの平均利益	$ 1200.22	負けトレードの平均損失	$ -920.48
平均利益/平均損失	1.30	1トレードの平均損益	$ 241.83
最大連続勝ちトレード	9	最大連続負けトレード	5
勝ちトレード平均日数	6	負けトレードの平均日数	5
日中の最大ドローダウン	$ -10425.00		
総利益/損失比	1.58	最大建玉枚数	1
必要資金	$ 10425.00	運用成績	482%

買いトレードのパフォーマンス

総損益	$ 45475.00	未決済ポジションの損益	$ 0.00
総利益	$ 80700.00	総損失	$ -35225.00
総トレード数	117	勝率	61%
勝ちトレード数	71	負けトレード数	46
最大の勝ちトレード	$ 5425.00	最大の負けトレード	$ -2875.00
勝ちトレードの平均利益	$ 1136.62	負けトレードの平均損失	$ -765.76
平均利益/平均損失	1.48	1トレードの平均損益	$ 388.68
最大連続勝ちトレード	8	最大連続負けトレード	4
勝ちトレード平均日数	7	負けトレードの平均日数	5
日中の最大ドローダウン	$ -4375.00		
総利益/損失比	2.29	最大建玉枚数	1
必要資金	$ 4375.00	運用成績	1039%

売りトレードのパフォーマンス

総損益	$ 4825.00	未決済ポジションの損益	$ 0.00
総利益	$ 56125.00	総損失	$ -51300.00
総トレード数	91	勝率	47%
勝ちトレード数	43	負けトレード数	48
最大の勝ちトレード	$ 5700.00	最大の負けトレード	$ -2875.00
勝ちトレードの平均利益	$ 1305.23	負けトレードの平均損失	$ -1068.75
平均利益/平均損失	1.22	1トレードの平均損益	$ 53.02
最大連続勝ちトレード	7	最大連続負けトレード	5
勝ちトレード平均日数	6	負けトレードの平均日数	5
日中の最大ドローダウン	$ -13775.00		
総利益/損失比	1.09	最大建玉枚数	1
必要資金	$ 13775.00	運用成績	35%

買いシグナルと売りシグナルの勝率が一致する結果となる。売りシグナルの勝率は66％、買いシグナルの勝率は65％である。スリッページと手数料控除後の平均損益は386.50ドル、買いは1トレード当たりの平均利益は312.50ドル、売りの平均利益は470.90ドルである。

どのシステムにも当てはまることであるが、ドローダウンの金額は重要である。9775ドルのドローダウンというのは、S&P先物では許容範囲内である。最大負けトレードが2125ドルというのも、S&P先物ではそこそこの金額である。さらに、連続負けトレードが最大で5回というのも、30MBOシステムを支持するポイントである。

システムを検証するときには、ほかの期間についても調べてみるとよいだろう。図表4.13は、1996年1月11日から11月27日の208のトレードについて30MBOを検証した結果である。勝率は全体では55％しかなかったが、買いのトレードでは60％以上を維持し、連続負けトレードは最大で5回だけであった。最大のドローダウンは妥当な金額であり、最大負けトレード2875ドルというのもS&Pではまずまずである。この期間の勝率は55％しかないが、スリッページと手数料控除後の平均損益241.83ドルというのは、なかなか良い結果であった。

最適なマーケットは？

ほかのシステムと同様、30MBOのパフォーマンスが良いマーケットというのが存在する。具体的には、ボラティリティが高く、トレーディングレンジが広いマーケットが適している。また、アクティブなマーケットも適している。30MBOを使用するのに最も適したマーケットは、主な通貨、株式指数、Tボンド、アクティブな欧州マーケット（イタリア国債、ブンド、DAX、FTSE100、ユーロ・ナショナル・ボンド）、コーヒー、灯油、原油、大豆、小麦（ただし、出来高が大きい場合）であると長年考えられてきた。

そのうち30MBOに適した新しいマーケットが現れ、現在のマーケットのなかにはトレードに適さなくなるものも出てくるかもしれない。例えば、これまではアクティブでなかったマーケットがアクティブになるという状況になるかもしれない。このような場合には、30MBOは現実的な手法となる。

リスクと報酬——現実と合理性

常に効果的なシステムや手法や指標などというものは存在しない。改善された現在の30MBOも、万能薬でもなければ聖杯でもない。マーケットの現実を説明する方法にすぎない。つまり、システムが間違っていると損失を出してしまう。ときには間違ったシステムを続けて使用してしまうこともある。この現実は避けることができない。しかし、代替案がないわけではない。30MBOの自然なドローダウンや勝率の低さに対処できる方法をいくつか紹介しよう。

- 30MBOを使用するのに最も適した時期はいつか？　その答えは、すべてのトレーディングシステムと同じである。30MBOを始めるのに最適な時期は、何度かの損失を経験したあとである。その手法を使用したいマーケット、そしてパフォーマンスを追跡したいマーケットを見つけることを皆さんにお勧めする。少なくとも3回連続して芳しくない結果になったら、この手法を使用してみよう。負けトレードが続いたあとには相当大きな勝利に遭遇する傾向があるため、成功の見込みは高くなるはずである。
- ストップロスを厳格に守ること。金額ベースのリスクストップを使用しても、私が提案したドテンの手法を使用しても、いずれにしろ各自のルールを厳しく適用すること。30MBOの結果がうまくいくのは、リスクを限定できたときだけである。

- 同じマーケットで一貫してトレードすること。いろいろなマーケットを転々としてはならない。例えば、スイス・フランとTボンドと原油でトレードすることにしたら、一貫してそのマーケットでトレードして、毎日のシグナルを見つけること。毎日トレードできない人は、曜日パターンがある場合には週の同じ曜日にトレードすること。
- リスクが高すぎるマーケットではトレードしないこと。言い換えると、S&P500先物のトレードが資金や調整できる範囲を超えたリスクを伴う場合は、このマーケットを避けることだ。30MBO手法を使用するメリットは、トレードしたいマーケットを選び、リスクの高いマーケットを避けることができる、ということなのだから。

まとめ

　この章では、30分ブレイクアウト（30MBO）システムについて説明した。手法の詳細、適用ルール、限界、長所、短所、用途、誤用について考えた。また、30MBOを使用するのに最適なマーケットの具体例も紹介した。30MBOは、指標の時間枠としては固定的な手法ではない。現在のマーケットに適合させる必要がある。順応性があり、機敏なデイトレーダーであれば、市況の変化によって30MBOを調整しなければならない時期を見極めることができるだろう。30MBOは、アクティブなマーケットで最も効果を発揮するのだ。

第5章
曜日のパターン
Day of the Week Patterns

◎鳥を美しく見せるのは、美しい羽だけではない。
―――――イソップ

　トレーダーたちは、曜日によって強気や弱気になりやすい傾向が異なるのではないか、と長年疑ってきた。「反転の火曜日」とか「混乱の木曜日」といった神話がトレーダーの間でうわさされてきた。金曜日に高値圏で引けると月曜日には高くなる可能性がある、あるいは反対に金曜日に安値圏で引けると月曜日には安くなる可能性がある、と信じているトレーダーもいる。しかし、このような神話を裏づけたり否定したりするような信頼できる研究はほとんどない。イェール・ハーシュの傑作『ドント・セル・ストック・オン・マンデー（Don't Sell Stocks on Monday）』とアート・メリルの古典『ビヘイビアー・オブ・プライス・オン・ウォールストリート（The Behavior of Prices on Wall Street）』では根拠のある研究が紹介されている。曜日や日付のパターンの研究を実施した本のなかでは、この2冊がベストだろうと私は考えている。妙な話だが、この2冊はあまりに優れていて、多くのトレーダーに無視されてしまっているようである。私の言うことが信じられないようだったら、ぜひ読んでみてほしい。

　マーケットは特定の日付（祝日とは限らない）に信頼度が高い動向を示すことがある。思慮のあるトレーダーは、一定のパターンが繰り返される原因について考えるだろう。確かな答えは分からないが、これはマーケット専門家の研究範囲を超えているように思う。そのため、

図表5.1　Tボンド12月限の日々の季節傾向

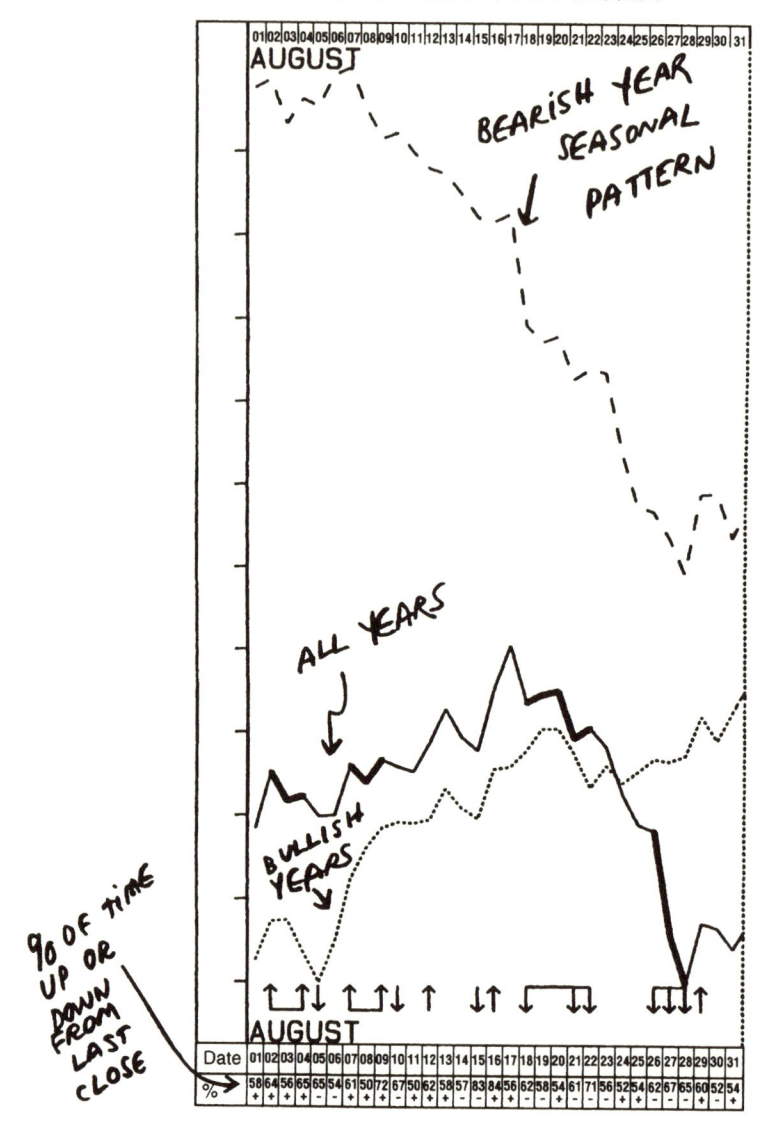

本書では「原因解明」についてはあまり掘り下げないことにする。

主な季節性の例

　主な季節性の妥当性を明確に示すため、いくつかの例を挙げて説明する。まず、図表5.1（％ OF TIME UP OR DOWN FROM LAST CLOSE＝前日の終値からみて上げた日と下げた日の割合、BULLISH YEARS＝強気の年、ALL YEARS＝すべての年、BEARISH YEAR SEASONAL PATTERN＝弱気の年の季節性）のTボンド先物での日々の季節傾向について見てみよう。

　チャートには3本の線が描かれているが、実線が最も重要である。この線は、Tボンド先物12月限の平均的な動きを表している。下の欄に注目してほしい。マーケットが高く、あるいは安く引けたときの割合を示している。どの日もそれほど高い数値ではないが、（前の日と比べて）際立って数値が高い日もある。

　例えば、8月9日は＋72％、8月22日は－71％である（確率を高くするために前もってサンプルを選んだのではない。多くのトレーダーが参加するアクティブなマーケットを選んだだけである）。上下方向の矢印は、特に確率が高いときとその方向を示している。このパターンは必ずしも信頼できるものではないかもしれないが、興味深い出来事、つまり短期トレーダーとデイトレーダーの注目に値するものであると考えている。

　図表5.2（％ OF TIME UP OR DOWN FROM LAST CLOSE＝前日の終値からみて上げた日と下げた日の割合）は、S&P先物の日々のバイアスを示している。紛れもなく、このマーケットは最もアクティブで最もボラティリティが大きい。このチャートは、S&P先物12月限の10月の動向を表している。

　上下に向いている矢印が非常に多いことに注目してほしい。S&P

図表5.2　S&P12月限の日々の季節傾向

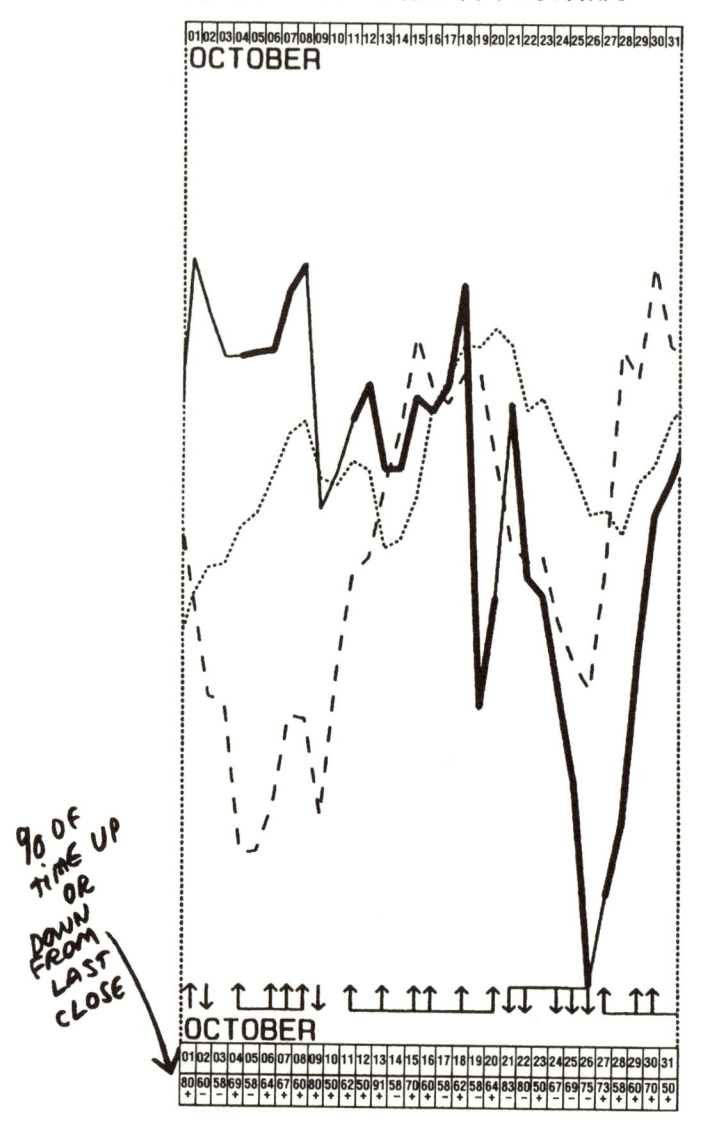

OCTOBER

90 OF TIME UP OR DOWN FROM LAST CLOSE

	01	02	03	04	05	06	07	08	09	10	11	12	13	14	15	16	17	18	19	20	21	22	23	24	25	26	27	28	29	30	31
	80	60	58	69	58	64	67	60	80	50	62	50	91	58	70	60	58	62	58	64	83	80	50	67	69	75	73	58	60	70	50
	+	−	−	+	−	+	+	−	+	−	+	−	+	−	+	−	−	+	−	−	+	−	−	+	−	+	+	+	+	+	+

94

先物では、（前の日と比べて）上昇したり下降したりして引ける日の割合が高い。チャートをよく見ると、特に高い数値を示している日があることが分かるだろう。この統計は1982年以降のデータしかないため、多少疑わしい点がある。もっとさかのぼると有意な結果が得られるだろう。

図表5.3（% OF TIME UP OR DOWN FROM LAST CLOSE＝前日の終値からみて上げた日と下げた日の割合）は、大豆先物7月限の6月の季節傾向を表している。大豆マーケットでデイトレードすることは推奨しないが、1960年代のデータにまでさかのぼることができるため、あえて例として選んだ。バイアスの強い動きが多く、また明確な季節傾向が2回（実線の太い部分）見られる。

さまざまな方法でデータを調べると、主な季節性についてさらに詳しく研究することができる。ある暦日について始値よりも終値のほうが高いとか、安い傾向があるかどうか判断するため、各マーケットの毎日の始値と終値を比較することもできる。データを検証して、まさしくこの傾向を確認した。傾向の原因を見つけられるかどうかということが問題なのではなく、単なるデータのあや（つまり、偶然の成り行き）なのか、それともマーケット本来の特性なのかどうかを考えることが大切なのだ。マーケットにはそれぞれ固有のパターンが備わっていると考えたいところだが、これを結論づけるにはさらなる研究が必要だ。

主要日パターンの確率を向上させる方法として、タイミングと併せて考えることができる。タイミング指標によってパターンを実証したり否定したりして、両方の良いところだけを利用したい。詳しいことはこの章の後半で説明する。

図表5.3 大豆7月限の日々の季節傾向

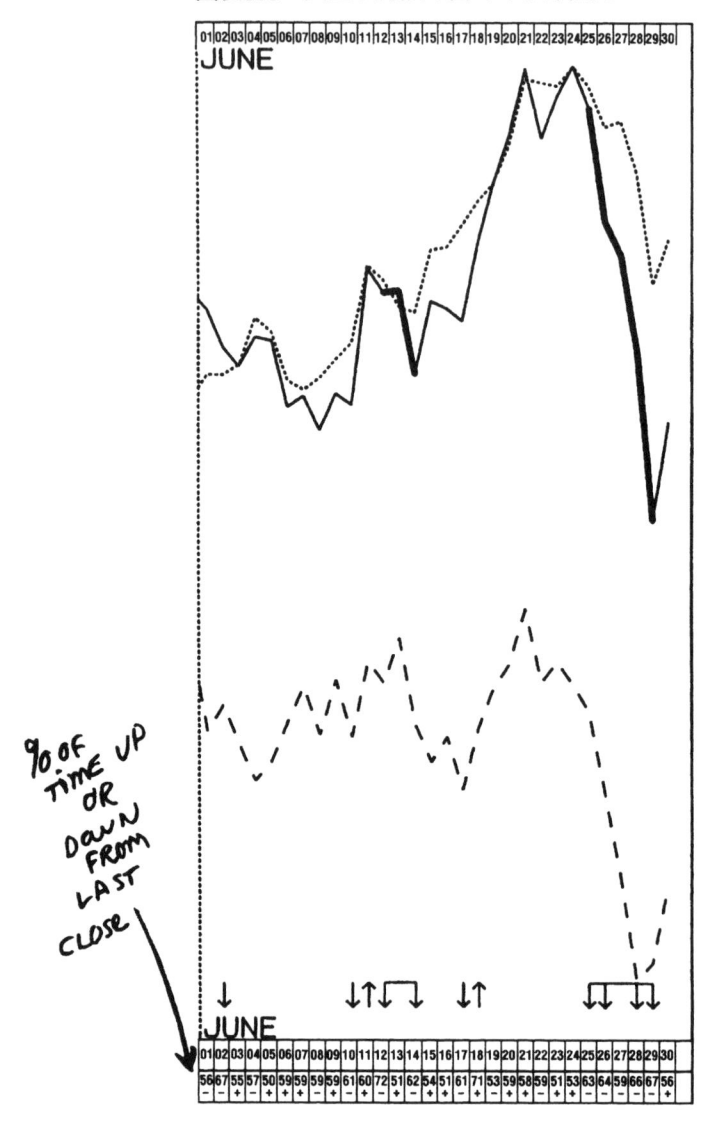

曜日と日付の価格パターン

デイトレーディングに適用できるかどうかということに重点を置いて、曜日と日付の価格パターンについて調べることにしよう。まず、祝日前の動向から調べてみる。特定の日付の価格動向について最初に調査したのは、アート・メリルであった。1800年代後半のデータにさかのぼり、ダウ・ジョーンズ指数の価格は祝日前に高く引ける傾向がある、と主張した。クリスマス、レーバーデー、独立記念日、感謝祭、新年の前日は、ダウ・ジョーンズ指数がその前の日よりも高く引けるという驚異的な傾向を発見したのだ。その統計分析は、祝日前の動向が偶然ではないという主張を裏づけるものであった。たまたまそのようなパターンが見られる可能性は１万分の１しかない。

メリルの研究は1984年までのデータであったが、そのパターンは信頼できるものであった。図表5.4のリストをみてもらいたい。

図表5.4　祝日前のダウ・ジョーンズの動向。祝日前に高値で引けた割合を示している（メリルの1984年の調査による）

聖金曜日	60.9
メモリアルデー	74.1
独立記念日	76.7
レーバーデー	81.2
感謝祭	58.8
クリスマス	72.4
新年	72.1
合計(全祝日)	68.1

図表5.5　Aは祝日前に上昇(＋)または下落(ー)して引けた年、BはS&P先物で祝日前に寄り付きより高く引けた(＋)か、安く引けた(ー)年

Year	クリスマス A	クリスマス B	新年 A	新年 B	独立記念日 A	独立記念日 B
1982	＋	＋	－	－	－	－
1983	＋	－	＋	＋	＋	－
1984	＋	＋	－	－	＋	－
1985	－	－	－	－	－	－
1986	＋	＋	－	－	－	－
1987	－	－	－	－	＋	＋
1988	＋	＋	－	－	－	－
1989	＋	＋	＋	＋	＋	＋
1990	－	－	－	－	＋	－
1991	＋	＋	＋	＋	＋	＋
1992	－	＋	－	－	－	－
1993	－	－	－	－	－	－
1994	＋	＋	－	－	＋	－
1995	＋	＋	＋	－	＋	＋
1996	＋	＋	－	－	－	－
1997	－	－	－	＋	＋	＋
	62.5%上昇	62.5%上昇	75%下落	75%下落	56%上昇	68%下落

　デイトレーダーはこの統計データをどのように利用することができるだろうか？　2つの可能性が考えられる。第一に、対象となる日の前日の大引けに買う方法だ。そして翌日にポジションを手仕舞いする。しかし、ポジションを持ち越すことになるため、これでは真のデイトレーダーとは言えない。もうひとつは、対象となる日の寄り付きで買って大引けで手仕舞う方法だ。これはデイトレーディングであるが、メリルのリサーチに正確に従ったトレードとは言えない。しかし、非常に近い結果が得られる。そこで、1984年から1997年のクリスマスと

新年と独立記念日のS&P500先物について表を作成してみた（図表5.5）。皆さんはこれをどう結論づけるだろうか？

私は、このほかにも上げや下げのバイアスが強い日があると考えている。データとコンピューターがあれば、その日を特定するのは難しいことではない。そこで、すべてのアクティブなマーケットにおいて始値よりも終値のほうが高い（または安い）確率が高い日を具体的に指摘した。寄り付きで仕掛けて大引けで手仕舞いするため、この方法は真のデイトレーダーと言える。いくつかのマーケットで見られた例について、図表5.6に示している。

曜日、日付、月中の位置

日付や曜日は月中の位置と比べて重要性は低い、と主張する分析結果もある。例えば、第1月曜の始値と終値を比較するほうが、4月7日という日付の始値と終値を比較するよりも信頼性がある。これはより確実なアプローチである。この分野の研究はあまり進んでいないため、もっと調査を進めると大きな利益を上げることもできるようになるだろう。

月曜日のパターン

イェール・ハーシュは、膨大なデータを集め、月曜日にはダウ・ジョーンズが上昇することが多い、という主張を裏づけた。そして、著書『ドント・セル・ストック・オン・マンデー（Don't Sell Stocks on Monday）』のなかで、月曜日には売ってはならないとトレーダーに勧告している。私の調査結果も、この主張を支持するものとなった。S&Pでトレードを始めた1982年以降、S&Pの終値が始値より高い日は月曜に限って言えば、50％以上であった（図表5.7）。しかし、S&

図表5.6　寄り付きより大引けが高い確率

マーケット	日付	確率	検証した年数
S&P	1/5	72.73	11
S&P	1/14	81.82	11
S&P	2/2	72.73	11
S&P	4/12	81.82	11
S&P	4/16	80.00	10
S&P	5/19	80.00	10
S&P	6/1	80.00	10
S&P	7/14	81.82	11
S&P	8/27	72.73	11
S&P	11/24	87.5	8
S&P	12/13	75.00	12
大豆	1/5	71.43	21
大豆	3/18	66.67	21
大豆	5/14	68.18	22
大豆	7/3	72.22	18
大豆	8/21	72.73	22
大豆	11/7	70.00	20
Tボンド	2/17	75.00	12
Tボンド	3/29	69.00	13
Tボンド	6/3	85.71	14
Tボンド	7/2	78.57	14
Tボンド	11/23	72.73	11
日本円	1/8	73.33	11
日本円	2/2	75.00	16
日本円	3/19	71.43	14
日本円	5/6	80.00	15
日本円	6/21	86.67	15
日本円	8/27	78.57	14
日本円	11/21	75.00	16
日本円	12/23	68.75	16

P先物500の月曜傾向を利用することを皆さんに勧める前に、ひとつ忠告しておく。

常に正しいパターン、関係、指標というのは存在しない。できるだけ勝率の高いアプローチを使用するのが最適な方法と言える。どの指標もどのパターンも、損を出すときがあるのだ。その場合、規律のあるトレーダーであれば損切りをしてトレードから撤退する。長い目で見て成功したいならば、これ以外に方法はない。

　月曜日のパターンに話を戻そう。S&P500やダウ・ジョーンズの先物でこのパターンを利用する方法の１つに、買いシグナルのみ採用する、ということが挙げられる。言い換えると、このパターンが正しいとすると、月曜日には買いシグナルにのみに従うと間違いないだろう。月曜日には上昇バイアスがあるからだ。本書や前作で紹介したシステムの補足として、このフィルターについても考慮するとよい。

　月曜日のパターンを利用するもうひとつの方法は、金曜日の大引けに買って月曜日に売ることだ。ポジションを翌日に持ち越すことになるため、これはデイトレーダーの戦略とは異なる。しかし、月曜日の寄り付きに買ってその日の大引けに手仕舞いするのとほぼ同じ結果が得られる。

ほかの曜日パターン

　米国内のアクティブな先物市場のデータを調べて、私は、従来の意味とは異なる曜日パターンがあることを発見した。「従来の意味」とは、「単純化した意味」ということである。図表5.7は、曜日ごとの始値と終値の関係を表している。これは、暦日ベースの図表5.6のデータを曜日ベースに変えたものである。S&P先物以外のマーケットで

図表5.7　大引けが寄り付きより高い曜日

	月曜	火曜	水曜	木曜	金曜
S&P500	55.92	49.64	53.65	50.43	51.06
Tボンド	49.34	52.27	44.35	49.76	49.13
スイス・フラン	49.69	48.16	49.83	48.42	50.60
英ポンド	52.56	50.50	54.26	50.81	51.24
日本円	48.08	47.72	46.97	47.18	46.15
原油	42.17	40.45	45.45	43.02	44.71
大豆	45.33	47.05	52.16	49.77	47.50

見られる始値と終値の基本的な関係は、50％をわずかに下回るか上回るかの程度でしかない。しかし、このわずかな差でも結果に大きな影響を及ぼすため、曜日は重要な意味を持つのだ。

曜日パターンとタイミング

　デイトレーダーに適していて効果的と思われるもうひとつのアプローチは、タイミングテクニックと曜日パターンを併せて利用することだ。私は特別な手法を編み出した。それをデュアルブレイクアウト（DBO）と名付けた。DBOは、前日の高値または安値のブレイクアウトと前日の始値／終値の関係に基づき、特定の曜日に買いまたは売りのみを実施する手法である。この手法の勝率は高いが、最初に利が乗った寄り付きまでポジションを持っていなければならない。S&P500先物でいうと、翌日の寄り付きまでポジションを持っていることになる。図表5.8は、月曜日（あるいは週の第１取引日）のDBOの例である。

図表5.8 S&P500先物のDBO手法（過去のデータ）。金曜の高値を3ティック上回れば買いポジションをとる。金曜の安値を26ティック下回れば売りポジションをとる。3400ドルのストップロス。最初に利が乗った寄り付きで手仕舞う

```
jb.DBO System   S&P 500 INDEX 55/99-Daily   04/21/82 - 01/09/98

                        全トレードのパフォーマンス

総損益              $ 162500.00    未決済ポジションの損益   $       0.00
総利益              $ 429000.00    総損失                $-266500.00

総トレード数              397       勝率                      77%
勝ちトレード数            307       負けトレード数             90

最大の勝ちトレード    $  39425.00    最大の負けトレード     $  -5725.00
勝ちトレードの平均利益 $   1397.39    負けトレードの平均損失 $  -2961.11
平均利益/平均損失          0.47      1トレードの平均損益    $    409.32

最大連続勝ちトレード      21        最大連続負けトレード        4
勝ちトレード平均日数       2         負けトレードの平均日数      2

日中の最大ドローダウン $ -27325.00
総利益/損失比             1.61      最大建玉枚数                1
必要資金            $  27325.00    運用成績                  595%
```

DBOのルールとパラメータ

DBOのルールは簡単である。
- 決まった日または週でのみトレードすること（曜日のパラメータについては、この章のあとで表示する過去の記録を参照）
- 前日の終値が前日の始値より高い場合、前日の高値をxティック上回るストップで買うこと

- ●前日の終値が前日の始値より安い場合、前日の安値をxティック下回るストップで売ること
- ●前もって定めたリスク管理ストップロスで手仕舞いすること
- ●最初に利が乗った寄り付き（FPO）で手仕舞いすること

　この手法では、最初に利が乗った寄り付きまでポジションを持っていなければならない。そのため、デイトレードの手法とは言えないかもしれないが、限りなくデイトレードの手法に近い。米国での場が引けたあとでも、GLOBEXマーケットで利益を出してそのトレードを手仕舞いすることができる。したがって、この手法はデイトレーディング手法と夜間手法の中間と考えることができる。通常、私はGLOBEXマーケットでトレードすることを好まない。というのも、現時点では流動性が認められないからである（将来変わる可能性はあるが）。

　最後に、私が検証に使用して本書で紹介する過去データは、すべてオメガリサーチのTradeStationソフトウエア固有の限界があることに注意してもらいたい。例えば、高値と安値のどちらを最初に付けたのかを識別する能力に限界がある。これは、ストップロスを出すうえで非常に重要なことである。このソフトウエアはそのようなケースを想定して設計されているが、完全なものではない。そのため、検証結果がわずかに不正確になる場合もある。

日中ベースのDBO

　DBO手法は、日中のトレーディングにも適用することができる。この件についてはまだ研究中であるが、これまでの結果は信頼できるものである。指示のポイントやバーとして曜日を使用するのではなく、特定の時間帯を用いるとよいだろう（30MBO手法に似ている）。

図表5.9 木曜日のDBOシグナル。水曜の高値を6ティック上回れば買いポジションをとる。水曜の安値を21ティック下回れば売りポジションをとる。3500ドルのストップロス。最初に利が乗った寄り付きで手仕舞う

```
jb.DBO System  S&P 500 INDEX 55/99-Daily   04/21/82 - 01/09/98

                        全トレードのパフォーマンス

総損益              $ 143650.00   未決済ポジションの損益   $       0.00
総利益              $ 398425.00   総損失                  $-254775.00

総トレード数              395      勝率                         78%
勝ちトレード数            310      負けトレード数                85

最大の勝ちトレード   $  11200.00   最大の負けトレード      $  -7900.00
勝ちトレードの平均利益    1285.24   負けトレードの平均損失     -2997.35
平均利益/平均損失           0.43   1トレードの平均損益         363.67

最大連続勝ちトレード       18      最大連続負けトレード           5
勝ちトレード平均日数        2      負けトレードの平均日数         2

日中の最大ドローダウン $ -23650.00
総利益/損失比              1.56   最大建玉枚数                   1
必要資金            $  23650.00   運用成績                     607%
```

まとめ

過去の研究や統計調査から、日付や曜日のパターンがあることを確認した。そのなかには、長年にわたって繰り返されているものもあった。曜日や季節性とタイミングやリスク管理を組み合わせることで、パターンに基づく有効なシステムを開発することができる。翌日または最初に利が乗った寄り付きまでポジションを持ち越すと、大引けま

図表5.10 水曜日のDBO。水曜のDBO手法を使用する（つまり火曜のレンジを参照する）と、1982～1998年の勝率が68％であったにもかかわらず、負ける公算が高い。このことから、曜日が重要であることが分かる

```
jb.DBO System  S&P 500 INDEX 55/99-Daily   04/21/82 - 01/05/98
```

全トレードのパフォーマンス

総損益	$ -1700.00	未決済ポジションの損益	$ 0.00
総利益	$ 311800.00	総損失	$-313500.00
総トレード数	385	勝率	68%
勝ちトレード数	260	負けトレード数	125
最大の勝ちトレード	$ 9375.00	最大の負けトレード	$ -3925.00
勝ちトレードの平均利益	$ 1199.23	負けトレードの平均損失	$ -2508.00
平均利益/平均損失	0.48	1トレードの平均損益	$ -4.42
最大連続勝ちトレード	13	最大連続負けトレード	5
勝ちトレード平均日数	2	負けトレードの平均日数	2
日中の最大ドローダウン	$ -39100.00		
総利益/損失比	0.99	最大建玉枚数	1
必要資金	$ 39100.00	運用成績	-4%

でしかポジションを持たない場合よりも良い結果が生まれることもある。このようなトレードにおけるリスク管理は、本書で紹介するほかの手法やシステムと同様、重要なものであることを心に留めておいてもらいたい。

第6章
トレーディングシステム
──賛否両論
Trading Systems : Pros and Cons

◎神でさえも過去を変えることはできない。
────── アガトーン

　長年トレーディングをしてきて、私は4つのタイプのトレーダーに遭遇した。それは、「純粋なテクニカルトレーダー」「純粋なファンダメンタルトレーダー」「テクノ・ファンダメンタルトレーダー」そして「直観的で勘と経験に頼り、気合いで成功を収めようとするトレーダー」である。

純粋なテクニカルトレーダー

　純粋なテクニカルトレーダーというのはあまり多くないが、そのようなアプローチを好むという人は多い。純粋なテクニカルトレーダーと規律のあるトレーダーとは、同じ意味ではない。しかし、解釈を必要としないという意味において、テクニカルアプローチはトレーディングで成功を収めるのに非常に役に立つ。
　純粋なテクニカルトレーダーは、ニュースの背景や政治の影響やトレーダーの感情（ただし、指標として定量化されている場合を除く）よりも、分析やテクニカル指標の信頼性を重視する。純粋なテクニカルトレーダーのつもりでいる人は多いが、実際には、本人が考えるほど純粋ではない。テクニカルに傾倒していても、微妙な外的影響が意思決定プロセスに入り込んでいる。

テクニカルトレーダーの良い点は、規律を重んじる傾向があり、感情的な反応（これは損失に結び付くことが多い）をしない、という点である。各自の指標に焦点を絞り、状況に対して感情的にならず、厳格な規律に従ってメカニカルなシステムでトレードする傾向がある。純粋なテクニカルトレーダーの長所は次のとおり。

- 仕掛けと手仕舞いに関してルールが明確に定義されている
- 損切りのルールが明確である
- 指示された手仕舞いポイントを超えて損失を持ち越すことがほとんどない
- 早く手仕舞いすぎることがないため最大限の利益が期待できる

では、純粋なテクニカルアプローチに短所はあるのだろうか？ 純粋なテクニカルトレーダーはマーケットの現実を無視している、と主張するトレーダーがいる。つまり、国内外のイベントが価格の動向やパターンに大きな影響を及ぼしているのに、テクニカルトレーダーは頭を砂に突っ込んで現実から逃避している、と主張しているのだ。これに対し、テクニカルトレーダーは、優れたテクニカルシステムは主要イベントを感知して、その前に（あるいは、少なくともイベントの直後には）マーケットに参入することができる、と反論するだろう。今度はこれに対して、天災や暗殺などのイベントは予測することができない、という反論が出てくる。そしてさらにテクニカルトレーダーは、このように極めてまれな場合には、損切りをすることでトレーダーを守り、こうして、予期しない出来事といった「サプライズ」からは、リスク管理によってシステムトレーダーは保護されている、と反論するだろう。

純粋なファンダメンタルトレーダー

　このタイプのトレーダーは、純粋なテクニカルトレーダーより珍しい。それはなぜか？　ファンダメンタルは理解するのも見つけるのも難しいからである。値動きの原因となるファンダメンタルの変化や状況について一般のトレーダーがニュースを知る前にキャッチして、それに基づいて行動できるインサイダーなど、ごくわずかしかいない。
　さらに、関連するファンダメンタルの情報をトレーダーが入手しても、それを解釈しなければならない。ファンダメンタルの解釈は人によって異なる。統計データをとって考えてみても、ある事実はトレーダーによってはまったく異なる意味を持つこともある。ファンダメンタルの解釈は、その人のポジションと関連することが多い。ロングポジションを持っているファンダメンタルトレーダーは弱気の報告を強気に解釈する傾向があり、一方、ショートポジションを持っているファンダメンタルトレーダーは強気の報告を弱気に解釈する傾向がある。ファンダメンタルは解釈を必要とするため、「ポジショントーク」はファンダメンタルトレーダーにとって珍しいことではない。
　純粋なファンダメンタルトレーダーの長所は次のとおり。
- ●トレードには理由があり、行動を正当化できる
- ●トレードは常に理にかなっている
- ●ファンダメンタルの分析が正しいと、大きな値動きをとらえることができる
- ●ファンダメンタルが変わると、ポジション変えることができる

　当然これらはすべて、ファンダメンタル情報を入手できるということと、それを正しく解釈するということを前提にしている。

テクノ・ファンダメンタルトレーダー

　このグループは、純粋なテクニカルトレーダーや純粋なファンダメンタルトレーダーよりも大きい。この手法に従う人はその名のとおり、承知のうえでも偶然でも、テクニカルなタイミングやトレンドの要素とファンダメンタルを組み合わせる。したがって、ファンダメンタルが強気の場合、トレーダーは仕掛けを微調整するためにファンダメンタルに関連するテクニカル指標を警戒する。このアプローチを正当とする理由は、マーケットはファンダメンタルの変化にすぐに反応するわけではない、ということである。トレーダーが十分に理解したり吸収したりするのに、相当な時間がかかることもある。そのため、テクニカルシグナルとしてのタイミングは、ファンダメンタルトレーダーが仕掛けを微調整するのに役立つだろう。理論的には、両方の手法を併せて使用すると、成功の見込みも高くなる。

　テクノ・ファンダメンタルトレーダーの長所は次のとおり。
- 理論的に言えば、タイミングはファンダメンタルを補完してうまく機能する
- タイミングとファンダメンタルの両方の手法の最も良い点を併せ持つことができる
- ２つの基準からトレードを正当化することができる
- テクニカルシグナルと世界のイベントに対応している

直観的で勘と経験に頼り、気合いで成功を収めようとするトレーダー

　このタイプのトレーダーをどのような名前で呼んでもかまわないが、トレーディングシステムや手法や指標に数日か、あるいは数週間以上従うことはほとんどない。３本の移動平均法を褒めちぎっていたかと

思えば、翌日にはエリオット波動の長所を称賛している。お気に入りのシステムを使用して損を出し、最終的に破壊を迎えてしまう。

このようなトレーダーは、何に対してもシステマチックではなく、計画に従うことはなく、感情や気合いで行動し、マーケットで常に敗者となる傾向がある。なぜこのような行動をとる人がいるのか、私には理解できない。

まとめ

トレーディングシステムは、トレンドにおける問題を解決するための万能薬ではない。トレーディングシステムの良い点は、厳しいルールを提示してくれることである。一方、悪い点は、そのルールに従わないトレーダーが多いということである。最後に忠告しておく。皆さんが使用しているシステムを最適化しすぎると、悪い点が増えてしまう可能性がある。

第**7**章

インサイドデイ（はらみ足）のパワー
Power of the Inside Day

◎激しい競争が繰り広げられるのは、意見に相違があるからだ。
―――― マーク・トウェイン

　何度も繰り返し説明してきたが、価格パターンについて研究した結果、利益を上げる可能性があるさまざまな線組みを見つけた。これまで説明してきた以外にも、「はらみ足（ID）」と呼ばれるパターンがある。はらみ足とは、安値が前日の安値より高く、高値が前日の高値より安い日のことをいう。言い換えると、日足で見た場合に2日目の値幅は前日の値幅内に収まっている。
　長い間、トレーダーは、はらみ足はトレーダーの優柔不断さを暗示するものであり、トレンドがすぐに変化する可能性が高い、と推測してきた。理論的には正しい。しかし、マーケットの分別と論理は、常に利益につながるわけではない。はらみ足を利用して効果的なトレードシグナルを生み出すパターンについて調べてみよう。ただし、このパターンは純粋なデイトレーディングのコンセプトからわずかにそれている、ということをあらかじめ心に留めておいてもらいたい。1日の時間枠を多少超えてポジションを保有しなければならないが、効果的なパターンであると思われるのであえてここで説明する。さらに、日中ベースで使用すると、このコンセプトは効果を発揮することができるだろう。

図表7.1　典型的なはらみ足の例

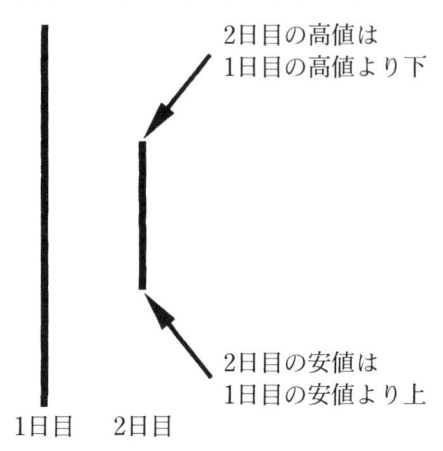

2日目の高値は
1日目の高値より下

2日目の安値は
1日目の安値より上

1日目　2日目

はらみ足の例

　図表7.1は、はらみ足のパターンを表したものである。非常にシンプルなパターンであり、簡単に図示することができるばかりか、モデルや計算法を明確に定義することもできる。

　図表7.2はＴボンド先物の日足チャートで、はらみ足に矢印を書き加えている。この３カ月の期間では、はらみ足はそれほど多くは見られないが、はらみ足のパターンから出現するシグナルが多すぎないということは良いニュースである。

はらみ足とトレンドの転換

　はらみ足は、トレンドの転換を示すシグナルであるといえよう。しかし、それをどのように生かしたらよいのだろうか？　簡単な方法としては、逆指値で買ったり売ったりするためのブレイクアウトポイントとして、はらみ足の高値と安値を利用することである。この手法は

図表7.2 Tボンド先物のはらみ足

非常にシンプルである。はらみ足が出現したら、はらみ足の高値プラスxティックで買い、はらみ足の安値マイナスxティックで売る。

xの値は、ちゃぶつきにだまされない程度に大きくなければならず、また、十分にトレードできる程度に小さくなければならない。リスク管理のストップロスを使用する必要もあり、手法に関連するルールもいくつか定めなければならない。アプローチが妥当であれば、勝率は高くなるはずである。はらみ足のブレイクアウトモデルについて、図表7.3に示す。

図表7.4（LONG ENTRY＝買い、SHORT ENTRY＝売り、EXIT＝手仕舞い。INSIDE DAY＝はらみ足）は、実際のはらみ足のブレイクアウト手法である。S&P500先物の買い／売りの仕掛けの

ポイントと手仕舞いポイントを矢印で表している。

はらみ足のルール

はらみ足のブレイクアウト手法のルールは次のとおり。
- はらみ足が現れたら、ブレイクアウトに注意する
- はらみ足が現れたら、はらみ足の高値＋xティックを上回る逆指値で買う
- はらみ足が現れたら、はらみ足の安値－xティックを下回る逆指値で売る
- xの値はマーケットによって異なる
- リスク管理ストップロスを使用する
- 最初に利が乗った寄り付きまたはストップロス（最初に達した方）で手仕舞いする

これらのルールを念頭に置き、1982年から1998年のS&P先物におけるデータ（図表7.5）に注目してもらいたい。

まとめ

はらみ足は、トレンドの微妙な変化が近いということを示す場合が多い。はらみ足のブレイクアウト手法では、買いと売りの具体的なパラメータを提示する。この章では、はらみ足のブレイクアウト手法の適用例について説明した。この手法はデイトレーディングのアプローチとは言えない。最初に利が乗った寄り付きまでポジションを持っていなければならないからだ。これは翌日の寄り付きになることが多い。しかし、ストップアウトしない場合は、利が乗るまで数日間ポジションを持っていなければならないこともあるだろう。基本的なアプロー

第7章●インサイドデイ（はらみ足）のパワー

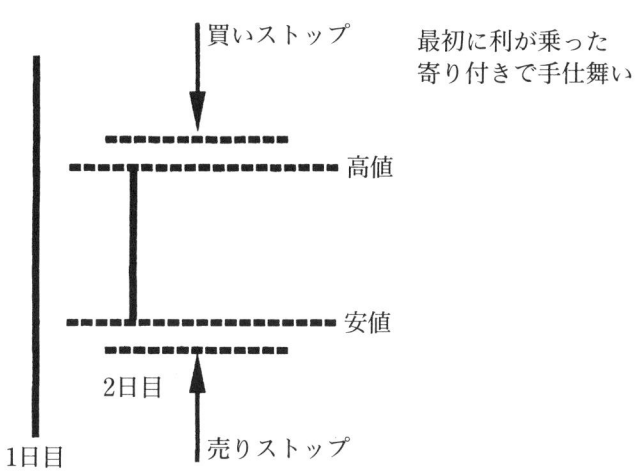

図表7.3　はらみ足のブレイクアウト手法モデル

買いストップ

最初に利が乗った
寄り付きで手仕舞い

高値

安値

2日目

1日目

売りストップ

図表7.4　はらみ足のブレイクアウト手法

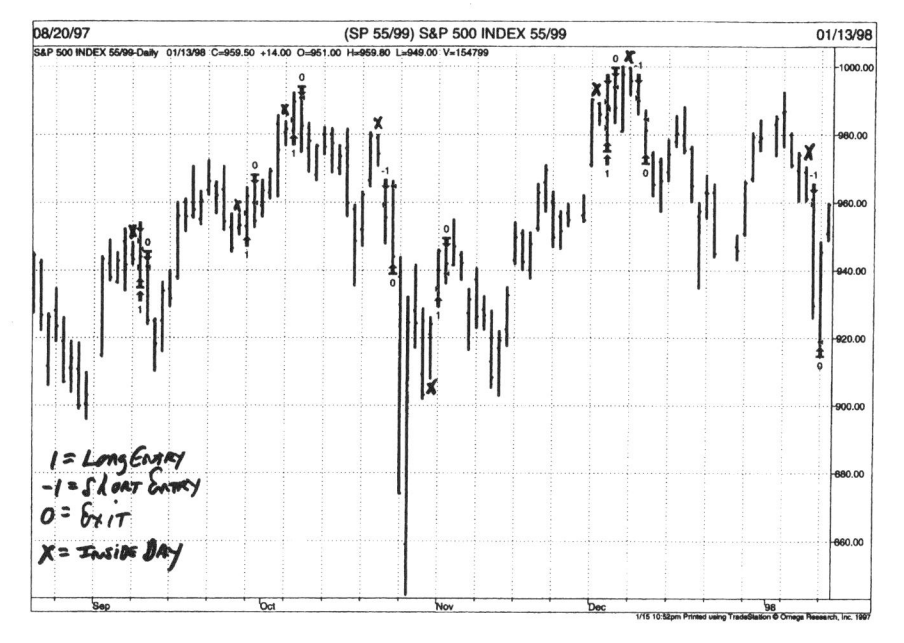

1 = Long Entry
-1 = Short Entry
0 = Exit
X = Inside Day

117

図表7.5　S&P先物におけるはらみ足のデータ（1982～1998年）

```
jb.Inside Bar    S&P 500 INDEX 55/99-Daily    04/21/82 - 01/13/98
```

全トレードのパフォーマンス

総損益	$ 94505.00	未決済ポジションの損益	$ 0.00
総利益	$ 379130.00	総損失	$-284625.00
総トレード数	430	勝率	69%
勝ちトレード数	298	負けトレード数	132
最大の勝ちトレード	$ 20250.00	最大の負けトレード	$ -5175.00
勝ちトレードの平均利益	$ 1272.25	負けトレードの平均損失	$ -2156.25
平均利益/平均損失	0.59	1トレードの平均損益	$ 219.78
最大連続勝ちトレード	14	最大連続負けトレード	4
勝ちトレード平均日数	2	負けトレードの平均日数	1
日中の最大ドローダウン	$ -21350.00		
総利益/損失比	1.33	最大建玉枚数	1
必要資金	$ 21350.00	運用成績	443%

買いトレードのパフォーマンス

総損益	$ 92055.00	未決済ポジションの損益	$ 0.00
総利益	$ 224730.00	総損失	$-132675.00
総トレード数	246	勝率	73%
勝ちトレード数	180	負けトレード数	66
最大の勝ちトレード	$ 5875.00	最大の負けトレード	$ -4075.00
勝ちトレードの平均利益	$ 1248.50	負けトレードの平均損失	$ -2010.23
平均利益/平均損失	0.62	1トレードの平均損益	$ 374.21
最大連続勝ちトレード	14	最大連続負けトレード	4
勝ちトレード平均日数	2	負けトレードの平均日数	1
日中の最大ドローダウン	$ -13725.00		
総利益/損失比	1.69	最大建玉枚数	1
必要資金	$ 13725.00	運用成績	671%

売りトレードのパフォーマンス

総損益	$ 2450.00	未決済ポジションの損益	$ 0.00
総利益	$ 154400.00	総損失	$-151950.00
総トレード数	184	勝率	64%
勝ちトレード数	118	負けトレード数	66
最大の勝ちトレード	$ 20250.00	最大の負けトレード	$ -5175.00
勝ちトレードの平均利益	$ 1308.47	負けトレードの平均損失	$ -2302.27
平均利益/平均損失	0.57	1トレードの平均損益	$ 13.32
最大連続勝ちトレード	9	最大連続負けトレード	5
勝ちトレード平均日数	2	負けトレードの平均日数	1
日中の最大ドローダウン	$ -31800.00		
総利益/損失比	1.02	最大建玉枚数	1
必要資金	$ 31800.00	運用成績	8%

チは相当有効であり、ストップロスや引成注文を出して、日中足に適用することもできる。第5章の「DBOのルールとパラメータ」でも説明したように、この検証にはソフトウエア上の限界があることも覚えておいてもらいたい。

第8章
システム検証と最適化
――友か敵か？
System Testing and Optimization : Friend or Foe?

◎世間の判断は決定的なものである。
――――聖アウグスティヌス

　システムを検証しないという時代は終わった。それどころか、人々の考えはこれまでとは違った方向に動いている。かつて、無節操な営業マンたちは、途方もなく素晴らしい結果を宣伝してシステムや手法を売っていたが、現在、倫理にもとる営業マンは、統計をごまかしのツールとして利用している。逆説的に言うと、システムの統計の妥当性の検証を重視することが一般的になったため、それ利用して、簡単に大衆をだますことができる。統計数値を操作するのは難しいことではない。「どこか足場があれば、私は地球を動かしてみせる」とアルキメデスが言ったように、現代のシステム販売者は「十分な統計があれば何でも証明してみせる」と言うだろう。

　システムの妥当性の検証に関するこの言葉は、システムを検証して好ましい仮説を導き出しても成功を保証することにはならない、ということを指摘している。トレーダーは、そのような統計をお守りや杖として使用してはならない。統計値は簡単に操作することができ、システムはカーブフィッティングさせる（こじつける）ことができる。また、システムを運用するとき、現実的なものでないかぎり、その結果は実際のパフォーマンスを反映しないのだ。

　最高のパフォーマンスを示すために多くのシステムが開発されているが、検証に当たっては最悪のケースも示されなければならない。

なぜトレーディングシステムを検証するのか？

　これにはいろいろな理由がある。システムのマイナス面を合理化して解釈し、結果を無視したり月並みな結果を認めたりするためだけに検証する、というトレーダーもいる。あるいは、一般大衆にそのシステムを売るために検証する、という人もいる。その目的は、最大のパフォーマンスを示すためにシステムを最適化することである。しかし、真剣に取り組んでいるトレーダーは、目標を達成するためにシステムを検証する。その目標とは次のとおりである（もちろん、このほかにもたくさんある）。

- 理論上または仮説上の構成概念が過去の検証において有効であるかどうか判断すること
- 仮説上のシステムパフォーマンスを要約し、強みと弱みを明確にするためにさまざまな点から分析すること
- 効果的なトレーディングシステムを作り出すために、さまざまなタイミング指標がどのように関連し合っているのかを判断すること
- 最小のドローダウンで最高のパフォーマンスを実現できたであろうリスクと報酬の変数（ストップロス、トレイリング・ストップロス、ポジションのサイズなど）の相互関係を調べること

各自のトレーディングシステムを検証する

　上記目標の最後の項目は最適化について説明しているように見えるかもしれないが、そうではないことをこの章の後半（「最適化」の項目）で説明する。システムを検証する目的は、単に、過去に最もうまくいった事柄に基づいて、今後最もうまくいく事柄を見つけることである。その際、仮定上の検証で過去にうまくいったことが必ずしも今

後もうまくいくとは限らない、ということを心に留めておかなければならない。

トレーディングシステムを検証するにあたり、少なくとも次の情報を勘案しなければならない。

分析する年数

データの量はできるだけ多いほうがよいが、時の試練に耐えられないシステムや指標が多い。あまりにも古くさかのぼって検証すると、システムの効果が薄れてしまう。システム開発者は、たいてい、10年の過去データを検証する。最高の結果を示すことができるからだ。検証期間については、各自が判断しなければならない。

分析するトレード数

年数よりも重要なのが、トレード数である。サンプルが大きければ、長期にわたるデータを分析する必要はない。バックテストで可能であれば、少なくとも100のトレードは必要だろう。システムの効率性に本当に関心があるなら、検証するトレード数は多ければ多いほどよい。一般的にバックテストによってシステムの有効性が確認できないことに気づいたら、検証するトレード数を少なくする傾向がある。マーケットにおける25年前のトレンドの基本的要因はこの10年間とはまったく異なる、と主張するトレーダーもいる。25年間のデータを検証すると状況が曲解されると考えているのだ。その主張が正しいとしたら、現在のマーケットの要因が変わる時期をどのようにして知ることができるだろうか？　そして、トレーディングシステムを変えなければならないということをどのようにして知ることができるだろうか？　あらゆるタイプのマーケットで機能するシステムを見つけるほうが、ずっと賢明である。

最大ドローダウン（最大損失幅）

　これは、トレーディングシステムの最も重要な点の１つである。ドローダウンが大きすぎるのはネガティブな要素である。というのも、システムがプラスのパフォーマンスを示すころには、ほとんどのトレーダーがゲームから消えてしまっているからだ。運用資産が十分でないトレーダーが多いため、大幅なドローダウンに耐えられない。しかし、ドローダウンは取引口座のサイズに関連する。10万ドルの口座で１万5000ドルのドローダウンがあるのは珍しいことではない。しかし、３万5000ドルの取引口座の場合、これは重大な問題である。優れたパフォーマンスを実現するためには、大きなドローダウンの危険を冒すこともできる。しかし、それは皆さん自身が判断することだ。

　最大の損失を出したトレードのことを調べて、ドローダウンの原因を考えてみよう。ドローダウンの大部分が１回のトレードで生じていたとしたら、いくつもの損失に広がっているよりはましである。

最大連続負けトレード

　パフォーマンスという変数は、とにかく心理的な影響を受けやすい。ほかの点で優れたトレーディングシステムでも、連続して損失を出すこともあるのだ。４回以上も続けて損失を出して、規律を維持できるトレーダーにはほとんどお目にかかったことがない。損失を３回出しただけでも、多くのトレーダーがそのシステムをやめようとしたり、変えようとしたりする。しかし、10回以上連続して損失を出すといった難局を乗り切ることも、ときには必要である。最悪のシナリオがどのようなものだったかがあらかじめ分かっていたら、それに対処することもできるだろう。このような理由から、システムを検証して情報を知っておくことが重要なのだ。

最大の負けトレード

これは、1回の負けトレードによって、いかに最大ドローダウンが引き起こされるかということを示している。さらに、負けトレードの平均損失を調べるためにシステムを再検証するときに、当初ストップロスを調整することができる。例えば、平均損失が1055ドルで最大の負けトレードが8466ドルだったとすると、最大の負けトレードが平均損失に及ぼす大きさは一目瞭然である。最大の負けトレードに対処する方法が分かっていれば（当然、あとになってみないと分からないことであるが）、システムのパフォーマンスは相当良くなっていただろう。

1回の最大の負けトレードが平均損失よりもはるかに大きい場合、そのトレードについて徹底的に調べることを強く勧める。「なぜ最大の負けトレードがストップロスよりもこれほど大きくなってしまったのだろうか」と考えてみよう。ストップロスを数倍上回る損失を出したということは、システム検証に問題があるかもしれないということを示している。そのような場合はさらに調査が必要になる。

最大の勝ちトレード

おそらく、最大の負けトレードよりも重要なのは最大の勝ちトレードである。例えば、仮説上の総利益が9万6780ドルでそのうちの3万3810が1回のトレードによるものだとすると、平均値にはゆがみがある。そのような場合には、大きすぎる勝ちトレードを全体の結果から除いて再計算するとよいだろう。すると、（たとえ負けていたとしても）そのシステムが良くも悪くもないことが分かるだろう。1回の大きなトレードに遭遇するのに10年待つことができるのであれば、そのシステムを使用するとよい。しかし、それは私のアドバイスに従わないことになる。勝ちトレードの平均と負けトレードの平均に関して皆さんが求めているのは、堅実性である。それは、大きな勝ちトレードが1回や2回あることよりもずっと重要なことである。そのようなト

レードは、パフォーマンスの全体像をゆがめることになってしまうからだ。

　数回のトレードだけで総利益の大部分を占めることもある。それがシステムの価値を下げることになると考えるトレーダーもいるが、私はそうは思わない。システムパフォーマンスの少なくとも半分が売りと買いのそれぞれの最大の勝ちトレードの合計以外に要因があるかぎり、システムは有効である。具体的な数字を挙げると、買いと売りそれぞれの最大の勝ちトレード、そして妥当なスリッページと手数料控除後に、1トレードの平均利益が100ドルに満たないようなシステムは使用しない。

　もっと重要なことは、多くのシステムでは利益の大部分がごく少数のトレードによるものであるため、いやがおうでも、すべてのトレードにおいてできるかぎり厳密にルールに従わなければならない。トレーディングシステムは紙幣印刷機ではない。つまり、1回の利益から次の利益を生み出すものではないのだ。トレーディングシステムは、最終結果として利益を出すものである。負けはたくさんあって勝ちはほとんどない。ストップロスを使用して、大きくなりそうな負けを食い止めるのだ。

　勝ちトレード数が少なくてもそのサイズが大きいと、ゲームは面白くなる。ポジションを守れないトレーダー、つまりポジションを持ち続けられないトレーダーというのは大きな利益をすぐに確定させてしまうため、その結果に後悔することになる。

　本書の後半では、システマチックな仕掛けとフレキシブルな手仕舞いについて例を挙げて説明する。しかしこの手順に従うときは、仕掛けについては本来のシステムにできるかぎり厳密に従わなければならない。この方法は、熟練トレーダーにのみお勧めする。

勝率

　この統計値は、皆さんが考えるほど重要ではない。実際、65％以上の勝率を誇るシステムなどほとんどない。サンプルのトレード数が多いほど、この数値は小さくなる。勝率が30％程度のシステムでも十分である。逆に言えば、勝率80％のシステムでも良くないことがある。勝率が高くても、負けトレードの平均が大きくて勝ちトレードの平均が小さいシステムは良いシステムとは言えないのだ。

１トレードの平均損益

　この統計値から、仮説上の平均損益が分かる。システムを検証するときは、平均損益からスリッページと手数料を必ず差し引かなければならない。割引手数料も含め、手数料を合計する。システムのパフォーマンスを判断するとき、スリッページは重要な要素となる。経験則として、スリッページと手数料の控除額として１トレード当たり75ドルから100ドルを差し引くことを勧める。この金額を差し引くと、平均損益の数値がかなり減少するだろう。前に指摘したように、平均損益を算出するときには、最大の勝ちトレードと最大の負けトレードに十分注意を払わなければならない。１トレードの平均損益は重要な数値である。なぜならば、全利益、全損失、スリッページ、手数料を考慮しているからだ。

最適化

　トレーディングシステムの最適化についてはさまざまな議論が繰り広げられてきた。システムの最適化のどこが間違っているのか？　極端に走りすぎているのか？　ほどほどの策があるのか？

　システム最適化の現実問題は複雑である。しかも、システム開発者は妥当な水準を超えて最適化を図る傾向があるため、問題が悪化して

しまった。システムを最適化するということは、仮説上のバックテストで最高の結果を示すパラメータを見つけるということである。言い換えると、最適化とは、多数の仮定シナリオを考慮して最高の結果を生み出すものを見つける方法のことである。

ハードウエアやソフトウエアが簡単に手に入らなかったころは、最適化は時間がかかって面倒なものであった。最適解を見つけるために、システム開発者はいくつもの変数を繰り返し修正したり、検証したりする必要があった。システムのパラメータが多いと、処理は不可能も同然だった。しかし、コンピューターによって素早く効率的に処理することができるようになった。今では、数千ドルもあれば最適化されたシステムを開発することができる。

検証や最適化が簡単になったということには、メリットもデメリットもある。トレーダーは、システムを迅速に開発、検証、改良(つまり、最適化)することができる。ところが一方では、いわゆるカーブフィッティングが可能になった。効果的なシステム検証プログラムが入手できるため、トレーダーやシステムベンダーは、最高の結果を生み出すと思われる組み合わせを見つけるため、多くのタイミング変数やストップロスやリスク管理などを繰り返し検証できるようになった。要するに、この手順では、仮説上の最高の結果を導くために最高のパラメータを過去の事実に「当てはめる」のである。しかし、そのような手法で導き出される結論は、うわべだけのものであることが多い。

最適解を見つけるために検証したり再検証したりしていれば、最終的には目標に達するだろう。しかし、目標自体はカーブフィッティングの結果を反映することにほかならない。検証によって、過去に何がうまくいったかを知ることはできるが、将来において何が重要なのかということは発見できない。過去は将来のコピーではないため、最適化されたパラメータが将来うまくいくということは疑わしい。意思決定モデルのパラメータが多いと、うまくいく見込みは低くなる。

過度に最適化された結果は、誤まった結論を導く。多くの場合、それは損失を意味する。ビジネスとしてトレードのシステムを開発して販売する人にとって、最適化は、優れた仮説上のパフォーマンスを生み出し、そしてシステム開発者が途方もない主張をすることができる素晴らしいツールである。それを宣伝してシステムを販売するのだ。

　過度に最適化されたシステムについての私の考えが間違っているかどうかは、時間がたたなければ分からないだろう。しかし経験から言うと、私の結論は実証されるだろう。あるソフトウエア開発者が、有名なトレーディングシステムをいくつか販売した。その宣伝文句は根拠のないものであった。途方もなく素晴らしいパフォーマンスを主張し、大々的なキャンペーンを実施した。

　当然のことながら、すべてきちんとしたただし書きがあり、その時点での規制要件を守っていた。しかし、最適化された結果についてのただし書きはなく、すべての購入者が同じシステムパラメータを使用しているわけではないということも開示されていなかった。システムは常に最高の結果に最適化されていたため、仮説上の実績は購入者の心に強く訴えるものであった。しかし、古いバージョンのソフトウエアを使用した場合の結果は違っていた。古いバージョンでは、新しく最適化されたパラメータを反映していなかったのだ。これはハイテクの詐欺である。システム開発者は法的責任があることを認識し、最終的に、この事実をメモ程度の小さな印刷物で開示した。この開示の意味を理解した購入者はほとんどいないどころか、気に留めた人もほとんどいなかった。当然、ソフトウエアの購入者は、仮説上のパフォーマンスに合うものを手にしていると思っていたのだ。

　このようなトレーダーは、最初はうまくいくことが多い。私の使っているブローカーのある顧客がこのようなプログラムを購入し、ルールに従ってトレーディングを始めた。その結果は素晴らしいものであった。私は、すべてのトレードを注意深く観察することにした。仕掛

けも手仕舞いも、薄気味悪いほどうまくいった。まるで、システムが第六感を働かせているようだった。

素晴らしい結果が数カ月続いたころ、システムが正体を明らかにし始めた。大きな損失を何度も出し、パフォーマンスが急激に悪化したのだ。しかもそれは登るよりも下るほうが速かった。過度に最適化されたシステムの危険性がまたしても明らかになった。

システム開発の合理的なアプローチ

トレーディングシステムを最適化することに真っ向から反対しているのではない。しかし、私は合理的なアプローチのほうが好きである。私の経験則は簡単である。つまり、トレーディングシステムの変数は4～6つにとどめておかなければならない、ということだ。仕掛けと手仕舞いの変数の最適な組み合わせ、ならびにストップロスとトレイリング・ストップロスの妥当な組み合わせを求めなければならない。しかし、この時点で最適化を終わりにする。変数が多いと、パラメータのパフォーマンスが低下する可能性が高くなるからだ。

システム開発のもうひとつの重要な点は、マーケットの特性に関連している。これは、トレーダーやマーケットアナリストがあまり注目していないテーマである。システムを甚だしく最適化するよりは、それぞれのマーケットの特性に合うようにシステムを調整することを勧める（ただし、マーケットの特性が存在し、十分に安定していなければならない）。

まとめ

トレーディングシステムの開発と検証は、トレードの重要点として3本の指に入るだろう。開発者が欠点のあるルールを使用したり、過

度に最適化したり、現実と幻想の違いを理解していなかったりすると、システム結果は見掛け倒しになりかねない。コンピューター、過去のデータ、そしていくつかのアイデアで武装すると、トレーダーは、表面上は良いがバックテストと同一の結果を生み出さないといった、過度に最適化されたシステムの落とし穴に簡単にはまってしまう。

　さらに、効果的なシステム開発には適切なただし書きがついたガイドラインが必要である。ここでは、さまざまな用語を定義し、バックテストと同様の結果を得られるシステムと、期待したようには作動しないシステムとを識別するアイデアを示しておいた。

第9章
感情、トレーダー、そしてマーケット
Emotions, Traders, and Markets

◎狂気は個人に存在することはほとんどないが、通例として、集団、派閥、国家、時代に存在する。
——————フリードリヒ・ニーチェ

　フリードリヒ・ニーチェは、狂気と人間の感情について簡潔であるが鋭く論評している。そのなかで、ニーチェは気づかないうちに株式市場や先物市場における人間の本質について明言している。その深みのある表現を相場に当てはめることはニーチェの意図を曲解することになるかもしれないが、あまりにも適切であるため引き合いに出すことを許してもらいたい。成功を求めるデイトレーダーにとって、ニーチェの言葉はマーケットの事実を知るうえでの基礎となるだろう。

　人類の歴史は投機の歴史でもある。さまざまな形をとり、投機は数千年も前にさかのぼることができる。すみかを求めて毎日の天候に投機した先祖たちもいた。穀物を育てたり、敵となる動物や侵略者を撃退するのに、投機は生死にかかわる問題となっていった。生き残るためであってもビジネスで成功を収めるためであっても、地球上で生活するにはリスクを冒さなければならなかったのだ。

　しかし、リスクと投機が感情の悪弊に結び付くことは避けられない。私たちは、自分の判断が痛みや損失に結び付くことを恐れているため、他人の感情や行動の結果にだまされやすい。私たちは、行動を起こさないことがマイナスの結果に結び付くことを恐れているため、衝動的に行動しがちである。しかし、衝動はトレーダーにとって最大の敵であり、特にデイトレーダーにとっては破壊的な影響を及ぼす。

私たちは、利益を失わないように、あるいは目減りすることがないように、すでに得たものを保護しようとする。わずかな投資で大きな利益を上げるという欲望に刺激される。すると、合理的な考えを無視して、感情のままに行動するようになってしまう。金銭的利得を期待したり、金銭的損失を恐れたりすることで刺激される人間の行動には、文字どおり何千ものパターンがある。
　世界の金融の歴史をざっと調べただけでも、人間の感情の強さとマーケットの大きな転機とには密接な関係があった、という結論に必ず達する。初心者でもベテランでも、投資家やトレーダーは、天井や底をつけるときには群衆の狂気が激しく作用していることが多いということを認識している。デイトレーダーである皆さんは、ニュースや海外のイベントや危機に反応して感情が強烈に表に出やすいため、常に感情を抑える必要があるだろう。
　たいていの場合は群衆が間違っている、ということを私たちは直観的に認識している。劇場で火災が発生したときにほかの人に踏みつけられずに逃げるため、群衆が殺到しない出口を見つけなければならない。金融パニックや恐慌で生き残るため、いやがおうでも勇気を身につけなければならない。そうすれば、「世界中」が売っているときでも買うことができ、パニックに陥った群衆が買いに熱狂しているときでも売ることができるのだ。
　暴落やパニックでも買うことができる人は成功し、買いのパニックでも売ることができる人は相当の利益を得ることができる、ということを私たちは手痛い経験から認識している。さらに、そのような行動をとるには、100年いや1000年もの間に培われた人間の行動から作成された古い地図とは正反対の方向に進まなければならない、という事実も飽き飽きするほど認識している。「攻撃・逃避」反応があると、客観的で冷静にマーケットを評価するのではなく、マーケットに立ち向かったりそこから逃げたりする、という行動をとる。

感情的で過激な行為は、天井や底を付けるときに密接にかかわっていることが多い。この関係は、新聞の記事、雑誌の論文、テレビやラジオのレポート、トレーダーの逸話などの証拠を調べれば簡単に突きとめることができる。マーケットが底や天井に近いかどうかを知るには、そのような証拠を調べるとよい。ニュースが非常に強気な場合は天井が近い。弱気のニュースが広まっている場合は底が近い。本書で紹介するデイトレードの指標の多くは、マーケットの方法論で感情を解釈している。

　出来高、チャートフォーメーション、タイミング指標などのさまざまなテクニカル指標は、（特に１日の時間枠で）投資家の感情の尺度と相関性がある場合にかなり予言的な妥当性を示してきた。主な天井や底では群集心理がはっきりと感じられる。感情は、最大の敵となり得るが、最良の友ともなり得る。手ごわい敵にしないように、感情を味方につけなければならない。そのためには、客観的で実務的で定義できる手法を使用する必要がある。

ルールの作成

　感情をプラスの方向に進めるには、いくつかの一般原則に従わなければならない。マーケットでの経験が長い人は、時の検証を経て、幾度となく繰り返されてきたトレーディングルールを熟知している。しかし実際には、熟知しすぎているため十分な注意を払う人が少ない。

　心理状態に照らしてルールの重要性を認識していれば、進んでそれを使用することができる。私は、ルールのリストを作成しておくといつでも参照できて非常に役立つ、ということを悟った。正しい方向に私を導いてくれるのだ。次のようなリストを作成してみよう。

●その日のトレーディングを計画していつでも参照できるようにし

ておくこと——明確な目的を持ち、きちんと仕事をこなし、計画に基づいて行動する人は、自然に判断して無駄な努力をするようなことはないだろう。簡単なものでもよいから、その日のトレーディングの計画を立てておくと、衝動的に行動して損失を出すようなこともないだろう。つまり、トレードの計画を立て、その計画に従ってトレードすること。

- **成功も失敗も自分に責任がある**——良くても悪くても、結果の全責任は自分にあるのだ。利益も損失も、自分がもたらしたものなのだ。全責任を負い、ブローカーや友人や市況レポートに失敗の責任をなすりつけず、トレーディングを真剣に受けとめること。事態が自分の支配下にあるということを学ぶだろう。すると、自分のトレーディングシステムに対して堅実で誠実になる。これは、ポジショントレーダーやデイトレーダーとして成功するのに最も重要な要素である。

- **トレーディングが自分の思いどおりにいくなどと期待しないこと**——トレーディングが自分の思いどおりにいかないなどと心配しないこと。どちらの態度も、非現実的な期待、感情的で直観的な判断、否定的な態度に結び付いてしまう。いったんポジションを建ててしまったら、結果はマーケット次第なのだ。

 いったんトレードを行ったら、その運命は定められ、希望を持っても恐れを抱いても何も変わらないのだ。望みと恐れはデイトレーダーの最大の敵であり、誤まった認識だけを助長してしまう。何としてもこのような感情を発生させないようにしなければならない。システムで手仕舞いを指示していたら、それに従うこと。システムが命じないかぎり、そのポジションを翌日まで持ち越さないこと。

- **フィードバックは重要なので、パフォーマンスを監視すること**——デイトレーダーがそのシステムについて知り得る最も重要な

ことは、システムが機能しているかどうかということである。これを知る唯一の方法は、結果を詳しく記録しておくことである。そうすることで、うまくいくトレードを引き出すのに必要なフィードバックが得られる。皆さんは、自分のしていることがどの程度うまくいっているのか、あるいはどの程度芳しくないのかを、いつでも知っておかなければならない。

- **ポジティブな態度は最大の強みである**──満足のいくデイトレーディング・システムは、全体の20％程度しかない。ポジティブな態度はトレードのバランスをとることができる。利益の出る投資や投機が遠ざからないように、絶えず見張っていなければならない。損失のマイナスの影響、他人の干渉、不十分なトレードシグナルと戦う唯一の方法は、どんなに悪いことが起こってもポジティブな態度を持ち続けることである。これは、口にするのは簡単だが、実行するのは難しい。

- **効果的で前向きな関係を深めること**──親交のある人は私たちのことを知っている。さらに、周囲の人は私たちに影響を及ぼす。敗者、怠け者、詐称者、泣きごとを言う人に囲まれていたら、ポジティブなスキルを身につけることなどできないだろう。モチベーションの高い人、目標達成を目指す人、野心のある人、障害があっても突き進もうとする人と親交があったら、同じような目標を持つことができるだろう。このガイドラインに従って、ビジネス上のつながりだけでなく個人的な関係も深める必要がある。

- **マーケットの問題を家庭に持ち込まないこと**──生活のためにデイトレーディングをしているなら、オフィスを離れるときにはマーケットからも離れるように十分気をつけなければならない。パートタイムのトレーダーであっても、マーケットのことに時間や労力を費やしすぎてはならない。物事がうまくいっているときは、生活のほかの部分を充足するのにマーケットが大きな影響力を持

つかもしれない。しかし、ほかの問題を解決するのが遅れる原因になるため、このようなことは望ましくない。トレードは目標達成の手段である、と考えること。トレードは生活様式ではなく、あらゆる活動を規定するものでもない。必ず休暇をとること。雑事から逃れる時間を毎年とること。いつもマーケットのことを考えていると、何のために活動しているのか分からなくなってしまうだろう。

●**利益をある程度消費し、ある程度蓄え、苦労の成果を享受すること**——利益を移すことを日常の習慣にすること。日ごろ買いたいと思っていた物を手に入れるために利益を使う、というポジティブな感情を直接体験しなければならない。定期的に（だいたい月に一度）これを行うことを勧める。お金を消費するという喜びを直接体験しないと、利益を上げるというモチベーションも生まれない。

●**過信しないこと、過信は最大の敵である**——デイトレーディングは常にプラスの方向に進むとは限らない。損失を出しても落ち込んではならないが、勝ったからといって調子に乗りすぎるのもよくない。極端な感情を持っていたら、その判断は鈍り、効果的にトレードする理性を失ってしまう。勇敢になりすぎるか、あるいはいくじがなくなってしまう。最も良い方法は、山や谷をなくして平坦にすることである。損失というのはマイナスの経験であるが、破壊的な挫折ではないのだ。同様に、利益を出しても冷静に対処しなければならない。

●**次の目標を常に見失わないようにすること**——ひとつの目的を達成したら、次の挑戦を設定すること。ある有名なトレーダーは、１年で数百万ドル儲けた。しかし、翌年にはそのほとんど失ってしまい、破産してしまった。なぜこのようなことになったのかを尋ねたところ、「簡単なことさ。山に登って世界の頂点に達する

と孤独になってしまうんだ。ほかに行く場所もなく、ただ下るしかないんだ」という答えが返ってきた。しかし、1つの山を征しても別の山を目指せば、下りようという気にはならないだろう。

システムトレーディング、規律、そして利益

損失を切りつめて利益を出すこと。ポジションを長く維持することで大きな利益が得られる。損失の出たポジションをナンピンしてはならない。常にストップロスを定めること。追証拠金を支払わなければならないような状況を避けること。疑わしいときは静観すること。トレンドを味方につけること。

　決り文句にはうんざりさせられる。皆さんはこれまでにトレードの規律に関するルールを何千回も耳にしてきて、うんざりしていることだろう。ほとんどのトレーダーにとって、これらのルールは単なる言葉以外の何ものでもない。理解するのは簡単だが、実行するのはほとんど不可能である。さらに、この真意を他人に納得させることなど、まずできないだろう。

　その結果、トレーダーは、エゴの誘惑に陥りやすい人間にすぎないということになる。私たちは損失を認めることに気が進まず、利益が少ないときは不運に感じ、価格が安すぎるときはびくびくし、価格が高いときは勇敢になる。トレーダーが頻繁に損失を出そうとも、損失から学ぶことはほとんどない。このテーマはさまざまに形を変え、多くの書籍、テープ、セミナー、講座、精神分析学の問題点として取り上げられてきた。何度損失を出しても自分を統制する方法を学ぶトレーダーがほとんどいないということは、残念ながら事実なのである。

　もっと驚くことに、成功の秘訣はより良いトレーディングシステムを見つけることだ、と信じているトレーダーがいまだに多い。実のと

ころ、トレーディングシステムを十分に検証しても、あるいはトレーディングシステムに見込みがあるように見えても、そのトレーディングシステムを使用して損失を出してしまうトレーダーが多い。規律のあるトレーダーは、普通のトレーディングシステムを使用しても成功を収めることができるが、規律のないトレーダーは優れたトレーディングシステムを使用しても失敗してしまう。過去の検証で明らかにされたトレーディングシステムの潜在能力と、トレーダーが使用した場合の実際のパフォーマンスとの相関性は限定的である。トレーダーがシステムを作るのであり、その逆はあり得ない、と私は確信している。

問題を明らかにしたところで、今度はその救済方法が重要になる。その答えに数ページも割くことは詭弁の極致である。しかし、私自身の長年の経験と他人のトレード方法を観察したことを考慮すると、相当の自信を持ってこの問題に取り組むことができる。私が1980年に出版した『インベスター・クオーシャント(The Investor's Quotient)』と1988年に出版した『ビヨンド・ザ・インベスター・クオーシャント(Beyond the Investor's Quotient)』のおかげで利益を得ることができた、と世界中のトレーダーから言われた。私は開発者としても、トレーダーとしても、トレーディングシステムに取り組んできたため、あらゆるトレーダーが直面する規律の問題について独自の見解を持っている。私の提案は非常に役立つものであるが、額面どおり受け取らないでほしい。皆さんは、各自のトレーディングスタイルと個性に合わせて、私の提案について研究し、調整する必要があるのだ。

トレードで損を出す「見事な」方法

米国学習心理学者の父と言われるE・L・ソーンダイクは、誤まった行動は文字どおり何千も存在するが正しい行動はごくわずかしかない、と述べている。そして、学習を支援するものとして、懲罰のあり

方について触れている。懲罰を与えることで新しい行動を学ぶことができるかもしれないが、適切な行動に対して報酬を与えるほうが、より早く、より良く、より長い効果に結び付く。

　マーケットで損を出すにはたくさんの方法があるが、利益を出す方法はわずかしかない。そして、それを維持する方法はもっと少ない。トレーダーは、セミナーに参加したり、本やテープやトレーディングシステムを購入したりして、毎年数百万ドルを費やしているが、成功を促進する行動を学ぶことにはあまり注目していない。それはなぜだろうか？　その理由は、トレーディングシステム、手法、指標のルールというのは明確かつ客観的であり、さらには、機械的に暗記さえすればよいことが多いからである。言い換えると、学習してそれを適用するのが簡単なのである。

　一方、成功につながる行動というのは、漠然としていて、やや主観的で、状況に左右され、個人に依存している。すべてのトレードに厳格なルールを適用するというものではない。改善が必要な問題の現状を、トレーダーが把握していないことも多い。何を変えるべきかを理解していないと、変化に際してテクニックをどのように役立てたらよいのか途方に暮れてしまうだろう。

　私の逆説的なアプローチは、取り組み方としてはかなり変わっていると言えるだろう。ソーンダイクなどの有名な行動心理学者の意見は無視して、皆さんの行動で間違っている点を指摘する。これをしろとか、あれをしろといった単調なルール（このように命令しても、知性に訴えないことが多い）を打破しようとしているのだ。では、マーケットで損を出す「見事な」方法をいくつか紹介しよう。

行動計画を立てずにマーケットに参加する

　これは、確実に素早く損をする「優れた」方法である。そもそも、

なぜ計画を立てるのだろうか？　計画を立てずにトレードすると、成功するチャンスはほとんどなくなってしまう。一発当てるという数少ない幸運に見舞われるかもしれないが、その見込みは非常に低い。計画を立てないと、チャンスに関するうわさ、他人の意見、ニュースレターやアドバイザーの説得、ブローカーの仲介、メディアの先入観に翻弄されてしまうだろう。そして、気まぐれに反応してしまう。しかし最も危険なことは、自分の行動から何も学ばないということである。何が間違っているのかを認識していないと、行動の結果を明白に理解することができない。そして、何かを学んだときにはすでに資金を使い果たしていることだろう。

　計画の本当の意味とは何なのだろうか？　トレーディングシステム？　スケジュール？　それとも一連のルールなのだろうか？　私は、トレード計画について次のように定義する。

マーケットでの仕掛けと手仕舞い、ならびにリスク管理について、比較的客観的な評価ができる１つのシステムまたは一連の指標

　このことは、コンピューター化されたトレーディングシステム、そしてチャートブックのシグナル、ニュースレター、占星学、ランダムに数字を出す機械、易経、ブローカーなどに皆さんが従っている、ということを意味しているとも言える。情報源が何であれ、情報を不変のものとして扱い、できるかぎり厳密に従う必要がある。トレーダーによっては、システムに固執しないようにアドバイスをすることもある。完全にメカニックなシステムに従うことができないトレーダーもいるからだ。そのような場合は、代わりに、メカニカルな仕掛けのシステムとフレキシブルな手仕舞いのシステムを取り入れることを勧める（これについてはあとで説明する）。言い換えると、硬直的に考えないこと、頑固にならないこと、やみくもに計画に従わないことをアド

バイスする。しかし、理解したうえで計画から離れるには、最初に計画を立てておく必要がある。

　計画を守るレベルはさまざまである。どのトレーダーも、計画から逸脱する許容レベルを見つけておく必要がある。コースからわずかでもはずれると不快に思うトレーダーもいれば、大きくはずれてもたいして気にならないトレーダーもいる。試行錯誤を繰り返し、正しい法則を判断するのは皆さん自身である。

出版物を読み、ビジネスニュースを見て、コンセンサスに従う

　この方法は、混乱すると同時に損をすること請け合いである。私はこのアプローチを「エドセルトレード」と呼ぶ。エドセルとは、専門家と消費者の両方が推奨する変更点と特徴をすべて組み入れようとして設計された悪名高い車の名前である。エドセルは、時代を先取りしていたかもしれないが、製品としては悲惨なほど失敗した。コンセンサスに基づいてトレードしようとすると、うまくいくように見えるが実際にはうまくいかないエドセルトレードのシステムを使用することになってしまう。実際、コントラリーオピニオンの指標に関する私の調査では、大多数の意見に反してトレードするほうが賢明であると示している。また、トレードとは単独で行動するゲームである。皆さんは、外部の影響をできるかぎりシャットアウトして、自分に役に立つ指標とツールの組み合わせを見つけなければならない。

コストを平均化するために損の出ているポジションをナンピンする

　これは、投機資金を浪費する素晴らしい方法である。時の検証を経たこの戦略に従い、実際に多くのトレーダーが損を出すことを確認してきた。その方法論は簡単である。つまり、ポジションがうまくいっ

ていないときは、それを手放さずにナンピン買い（または売り）をして平均コストを低くする。最終的にマーケットが好調になれば儲けが出るだろう。この論法は、証拠金がかからずに時間に制約のないゲームでは非常に論理的である。しかし、先物市場（特に先物オプション）では、時間がたつと資金がなくなる。納会を迎え、追証が継続し、トレンドが現在の方向を持続する。長期的には正しいかもしれないが、短期的には痛みを伴ってしまう。

利益をすぐに確定し、損失を抱える

これは、敗者に人気のある戦略だ。人気の秘密を探るため、その心理状態を見てみよう。ほとんどのトレーダーは不安でいっぱいである。誤まった行動をとったり、損を出したりして、自尊心がしぼむような経験を恐れるあまり、利益が出ているときにその傾向が続かないのではないかと不安になる。そしてマーケットがそれを取り戻さないように、すぐにでも利益を確定しようとする。しかし、損を出しているときは事情が変わる。トレーダーは損を認めることができないのだ。マーケットが転換し、最終的にうまくいくだろう、という望みを持ってしまう。わずかでも転換すると、ポジションを保有し続ける。残念ながら、これは一歩進んで二歩下がりながら資金が減っていく典型的な例である。

限られた資金で運用を始め、それを大資産に増やそうとする

これは、トレーダーの理想である。ホレイショー・アルジャーの物語（つまり、成功は独立心と勤勉とによって得られる）は、今でも、マーケットでの成功を狙うという自信をトレーダーに抱かせている。限られた資金でトレードを始め、成功につながるビッグヒットを狙っ

ているトレーダーが多い。しかし、それが成功する見込みは低い。最初の資金が少ないと成功の見込みも低い、というのが現実だ。これは正しい論理だ。つまり、1回の大きな値動きに飛び乗ることを期待していても、勝利にたどり着く前に10回も損を出してしまうだろう。そのときには資金は枯渇していて、待ちに待った値動きを逃してしまうだろう。

　私からのアドバイス——現実を直視すること。十分な資金で始めること。小さな損を何度も出すという覚悟をしておくこと。ビッグヒットを打つまでに、5回いや10回は続けて損を出すだろうと覚悟しておくこと。ビッグヒットを打ったらすぐに手放さないこと。最初の資金が少ないと成功の見込みも低くなる、ということを覚えておくこと。

パフォーマンスが良かったトレーディングシステム、助言の文書、マネーマネジャーなどを見つけ、それに執着する

　これも、無一文になること請け合いの方法である。損失を重ねてこそ、勝者になれる。しかし残念ながら、このような判断ができないトレーダーが多い。システムやマネーマネジャーのパフォーマンスが非常に優れたものであったとき、あるいはそのパフォーマンスに魅力を感じたとき、そのシステムやマネーマネジャーを支持したいという誘惑が最大になる。優れたパフォーマンスを探し、ある程度の下落を経験するまで待ってからそれにつく、ということを皆さんに勧める。しかし、パフォーマンスの下降中にはそれを支持したいという刺激はそれほど高くならない、ということを覚えておいてもらいたい。

仕事を辞めて、銀行から預金を引き出し、コンピューターを買い、クオートサービスに申し込み、トレードを始める

この方法で損を出したトレーダーは非常に多い。トレードというのはプロの仕事である。テクニックを学ぶには時間がかかり、そのテクニックを実行するには経験を要する。実際のトレーディング経験の代わりになるものなどない。医師、弁護士、エンジニアが安定収入のあった仕事を辞めてトレードを始めた、というケースが多いのには驚かされる。さらに驚くことに、簡単なセミナーや講座を受けたり、本を2～3冊読んだりすればお金を稼ぐことができる、とその人たちは考えているのだ。これは悲しいことに事実である。その努力が損失につながったとき、彼らは失敗したことに驚いてしまう。マーケットで取引することは医師や弁護士やエンジニアになることと同じではない、ということを理解していなかったのだ。

私からのアドバイス——仕事を辞めないこと。高価なクオートシステムやコンピューターを買わないこと。正しいシステム、正しいコンピューター、正しいブローカーがそろえば成功できるという愚かな考えは持たないこと。高価な機器ではなく、試行錯誤、経験、自己規律、一貫性によって利益が得られるのだ。

損失を避けるために両建てを利用する

これは高度な戦略のように見える。しかし実際には、痛みが大きくなるまで損失を避けておく方法にすぎない。スプレッドをトレードするのは悪いことではないが、損失を避けるためにポジションを両建てするのはよくない。それは損失を「確定する」ということにしかならない。両建玉の両方が良くない方向に動くと、損失を増大させることになる。損切りするタイミングには損切りし、損失を避けるために両

建てしてはならない。スプレッドポジションは、適切に利用すると優れた手段になり、利益を上げるのに役立つ。しかし、損失を避けるのに利用すると破壊的な手段となり得るのだ。

利益を上げられそうになったら、ポジションを買い増し（売り増し）する

　ピラミッディング（増玉）とは文字どおり墓場である。残念ながらトレーダーは、値が良い方向に動くと、その動きを利用するためにポジションを増す必要があると信じているようである。当然、ピラミッドの形が逆になる。初めに１枚購入し、値が上がると２、３枚買い増し、さらに値が上がると５、６枚買い増す。ピラミッドは頂上が重くなり、トレンドがわずかに変わっただけでも利益と一緒にガラガラと崩れ落ちてしまう。

　ピラミッドを築くときは、基盤を安定させること。初めに最大のポジションを建て、値動きに応じてそれより少ない単位を積み上げていく。値動きが終わったときにまだ適切なサイズのポジションを持っていて、平均コストは頂上の大きなピラミッドを建てたときより良好になる。私たちはトレードについて認識していて、頂上の大きなピラミッドが賢明でないこともさまざまな文書で読んでいる。それでも、この戦略がうまくいくと考えているトレーダーがいる。しかし、成功することはまずないと言ってよいだろう。

底と天井を当てようと努力する

　何よりも、仕掛けと手仕舞いがうまくいくと利益が大きくなる。この論理は正しく聞こえる。また、高い勝率で天井と底を当てる方法があると、この論理は正しいように思える。しかし、天井と底は分かりにくく危険なものである。天井や底ではボラティリティが高くなり、

それを判別するのは難しいし、たとえできてもそこにとどまるのは難しい。

リスクを限定するためにオプションを買う

これは、資金を深い暗闇に投げ捨てる素晴らしい方法である。一見したところ、この戦略はほかのものと同じく論理的に思える。1970年代、株式相場で教祖のようにあがめられていたジョー・グランビルは、常々こう言っていた。「物事が明らかな場合は、明らかに間違っている」。このことは、特にオプションに当てはまる。プットとコールの大多数が、無価値になって失効している。上昇トレンドを期待するとコールを買い、下降トレンドを予測するとプットを買うのは、時間、資金、そして手数料の無駄である。

オプションを利用すると、時間価値をすぐに失ってしまう。オプションのタイミングは、原資産のタイミングよりも適切でなければならない。これは二重の危険である。時間を買おうと考えてオプションを買う。オプションを買うときはプレミアムと手数料を失うだけなので、そのタイミングは原資産ほど正確でなくてもよいと考える。しかし、これは錯覚である。

オプションで儲けているプロのトレーダーは、オプションの売り手であることが多い。というのも、ほとんどのオプションが無価値になって失効しているのを知っているからだ。質が悪化していく資産を売れば、勝ちは明らかである。したがって、オプションでトレードしようとする場合は、オプションの戦略を使用してプロの方法で行動し、買い手となるのではなく売り手となることだ。プロの方法でオプションに取りかかるのがいやなら、この相場にかかわってはならない。

建設的な提案

　皆さんの注目を集めたところで、今度はトレーディングの規律について建設的な提案を紹介しよう。ただし、ここでもありきたりの推奨はしない。

簡単なトレーディングシステムから始めること
　長年研究を続けてきて、重要なことが分かった。それは、最も簡単なトレーディングシステムが最もうまくいく、ということだ。私は、宣伝文句や仮想上のパフォーマンス記録についてあらゆることを知っている。最適化されたシステム、ブラックボックスシステム、人工知能の長所についても、あらゆることを知っている。しかし、研究の結果、やはり同じ結論にたどり着く。簡単なシステムが最もうまくいくのだ。簡単な手法を使用して利益を得るという経験をすると、複雑なシステムを試して皆さん自身で判断することもできる。

独立し、孤立し、そして純粋さを保つこと
　トレーダーの心は繊細な機械である。意思決定プロセスを侵害するさまざまな情報の影響を毎日受けている。マーケットには、意見、大衆心理、感情、ニュース、うわさがあふれている。できるだけそれに耳を傾けないことが賢明である。ほとんどのシステムが、勝率50％から65％の間にある。しかし、15％の余裕があっても十分に安心できるものではない。他人の意見に影響されてしまうと、この差は打ち消され、優位な立場も失ってしまう。マーケットについて明確に判断することができると、それは相当の強みになる。

マーケットに関するニュースを読まないこと
　金融関連の新聞を購読する場合は、テクニカルデータのみに目を通

すこと。多数派の推奨と反対の行動をとることができないかぎり、記者が書いた報告や意見は弊害である。

2カ所以上からアドバイスを受けないこと

　実際には、1カ所から、ないしはまったくないほうがよい。1カ所からサービスを受ける場合は、できるかぎりそれに従うこと。いくつもの推奨のなかから勝手に判断して選んだりしないこと。すべての推奨に従うか、あるいはどれにも従わないこと。誤まったものを選んでしまうトレーダーが多いのだ。

ディスカウントブローカーを利用すること

　ブローカーがアドバイザーも兼ねていないかぎり、意見を述べてきたりプレッシャーをかけたりしないディスカウントブローカーを利用すること。助言もするブローカーを選ぶ場合は、手数料で儲けようなどと考えていない経験豊富なブローカーであるかどうか見極めること。なかなか見つからないけれども、そのようなブローカーは必ず存在する。

自分のトレードについて他人に話さないこと

　トレード、シグナル、手法、指標についてほかのトレーダーに話すと、お互いのアイデアに影響を与えてしまう。その結果、混乱をきたすことになる。

一般向けのトレード雑誌を読まないこと

　役に立たないアイデアがほとんどである。自己規律という目標に達したら、何も読んでもかまわない。そうでなければトレーディングをやめることだ。

マーケットについて友人と話さないこと

皆さんの意見は友人にとって重要ではないし、友人の意見もまた皆さんにとって重要なものではない。意見を述べるときというのは、自分を刺激し、システムでどのようなシグナルを出していてもその意見に固執しようとする。

十分な資金で始め、小さなポジションでトレードし、トレーディングを分散させること

リスクをいくつものマーケットに分散させること。大きなポジションの魅力に惑わされないこと。大きなポジションでトレードしなければならないという場合は、基本的にエゴや良くない感情が働いているのだ。多くの人が、マーケットで自分の力を過信して、ひとりよがりな考えの代償を払っている。アグレッシブになり、大きなポジションでトレードして、チャンスを最大限に利用して、独立心を主張して、誇示された力を証明しようとする。そうではなく、大きな池の小さな魚(「井の中の蛙」の逆である)として始め、大きくて信頼性のない値動きではなく小さくても信頼性のある値動きを求めるほうがずっと賢明である。大きさが「あだ」となってしまうことが多いのだ。重要なのは皆さんのポジションの大きさではなく、ポジションをどのようにトレードするかということだ。これが勝敗を分けるのだ。トレーディングの方法を学んでから、大きなポジションに伴う問題に取り組むといいだろう。

マーケットに関する認識を変えること

これは、口にするのは簡単だが実行するのは難しい。いかなる生物も、自分の認識にとらわれてしまうものだ。マーケットを敵だと思うなら、兵士が戦闘に挑むようにマーケットに挑むだろう。しかし、マーケットを手段だと思い、その操作方法を学ばなければならないと考

えたら、うまく利用できるようにその操作方法を学ぼうとするだろう。マーケットに対する態度がトレーディングの方法を形成する。トレンドと戦うよりも、マーケットの流れに同調するほうがずっと簡単である。

ホームワークをすること

特定のトレードのシステムや手法を決めたら、それに専念しなければならない。最新の情報を取り入れなければ、値動きを逃してしまう。

損失が続くのを覚悟しておくこと

トレーダーにとって最もフラストレーションがたまり腹が立つことは、損失が何度も続くことだ。トレーダーにとっては最も厳しい時期である。過ちを犯し、矛盾が生じ、規律がなくなり、新しいシステムを探そうとする。最悪の時期に備えていれば、それに十分に対処することができる。私を信じてほしい。きっとうまくいく。

まとめ

人間の感情について調べてみると、トレーディングの総括的な展望をつかむことができる。外界の影響を受けずに感情を落ち着かせる場所を見極めることができたら、やがてマーケットが反対の方向に動くことを知って利益を上げることができるだろう。しかし、他人の感情から距離を置くには、自分の感情からも距離を置く必要がある。

理にかなった考えに従うということは、反対の方向に進んでいる風潮と戦うということを意味している。常に内面と戦うには、相当のエネルギーと責任が必要となる。それでも、進んで努力して戦傷を受けたトレーダーの目的は、トレードで成功することである。デイトレードには感情が大きく影響することを考えると、私のルールは非常に重

要なものとなるはずだ。

　さらに、デイトレーディングで成功を収めるにはほかにもたくさんのルールがある。この章で紹介したルールのなかには、一般に適用できないものもある。あるいは、個々のトレーダーにとって必要なルールでも、この章で紹介していないものもある。そのようなわけで、皆さんは、各自で考案したトレーディングルールに従うことで相当な利益を得るだろう。自分が何を必要としているかは、自分にしか分からないのだから。しかしそのためには、まず、自分のニーズ、強み、責任、スキル、目標を完全に把握しておく必要がある。それと同時に、私が紹介した事柄についても研究して、それがどのようにフィットするかを考える必要もあるだろう。

第10章
どんなマーケットで
デイトレーディングをするのか？
What Markets to Day Trade?

◎理性のある人は世界に順応することができ、理性のない人は世界に順応しようとしてむきになる。つまり、進化は理性のない人に左右されるのだ。
　　　　　──シェリー

　デイトレーダーとして成功を収めるには、2つの特徴を持つマーケットでトレードすることが重要だ。それは、活発なマーケットと日中の値幅が大きいマーケットである。言い換えると、デイトレーダーとして成功する公式には、どんなマーケットでトレードするかを認識する、ということも考えなければならない。基本的に、デイトレーダーはボラティリティの高いマーケットに限定してトレードしなければならない。デイトレーダーに最も適したマーケットはいつの時代も同じというわけではないが、どの時代にも、トレードに最適なマーケットを突きとめる方法はたくさんある。

　デイトレーディングに理想的なマーケットを見つけるためのガイドラインを紹介しよう。基本的に2つのパラメータ、出来高とボラティリティを使用する、ということを心に留めておいてもらいたい。

出来高

　デイトレーダーがまず考慮しなければならないことは、1日の出来高である。どのマーケットが最もアクティブかは、この数字を見れば明確になることが多い。通貨、金利先物、株式指数先物などのマーケットは、昔からアクティブなマーケットとして知られている。しかし、

ファンダメンタルの状況が変わると、アクティブになったり、そうでなくなったりするマーケットも出てくる。例えば、干ばつ時には穀物と大豆関連商品のマーケットは非常にアクティブになり、デイトレーディングに向いている。オレンジジュースなど、通常はアクティブでないマーケットも、霜害や厳寒の被害が予想される時期にはトレード枚数が多くなる。そのような状況では、デイトレーディングが可能かどうかの判断力が必要になる。デイトレードするのに十分な出来高があるかどうかを最終的に判断するのは、トレーダー自身である。

どのマーケットでデイトレードし、そしてどのマーケットでデイトレードしないかを皆さんが判断できるように、この章ではいくつものガイドラインを紹介する。しかし、いずれも不変のものではないということを覚えておいてもらいたい。残念ながら、どのマーケットでトレードするべきかを最終的に決定する場合、ある程度の判断力が必要になるだろう。将来起こるかもしれない状況を前もって判断するのは不可能である。したがって、最終的な分析をするうえで経験がものを言うのだ。

出来高に関しては、実際にその限月で何枚トレードされたのかを調べるのが最も良い方法である。各限月でトレードされた枚数は全体でトレードされた出来高とは大きく異なる、ということに注意してほしい。例えば、Tボンド先物である日にトレードされた枚数が84万7000だったとする。しかし、期近物の実際の出来高は20万0112しかない場合もある。このケースは、先物合計の出来高と取引する限月の出来高が大きく異なる例であるが、期近限月がデイトレードに適していることを示している。しかし、期近よりもあとの限月に取引が集中している場合もあるため、期近限月の出来高が十分ではないケースもある。

一般的なガイドラインとして、期近限月に1日1万枚以上があるマーケットでデイトレードすることを勧める。ただし、これはあくまでも一般的なガイドラインである。(これを書いている)現在は、コー

ヒーなどでは出来高が最低ラインに届いていない。しかし、出来高が少ないというマイナスの影響を最小限に抑えるように注文を置くというガイドラインに従っていれば、このようなマーケットでもデイトレードすることができる。

前にも述べたが、デイトレーディングに最も適したマーケットはいつの時代も同じというわけではない。出来高に関して、現在(1998年)最もアクティブで最も簡単にデイトレードできるマーケットは、次のとおりである。

- S&P500
- Tボンド
- 原油
- 灯油
- スイス・フラン
- ドイツ・マルク
- 英ポンド
- 日本円
- 大豆
- コーヒー

出来高が基準値を満たしていないのにコーヒーをここに含めたことに注目してほしい。その理由は、コーヒーはほぼいつの時期もボラティリティが高いからだ。出来高よりもボラティリティに注目して判断したのだ。

面白いことに、ユーロ・ドルはこれと逆の状況である。出来高は非常に大きいが、日中の動きは比較的小さい。したがって、このマーケットはデイトレーディングには適していないということになる。実際、ユーロ・ドルは出来高で見ると最もアクティブなマーケットの1つに挙げられる。私たち「部外者」のトレーダー、つまりオフ・ザ・フロ

アのトレーダーは、このようなマーケットではうまく利益を上げることができない。次に、デイトレーディングに適したマーケットを選択する2つ目の基準について説明しよう。

ボラティリティ

　デイトレードするマーケットを見極めるときに考慮するべきもうひとつの重要なポイントは、ボラティリティである。ただし、すべてのトレーダーが、私と同じような意味でボラティリティを認識しているわけではない。ここで説明する「ボラティリティ」とは、日中の「大きな値幅」という意味である。皆さんがデイトレードしようと考えているマーケットは、少なくとも最近大きな値幅を記録したものでなければならない。さまざまなマーケットにおける実損益の変動が各銘柄の倍率や1ティック当たりの損益変化に基づいていることを考慮すると、ボラティリティを判断する最も良い方法は、ポイントで比較するのではなく、毎日の値幅を金額ベースに換算することである。

　ボラティリティに関する私の主張を明らかにするために、ここで例をいくつか紹介しよう。まず、ユーロ・ドル先物について考えてみよう。1日に20ポイントのレンジでトレードされているとする。この例では、（1日）20ポイント×（1ポイント当たり）25ドル＝500ドルになる。手数料を差し引き、仕掛けと仕舞いのスリッページを考慮すると、日々のレンジで得られる最終結果（純利益）は、15ティック、つまり375ドルにしかならない。ユーロ・ドル先物の値幅が20ポイントよりずっと小さいことを考えると、フロア・ブローカーでなければこのマーケットでデイトレードするのは現実的とは言えない。

　これに対し、Tボンド先物の例について考えてみよう。1日の平均レンジは25ティックである。1ティック当たり約32ドルであるため、25ティックでは約800ドルになる。これは、デイトレーダーにとって

悪くない値幅であり、ユーロ・ドルの375ドルと比較するとずっと好ましい。

この本を書いている時点では、デイトレーディングの典型的なマーケットは、もちろんS&P500である。レンジが600ポイントを下回ることはほとんどない。金額ベースに換算しても相当大きい。明らかに、S&P500先物市場はデイトレーダーにとって素晴らしいマーケットと言える。S&P500先物は、ボラティリティが高いだけでなく1日の出来高も多い。この2つの要素が組み合わさって、デイトレーダーにとって理想的なマーケットとなっているのだ。

両刃の剣

デイトレーダーにとって理想的なマーケットは、値幅とボラティリティという2つの要素を持ち合わせている。デイトレーディングの実現性と利益性を追求する場合には、どちらの要素も必要である。しかし、デイトレーダーとして成功するには、ボラティリティと出来高が両刃の剣であるということを常に念頭に置いておかなければならない。この2つの要素は、デイトレーディングの機会をもたらすものであるが、損失に結び付く大きな値動きの原因でもあるのだ。ボラティリティの高いマーケットは「両刃の剣」なのだ。つまり、ボラティリティの高いマーケットは機会を提供するためデイトレーダーにとってプラスになると同時に、値動きが大きいためストップロスをヒットして損を出す可能性もある。

状況の変化

状況、ファンダメンタル、政治などに関連して、デイトレーディングの機会は変わる可能性があることを前に説明した。比較的静かなマ

ーケットにトレーディング機会が生じる条件には、天候、政治的事件、戦争、ファンダメンタルの変化がある。次の例について考えてみよう。

オレンジジュース

このマーケットは、通常、比較的静かにトレードされている。しかし、特定のイベント（霜害や厳寒の被害など）が生じると、ボラティリティも出来高も相当増大することがある。そうなると、通常は静かなこのマーケットも非常にアクティブになる。しかも、デイトレードできるほどまでになる。そのときでも、経験豊富なデイトレーダーは、状況が変わっていつもの薄商いのマーケットに戻るサインを注意深く観察する。

コーヒー

このマーケットは、天候によって変動するだけでなく、カルテルなどの政治的状況の影響も受けてきた。そうなると、コーヒー先物はボラティリティが高くなり、1日に500ポイント以上も動くことがある。100ポイント動けば375ドルになるので、デイトレードが現実味を帯びてくる。しかし、価格に影響を与えるニュースがない場合は1日に100～200ポイントしか動かず、デイトレードに向かない。

砂糖

一般的に、このマーケットのレンジは1日当たり20ポイントである。砂糖先物の1ティック当たりの損益変化は11.20ドルであるため、1日に20ティックのレンジではデイトレーディングに十分とは言えない。したがって、通常の状態ではデイトレーディングをお勧めできない。天候要因、生産のファンダメンタル、需要、インフレ圧力などによって、1日の値幅が著しく拡大することがある。そうなると、1日当たり60ポンド近くにもなる。しかし1000ドルを超えることはほとんどな

い。つまり、デイトレーダーが砂糖先物でデイトレードすることはまずないだろう、と考えるのが妥当だ。

異銘柄間スプレッドのデイトレーディングは可能か？

　異銘柄間スプレッドをトレードすることについては、これまでほとんど注目されてこなかった。スプレッドについて本当に理解しているトレーダーが少ないのだ。実際、スプレッドを理解しているトレーダーでさえも、スプレッドの注文を置くのは難しいと感じている。それは、スプレッドトレーディングの技術面をあまり理解していないこと、そしてスプレッドトレーディングに必要な知識が不足していることによる。実に残念なことである。異銘柄間のスプレッドトレードは、最も収益性が高く最も信頼できるトレードのひとつなのだ。

　経験豊富なトレーダーは、ほとんどの異銘柄間のスプレッドには季節要因があることを認識している。そのため、ポジショントレーディングのマーケットに適している。しかし、日中ベースでは季節性が適用されないため、季節傾向がいかに顕著であってもデイトレーディングには向かない。では、「本書で紹介しているテクニカルツールを使用して、スプレッドをデイトレードすることは可能だろうか」。この質問に答えるにはまず、デイトレードしたいスプレッドが２つの基準を満たしているかどうか判断しなければならない。具体的に言うと、そのスプレッドはボラティリティが高いのか？　現実的で効果的にデイトレードするのにスプレッドの出来高は十分なのか？　ということが問題となる。

　最初の問題、ボラティリティについては、各スプレッドの日中のレンジを調べれば簡単に答えることができる。実際に調べてみると、デイトレーダーに必要なボラティリティを満たすスプレッドがあることが分かる。本書を執筆している時点でいうと、主な通貨、金利、そし

て穀物と大豆関連商品のスプレッドがこの基準を満たしている。スプレッドのデイトレーディングに理想的なマーケットは時代とともに変わる、ということを覚えておいてもらいたい。

出来高の問題も重要な要素であるが、簡単に判断することはできない。出来高の統計からは異銘柄間のスプレッドトレードの枚数を調べることができないため、あるスプレッドがどの程度トレードされているかを確実に知ることは不可能である。通常、個別の限月やマーケットで出来高が大きいこととスプレッドで出来高が大きいことは相関性がある、と推測することは不合理ではない。しかし最終的には、どのスプレッドをトレードするかは個人が判断しなければならないのだ。

デイトレーディングに推奨されるスプレッド

現在アクティブで、デイトレーディングが可能なスプレッドについて紹介する。ただし、いつの時期にもアクティブなわけではない。

スイス・フランとドイツ・マルク

これは、アクティブなスプレッドとして長年知られている。スイス・フランとドイツ・マルクの関係は、十分に注目されているだけでなくアクティブであるため、デイトレーディングに非常に適している。その時期における2つのマーケットのファンダメンタルによって、このスプレッドは単調になることもあれば、ボラティリティが高くなることもある。このスプレッドを評価するには、価格帯と出来高に等しい基準を使用することを推奨する。

スイス・フランと日本円

これも、出来高が大きくボラティリティが高いということで、昔から有名である。そのため、デイトレーダーに非常に適している。ただし、現時点では十分に気をつけなければならない。このスプレッドはボラティリティが高いため、仕掛けと手仕舞いには指値注文を出すことを強く勧める。指値注文を出すと、損失を出したり、執行価格が不利になったりするといった問題を回避することができる。

スイス・フランと英ポンド

これは、前の2つのスプレッドほどボラティリティは高くない。ボラティリティが非常に高い時期もあれば、休眠状態の時期もあった。したがって、出来高が大きくボラティリティが高い時期に限ってトレードしなければならない。この条件を評価するには、前に説明した要素を使用すること。このスプレッドも、仕掛けと手仕舞いには指値注文を出すことを強く勧める。

大豆とコーン

このスプレッドも、ボラティリティの高い時期と休眠状態の時期が交互に訪れる傾向がある。通常、十分にアクティブな期間というのは、種まき時期と収穫時期の天候が穀物の発育に影響を及ぼしているときである。デイトレードするかどうか判断する前に、このスプレッドのレンジについて十分に考慮し、評価すること。

小麦とコーン

大豆とコーンのスプレッドと同様、小麦とコーンも静かな時期と変動的な時期がある。天候、収穫高、種まき、輸出入などのファンダメンタルに関連することが多い。このスプレッドをデイトレーディングの手段から除外してはならないが、ボラティリティが高いときにのみ

トレードすること。

エネルギー

前述のスプレッドに加え、エネルギーのスプレッドもデイトレーディングの手段として適している。特に、灯油と原油、無鉛ガソリンと灯油、無鉛ガソリンと原油、天然ガスと石油関連商品のマーケットは、ボラティリティが高い傾向がある。

まとめ

この章では、デイトレーディングに適したマーケットを判断するのに役立つガイドラインを紹介した。さらに、具体的なルールを提示し、スプレッドをデイトレードする可能性についても詳しく説明した。デイトレードできるスプレッドはたくさんある。テクニカルツールについては、ほかの章で詳しく説明する。

第11章
大引けと寄り付き
Closings and Openings

◎何をするにしても、慎重に行い、最後まで見届けること。
────アリストテレス──ゲスタ・ロマノールム

　トレードに関して私が学んだ最も重要なことは、マーケットにはパターンがある、ということだ。マーケットの将来の方向は、そのパターンを研究すれば見極められることが多い（必ずというわけではないが）。周期的なパターン、季節的なパターン、取組高と出来高のパターン、指標のパターン、価格構造のパターン、ポイント・アンド・フィギュアのパターン、（日本の）ローソク足のパターン、チャートのパターンなど、さまざまなパターンがある。その多くが役に立たなかったりうわべだけのものだったりする。しかし、知る価値のあるもの、研究する価値のあるもの、そしてトレードする価値のあるものも存在する。

　あらゆるパターンのうち、最も重要で信頼できると私が考えているのは、4つの重要な価格変数（始値、高値、安値、終値）の組み合わせに基づいたものである。これを研究することで、予想可能性の観点からだけでなく収益性の観点からも役立つ指標を開発することができる。

高値、安値、終値の関係

　1日の価格パターンの例として、高値、安値、終値の関係について

図表11.1　高値圏で引けた日足チャート（高値圏で引けた日が3日続き、マーケットは上昇）

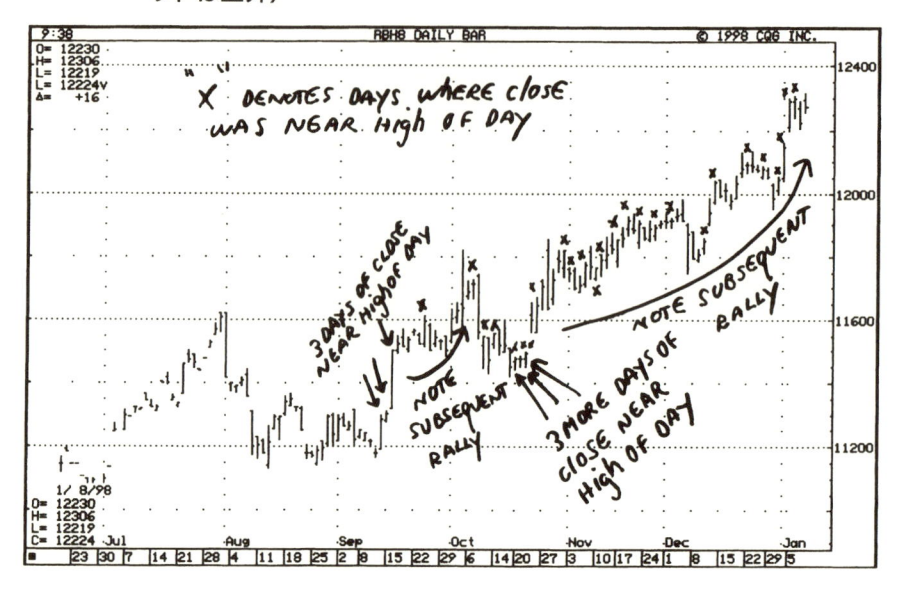

　考えてみよう。その日の高値近辺で引ける場合は、マーケットを買い手が支配している。買い手が売り手を圧倒し、高い値を付け、その結果、終値が高値圏になるのだ。
　その日の安値近辺で引ける場合は、弱気の売り方がマーケットを支配している。売り圧力が価格を押し下げ、安く引ける。そのような場合は、弱気筋が支配し、強気の買い方を圧倒している。
　来る日も来る日も高値圏で引ける場合、マーケットは明らかに強気筋が支配し、来る日も来る日も安値圏で引ける場合は、弱気筋が支配している。これと同じ関係は、日中ベースにも当てはまる。例として、Ｔボンド先物の日中価格チャートの図表11.1（"X" DENOTES DAYS WHERE CLOSE WAS NEAR HIGH OF DAY＝Xは高値

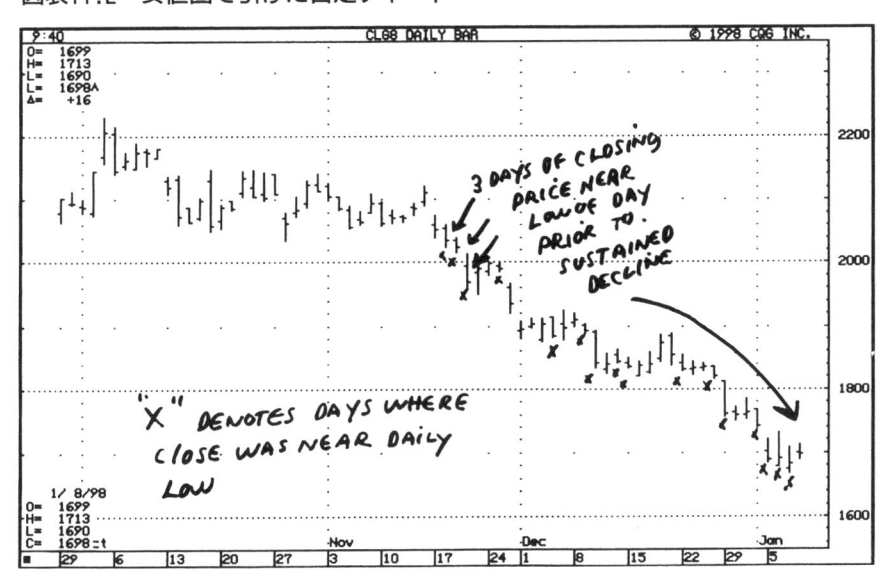

図表11.2 安値圏で引けた日足チャート

圏で引けた日、3 DAYS CLOSE NEAR HIGH OF DAY＝3日連続高値圏で引けた日、NOTE SUBSEQUENT RALLY＝上昇）について見てみよう。高値圏で引けた日が3日続き、その後、強気の値動きが展開されている。一方、図表11.2（"X" DENOTES DAYS WHERE CLOSE WAS NEAR DAILY LOW＝安値圏で引けた日、3 DAYS OF CLOSING PRICE NEAR LOW OF DAY PRIOR TO SUSTAINED DECLINE＝下落の前に3日連続安値付近で引けた）はこれとは逆の状況を表している。原油先物の日足チャートでは、安値圏で引けた日が3日続いたあとで、価格は下落している。また、下落期間は終値が安値に近い日が多いことに注目してもらいたい。これは典型的な弱気トレンドであり、その反対が一般的な強気トレンドで

図表11.3 30分足チャートでの高値圏引け

ある。

図表11.3（3 BARS OF CLOSE NEAR HIGH＝高値圏で3日連続引ける、SUBSEQUENT RALLY＝上昇）と図表11.4（3 BARS OF CLOSING NEAR LOW＝安値圏で3日連続引ける、SUBSEQUENT TO DECLINE＝下落）では、この関係について期間を変えて表している。それでも、基本的には同じ関係が維持されていることが分かる。

高値圏または安値圏の関係は重要なものであるが、もっと重要と思われるものがほかにもある。こういった関係を多く組み合わせて、より信頼性の高い結果を生み出すことができる。

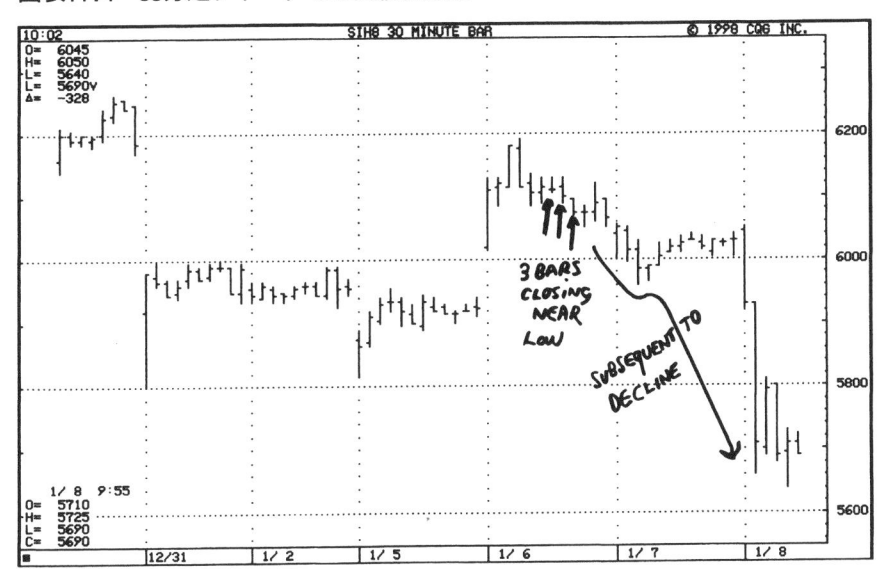

図表11.4　30分足チャートでの安値圏引け

始値と終値の関係

　もっと重要な関係とは、始値と終値の関係である（と私は考える）。終値のほうが始値より高いマーケットは、その日あるいは一定の時間枠で買い集めが行われている可能性が高い。一方、終値のほうが始値より安いマーケットは、継続的な売りが行われている可能性が高い。終値が常に始値を下回っている場合は弱気であると考えられ、上回っている場合は強気であると考えられる。終値のほうが始値より高く、しかも高値圏で引けたマーケットは非常に強気であり、その逆の場合は非常に弱気であると考えられる。

　図表11.5の矢印は、「終値のほうが始値より高い」日を示したもの

図表11.5　大引けが寄り付きより高い日足チャート

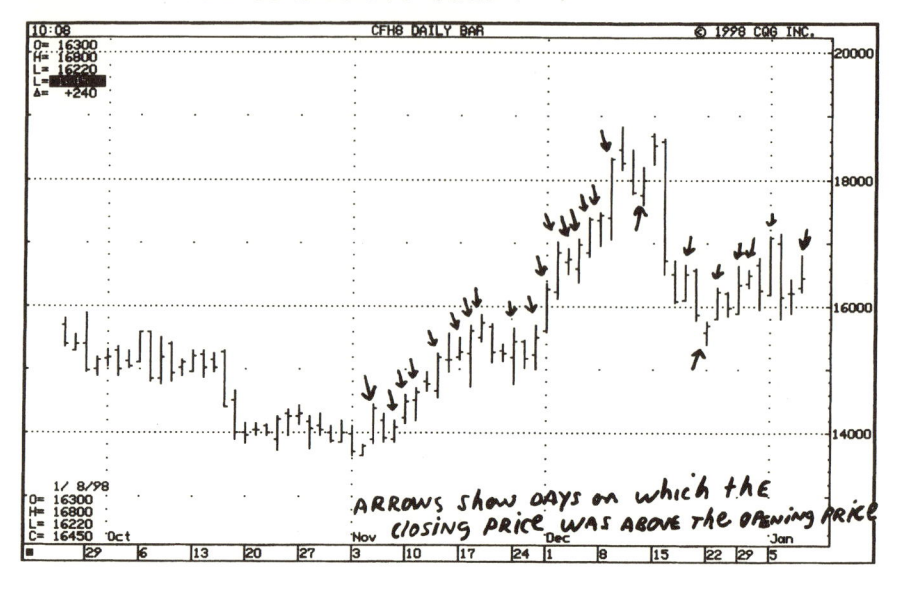

ARROWS show DAYS on which the CLOSING PRICE WAS ABOVE the OPENING PRICE

図表11.6　大引けが寄り付きより安い日足チャート

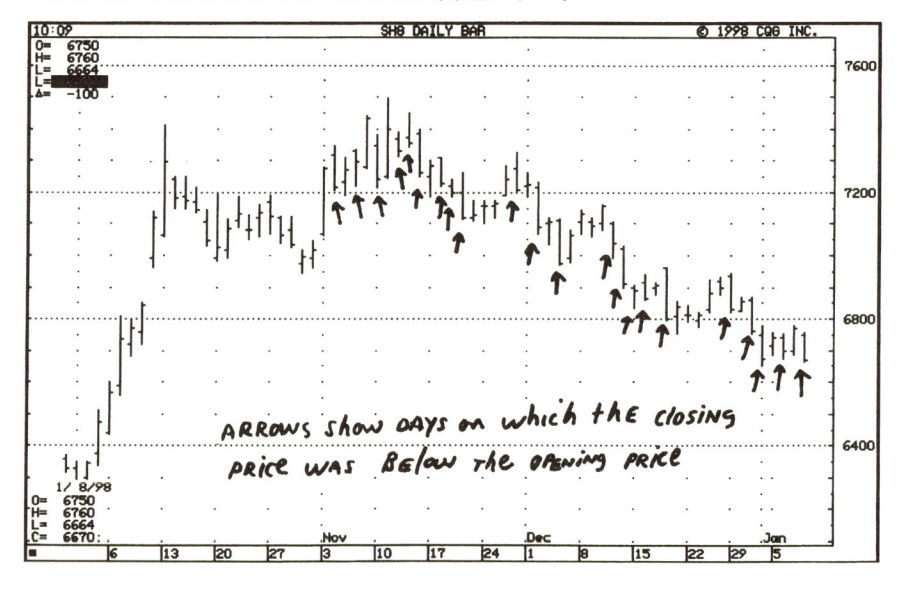

ARROWS show DAYS on which the closing price was BELOW the opening price

第11章●大引けと寄り付き

図表11.7　寄り付きが大引けより高い日中チャートと寄り付きが大引けより安い日中チャート

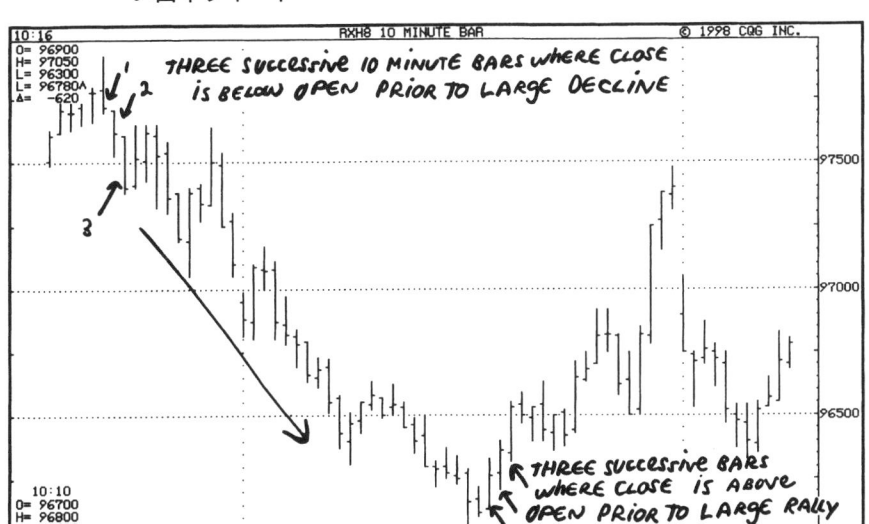

である。終値のほうが高いのは典型的な強気トレンドである。図表11.6の矢印はこれと逆に「終値のほうが始値より安い」日を示している。終値のほうが安いのは弱気トレンドの特徴である。２つの図は価格の日足チャートを表しているが、あらゆる時間枠でこの関係が当てはまる。図表11.7（THREE SUCCESSIVE 10 MINUTE BARS WHERE CLOSE IS BELOW OPEN PRIOR TO LARGE DECLINE＝大幅な下落の前に終値が始値より安い10分足が３本続く、THREE SUCCESSIVE BARS WHERE CLOSE IS ABOVE OPEN PRIOR TO LARGE RALLY＝大幅な上昇の前に終値が始値より高い10分足が３本続く）は日中チャートでこの関係を表したものである。

始値と終値の関係に基づくトレーディングシステムの作成

このような関係の重要性を認識し、上昇や下落に結び付く傾向があることを理解すると、「これをデイトレーディングに利用できないだろうか？」という疑問が生じる。私は、うまく利用できる方法があると考えている。始値と終値の関係に基づいて開発した手法を、COR（close/open relationships）と名付けた。それについて簡単に説明しよう。

- 終値が始値より高いバーが連続xバー続くと、買いシグナルが出て、次のバーの始値で買いポジションをとる。
- 終値が始値より安いバーが連続xバー続くと、売りシグナルが出て、次のバーの始値で売りポジションをとる。
- 前のシグナルに基づいてポジションを持っている場合、反対売買して利益を確定するか、損切りをする。
- 当初ストップロス（マネーマネジメント・ストップ）を使用する。
- 一定の利益（最低利益金額）に達したら、トレイリング・ストップロスを置く。トレイリング・ストップロスは、含み益のピークを基準にした一定割合である。言い換えると、トレードをストップアウトする前に、含み益のピークから利益を一定金額マーケットに戻すことになる。
- ストップにヒットしたらトレードを手仕舞いし、次のシグナルが現れるまでは新規ポジションを持たない。
- ストップアウトするか、利が乗ったn番目の寄り付きで手仕舞いして、利益を確定する。
- どの条件にも当てはまらない場合は、引成注文を出す。

このアプローチにはいくつかの代替案があり、どれもデイトレーダーに適している。必要な要素がすべてあるのだ。日々のリアルタイムデータ送信がプログラムされている場合、オメガリサーチの Trade-Station などのソフトウエアを使用すると、インプットしたパラメータに基づいて自動的に新規建玉と手仕舞いのポイントを教えてくれる。

過去のデータ

ティック単位のデータを使用してCORを検証してみた。その結果、20分足で最もうまくいくことが分かった。3種類の時間枠で569のトレードについて検証した。過去のデータによる検証結果は図表11.9から図表11.12のとおりである。図表11.8は、日中チャートでどのようにトレードされたかを示している。コメントを参照してもらいたい。

この手法は、デイトレーディングに適したアクティブなマーケットであればどこでも適用することができるが、最も適したマーケットはS&P先物である。それぞれの検証に使用したパラメータについては、過去データに付記している。システムテストの結果から導き出した結論は、次のとおり。

● 通常、買いを仕掛けるときは、終値が始値よりも高いバーが3～4本連続し、売りを仕掛ける場合は終値が始値よりも安いバーが買いよりも長く5～8本連続している。これは強気の特徴である。強気相場では、終値が始値を下回る日が長く続くと有効な売りシグナルが出現する傾向がある。これは、基本的なトレンドや構造的なトレンドが強気であるからだ。下降トレンドに対する反応はすぐに落ち着きを取り戻す。つまり、終値が始値より安い日が多少続いても、それはだましのシグナルの可能性があるからだ。

● 当初ストップロスの金額は、マーケットボラティリティと相関性がある。1997年のS&Pは非常に変動的で、当初ストップロスを

大きく定めなければならなかった。これに対し、1990年のS&Pは比較的単調で、当初ストップロスも小さくて済んだ。1997年のストップロスは、1990年のストップロスの約4倍であった。どのデイトレーディングにも当てはまることだが、小幅のストップロスではなく大幅なストップロスを使用して余裕を持たせておくことが重要である。残念ながら、このことは、小幅のストップは利益を上げるのに最適な方法だという誤まった考えを持っているトレーダーの性分には合わない。

- 最低利益金額は、どのケースでも比較的低い。言い換えると、このシステムで利益を出すには、数百ポイントの利益が出たらすぐにトレイリング・ストップを出さなければならない。S&P先物では素早く大きな動きは珍しいことではなく、含み益がすべてなくなってしまうこともあるからだ。
- トレイリング・ストップロスの割合を最低利益金額に当てはめる。ほとんどの場合は約50％である。ただし、変動的なマーケットでは日中の値動きが大きいことを考慮し、もう少し大きい押しや戻りも認めなければならない。
- 利が乗ったn番目のバーの寄り付きで手仕舞いするのは戦略として優れている。通常、利が乗った7～10番目のバーの寄り付きか引け（いずれか早い方）で手仕舞いするのが最適な戦略である。
- 検証した時間枠では、勝率は61％から76％であった。
- ドローダウンはS&P先物としては妥当な数値であるが、1トレードの平均損失はデイトレードに非常に適している。

その他のタイプ

CORとは多少異なるが、大引けで手仕舞いしない手法について考えてみよう。そのようなCOR手法はデイトレーディングの手法とは

第11章●大引けと寄り付き

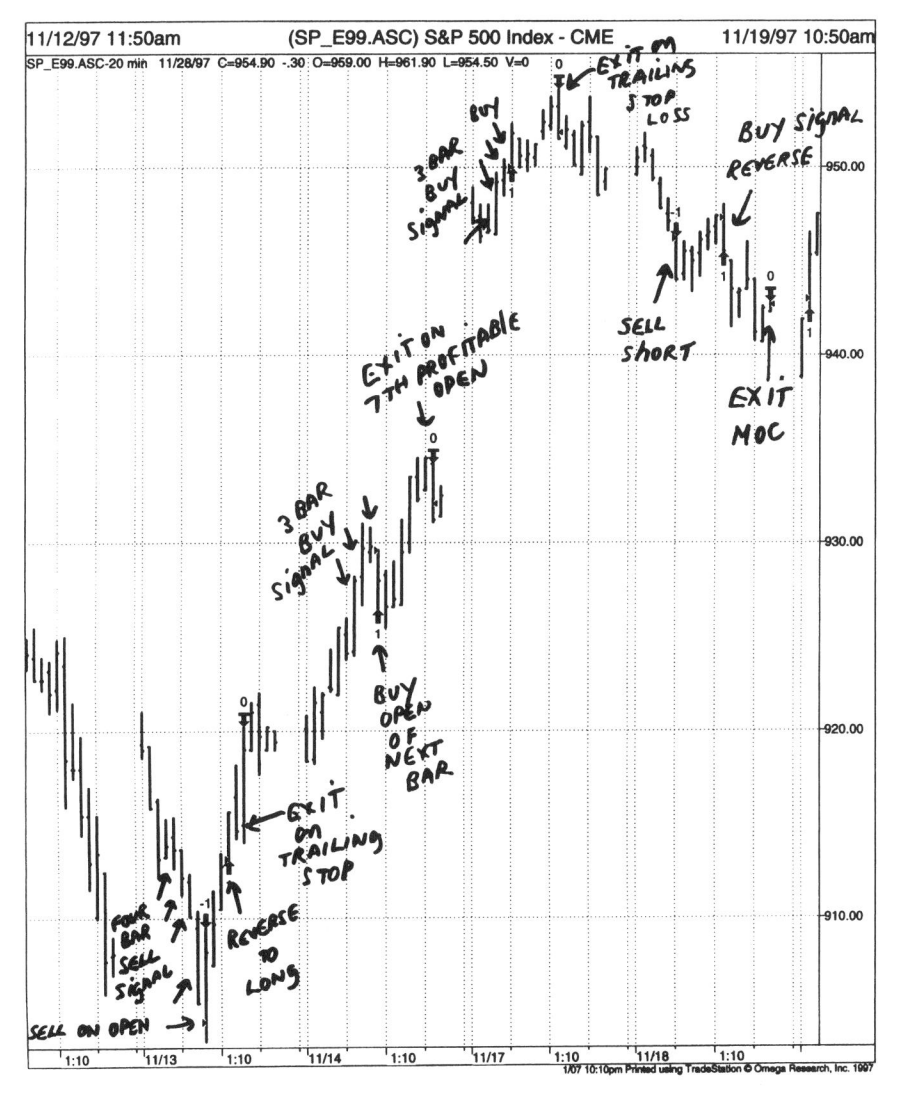

図表11.8 チャート上に見られるCORトレード

図表11.9 1997/1/10～1997/11/28のS&PにおけるCORの過去データ（パラメータは、買いは終値が始値より3連続高いとき、売りは終値が始値よりも4連続安いとき、当初ストップロスは5400ドル、最低利益金額は1700ドル。トレイリングストップは50%、7番目に利が乗った足の寄り付きか引けで手仕舞い）

```
SP_E99.ASC-20 min    01/10/97 - 11/28/97
```

全トレードのパフォーマンス

総損益	$ 111150.00	未決済ポジションの損益	$ 0.00
総利益	$ 323950.00	総損失	$-212800.00
総トレード数	300	勝率	61%
勝ちトレード数	182	負けトレード数	118
最大の勝ちトレード	$ 12925.00	最大の負けトレード	$ -5875.00
勝ちトレードの平均利益	$ 1779.95	負けトレードの平均損失	$ -1803.39
平均利益/平均損失	0.99	1トレードの平均損益	$ 370.50
最大連続勝ちトレード	10	最大連続負けトレード	5
勝ちトレード平均日数	6	負けトレードの平均日数	5
日中の最大ドローダウン	$ -26100.00		
総利益/損失比	1.52	最大建玉枚数	1
必要資金	$ 26100.00	運用成績	426%

買いトレードのパフォーマンス

総損益	$ 38650.00	未決済ポジションの損益	$ 0.00
総利益	$ 200625.00	総損失	$-161975.00
総トレード数	203	勝率	61%
勝ちトレード数	124	負けトレード数	79
最大の勝ちトレード	$ 7425.00	最大の負けトレード	$ -5875.00
勝ちトレードの平均利益	$ 1617.94	負けトレードの平均損失	$ -2050.32
平均利益/平均損失	0.79	1トレードの平均損益	$ 190.39
最大連続勝ちトレード	8	最大連続負けトレード	6
勝ちトレード平均日数	6	負けトレードの平均日数	6
日中の最大ドローダウン	$ -40600.00		
総利益/損失比	1.24	最大建玉枚数	1
必要資金	$ 40600.00	運用成績	95%

売りトレードのパフォーマンス

総損益	$ 72500.00	未決済ポジションの損益	$ 0.00
総利益	$ 123325.00	総損失	$ -50825.00
総トレード数	97	勝率	60%
勝ちトレード数	58	負けトレード数	39
最大の勝ちトレード	$ 12925.00	最大の負けトレード	$ -4425.00
勝ちトレードの平均利益	$ 2126.29	負けトレードの平均損失	$ -1303.21
平均利益/平均損失	1.63	1トレードの平均損益	$ 747.42
最大連続勝ちトレード	6	最大連続負けトレード	4
勝ちトレード平均日数	5	負けトレードの平均日数	3
日中の最大ドローダウン	$ -8000.00		
総利益/損失比	2.43	最大建玉枚数	1
必要資金	$ 8000.00	運用成績	906%

図表11.10　1996/1/11～1996/11/27のS&PにおけるCORの過去データ（パラメータは、買いは終値が始値より5連続高いとき、売りは終値が始値よりも6連続安いとき、当初ストップロスは1200ドル、最低利益金額は1100ドル、トレイリングストップは40％、10番目に利が乗った足の寄り付きか引けで手仕舞い）

```
SP_E99.ASC-20 min    01/11/96 - 11/27/96
```

全トレードのパフォーマンス

総損益	$ 34250.00	未決済ポジションの損益	$ 0.00
総利益	$ 54775.00	総損失	$ -20525.00
総トレード数	80	勝率	66%
勝ちトレード数	53	負けトレード数	27
最大の勝ちトレード	$ 5950.00	最大の負けトレード	$ -1275.00
勝ちトレードの平均利益	$ 1033.49	負けトレードの平均損失	$ -760.19
平均利益/平均損失	1.36	1トレードの平均損益	$ 428.13
最大連続勝ちトレード	9	最大連続負けトレード	3
勝ちトレード平均日数	6	負けトレードの平均日数	5
日中の最大ドローダウン	$ -3375.00		
総利益/損失比	2.67	最大建玉枚数	1
必要資金	$ 3375.00	運用成績	1015%

買いトレードのパフォーマンス

総損益	$ 27925.00	未決済ポジションの損益	$ 0.00
総利益	$ 41075.00	総損失	$ -13150.00
総トレード数	58	勝率	66%
勝ちトレード数	38	負けトレード数	20
最大の勝ちトレード	$ 5950.00	最大の負けトレード	$ -1275.00
勝ちトレードの平均利益	$ 1080.92	負けトレードの平均損失	$ -657.50
平均利益/平均損失	1.64	1トレードの平均損益	$ 481.47
最大連続勝ちトレード	7	最大連続負けトレード	3
勝ちトレード平均日数	7	負けトレードの平均日数	4
日中の最大ドローダウン	$ -3175.00		
総利益/損失比	3.12	最大建玉枚数	1
必要資金	$ 3175.00	運用成績	880%

売りトレードのパフォーマンス

総損益	$ 6325.00	未決済ポジションの損益	$ 0.00
総利益	$ 13700.00	総損失	$ -7375.00
総トレード数	22	勝率	68%
勝ちトレード数	15	負けトレード数	7
最大の勝ちトレード	$ 2325.00	最大の負けトレード	$ -1275.00
勝ちトレードの平均利益	$ 913.33	負けトレードの平均損失	$ -1053.57
平均利益/平均損失	0.87	1トレードの平均損益	$ 287.50
最大連続勝ちトレード	4	最大連続負けトレード	2
勝ちトレード平均日数	5	負けトレードの平均日数	7
日中の最大ドローダウン	$ -2425.00		
総利益/損失比	1.86	最大建玉枚数	1
必要資金	$ 2425.00	運用成績	261%

図表11.11　1995/11/3～1995/11/28のS&PにおけるCORの過去データ
（パラメータは、買いは終値が始値よりも4連続高いとき、売りは終値が始値よりも5連続安いとき、当初ストップロスは3300ドル、最低利益金額は800ドル、トレイリングストップは50%、3番目に利が乗った足の寄り付きか引けで手仕舞い）

jb.3cho SP_E99.ASC-30 min   11/03/95 - 11/28/97

全トレードのパフォーマンス

総損益	$ 97775.00	未決済ポジションの損益	$ 0.00
総利益	$ 236500.00	総損失	$ -138725.00
総トレード数	268	勝率	76%
勝ちトレード数	205	負けトレード数	63
最大の勝ちトレード	$ 5550.00	最大の負けトレード	$ -4825.00
勝ちトレードの平均利益	$ 1153.66	負けトレードの平均損失	$ -2201.98
平均利益/平均損失	0.52	1トレードの平均損益	$ 364.83
最大連続勝ちトレード	13	最大連続負けトレード	2
勝ちトレード平均日数	5	負けトレードの平均日数	8
日中の最大ドローダウン	$ -12950.00		
総利益/損失比	1.70	最大建玉枚数	1
必要資金	$ 12950.00	運用成績	755%

買いトレードのパフォーマンス

総損益	$ 97500.00	未決済ポジションの損益	$ 0.00
総利益	$ 180875.00	総損失	$ -83375.00
総トレード数	196	勝率	81%
勝ちトレード数	158	負けトレード数	38
最大の勝ちトレード	$ 5550.00	最大の負けトレード	$ -4825.00
勝ちトレードの平均利益	$ 1144.78	負けトレードの平均損失	$ -2194.08
平均利益/平均損失	0.52	1トレードの平均損益	$ 497.45
最大連続勝ちトレード	14	最大連続負けトレード	3
勝ちトレード平均日数	5	負けトレードの平均日数	9
日中の最大ドローダウン	$ -11275.00		
総利益/損失比	2.17	最大建玉枚数	1
必要資金	$ 11275.00	運用成績	865%

売りトレードのパフォーマンス

総損益	$ 275.00	未決済ポジションの損益	$ 0.00
総利益	$ 55625.00	総損失	$ -55350.00
総トレード数	72	勝率	65%
勝ちトレード数	47	負けトレード数	25
最大の勝ちトレード	$ 4200.00	最大の負けトレード	$ -3975.00
勝ちトレードの平均利益	$ 1183.51	負けトレードの平均損失	$ -2214.00
平均利益/平均損失	0.53	1トレードの平均損益	$ 3.82
最大連続勝ちトレード	8	最大連続負けトレード	3
勝ちトレード平均日数	4	負けトレードの平均日数	8
日中の最大ドローダウン	$ -15475.00		
総利益/損失比	1.00	最大建玉枚数	1
必要資金	$ 15475.00	運用成績	2%

図表11.12　1990/1/11〜1990/11/28のS&PにおけるCORの過去データ（パラメータは、買いは終値が始値よりも4連続高いとき、売りは終値が始値よりも8連続安いとき、当初ストップロスは1800ドル、最低利益金額は900ドル、トレイリングストップは50％、10番目に利が乗った足の寄り付きか引けで手仕舞い）

```
SP_E99.ASC-20 min    01/11/90 - 11/28/90
```

全トレードのパフォーマンス

総損益	$ 29100.00	未決済ポジションの損益	$ 0.00
総利益	$ 48450.00	総損失	$ -19350.00
総トレード数	99	勝率	67%
勝ちトレード数	66	負けトレード数	33
最大の勝ちトレード	$ 2400.00	最大の負けトレード	$ -1875.00
勝ちトレードの平均利益	$ 734.09	負けトレードの平均損失	$ -586.36
平均利益/平均損失	1.25	1トレードの平均損益	$ 293.94
最大連続勝ちトレード	9	最大連続負けトレード	4
勝ちトレード平均日数	8	負けトレードの平均日数	8
日中の最大ドローダウン	$ -3275.00		
総利益/損失比	2.50	最大建玉枚数	1
必要資金	$ 3275.00	運用成績	889%

買いトレードのパフォーマンス

総損益	$ 28350.00	未決済ポジションの損益	$ 0.00
総利益	$ 46600.00	総損失	$ -18250.00
総トレード数	97	勝率	67%
勝ちトレード数	65	負けトレード数	32
最大の勝ちトレード	$ 2400.00	最大の負けトレード	$ -1875.00
勝ちトレードの平均利益	$ 716.92	負けトレードの平均損失	$ -570.31
平均利益/平均損失	1.26	1トレードの平均損益	$ 292.27
最大連続勝ちトレード	9	最大連続負けトレード	4
勝ちトレード平均日数	8	負けトレードの平均日数	8
日中の最大ドローダウン	$ -3275.00		
総利益/損失比	2.55	最大建玉枚数	1
必要資金	$ 3275.00	運用成績	866%

売りトレードのパフォーマンス

総損益	$ 750.00	未決済ポジションの損益	$ 0.00
総利益	$ 1850.00	総損失	$ -1100.00
総トレード数	2	勝率	50%
勝ちトレード数	1	負けトレード数	1
最大の勝ちトレード	$ 1850.00	最大の負けトレード	$ -1100.00
勝ちトレードの平均利益	$ 1850.00	負けトレードの平均損失	$ -1100.00
平均利益/平均損失	1.68	1トレードの平均損益	$ 375.00
最大連続勝ちトレード	1	最大連続負けトレード	1
勝ちトレード平均日数	12	負けトレードの平均日数	13
日中の最大ドローダウン	$ -1475.00		
総利益/損失比	1.68	最大建玉枚数	1
必要資金	$ 1475.00	運用成績	51%

図表11.13　1日の時間枠を超えて保有したポジションにおけるCORの過去データ

```
jb.3cho   SP_E99.ASC-20 min    01/11/90 - 11/28/90
```

全トレードのパフォーマンス

総損益	$ 47900.00	未決済ポジションの損益	$ 0.00
総利益	$ 72750.00	総損失	$ -24850.00
総トレード数	75	勝率	77%
勝ちトレード数	58	負けトレード数	17
最大の勝ちトレード	$ 7350.00	最大の負けトレード	$ -2350.00
勝ちトレードの平均利益	$ 1254.31	負けトレードの平均損失	$ -1461.76
平均利益/平均損失	0.86	1トレードの平均損益	$ 638.67
最大連続勝ちトレード	13	最大連続負けトレード	3
勝ちトレード平均日数	20	負けトレード平均日数	12
日中の最大ドローダウン	$ -6500.00		
総利益/損失比	2.93	最大建玉枚数	1
必要資金	$ 6500.00	運用成績	737%

買いトレードのパフォーマンス

総損益	$ 40375.00	未決済ポジションの損益	$ 0.00
総利益	$ 65225.00	総損失	$ -24850.00
総トレード数	73	勝率	77%
勝ちトレード数	56	負けトレード数	17
最大の勝ちトレード	$ 6750.00	最大の負けトレード	$ -2350.00
勝ちトレードの平均利益	$ 1164.73	負けトレードの平均損失	$ -1461.76
平均利益/平均損失	0.80	1トレードの平均損益	$ 553.08
最大連続勝ちトレード	13	最大連続負けトレード	3
勝ちトレード平均日数	19	負けトレード平均日数	12
日中の最大ドローダウン	$ -6500.00		
総利益/損失比	2.62	最大建玉枚数	1
必要資金	$ 6500.00	運用成績	621%

売りトレードのパフォーマンス

総損益	$ 7525.00	未決済ポジションの損益	$ 0.00
総利益	$ 7525.00	総損失	$ 0.00
総トレード数	2	勝率	100%
勝ちトレード数	2	負けトレード数	0
最大の勝ちトレード	$ 7350.00	最大の負けトレード	$ 0.00
勝ちトレードの平均利益	$ 3762.50	負けトレードの平均損失	$ 0.00
平均利益/平均損失	100.00	1トレードの平均損益	$ 3762.50
最大連続勝ちトレード	2	最大連続負けトレード	0
勝ちトレード平均日数	25	負けトレード平均日数	0
日中の最大ドローダウン	$ -1475.00		
総利益/損失比	100.00	最大建玉枚数	1
必要資金	$ 1475.00	運用成績	510%

呼べないが、利益も大きく勝率も高い場合がある。適当な例として、図表11.13の過去データを見てみよう。CORトレードで大引けに手仕舞いしなかった場合にどうなるかを示している。利が乗った13番目の寄り付きまで、あるいは転換シグナルが出現してストップアウトするまで、ポジションを保持する。結果と勝率が素晴らしいことが分かるだろう。

この結果と、期間は同じであるが、引成注文か、利が乗った10番目の寄り付きか、トレイリング・ストップのいずれかで手仕舞いする場合の結果（図表11.12）とを比べてみる。1トレードの平均利益は293ドルから638ドルに増大し、勝率は67％から77％に上昇している。ポジションを保持する期間が長いため総トレード数は減少しているが、総損益は相当増大している。

これは、この手法の有効性を証明しているが、デイトレーダーはより多くの平均利益を期待してポジションを保持しようと考える、ということも示している。「利益を出してそれを維持する」方法の1つに、複数枚でトレードすることが挙げられる。1枚をデイトレードして、同時に検証結果の示すところに従って、残りを保有しておくのだ。

まとめ

この章では、終値と始値の関係の重要性について説明し、デイトレーディングに使用できるCOR手法を紹介した。具体的な適用ルールについても説明した。過去データを見ながらこの手法の長所と短所を分析した。1日の時間枠を超えてポジションを保持すると、利益を最大にできることも示した。COR手法はダイナミックな手法であり、マーケットボラティリティとマーケットの個別状況に合わせて調整する必要がある。

第12章
ギャップ手法
Gap Methods for Day Trading

◎わらを空に放り投げてみると、風向きが分かる。
——————ジョン・セルデン

　デイトレーディングにおいて最も効果的で最も明確な手法の１つとして、寄り付きギャップを利用することが挙げられる。寄り付きギャップでのトレードの基本的な内容については、すでに前作で説明している。この章では、基本的なギャップ手法について簡単に説明し、それとは少し違ったタイプのギャップ手法を紹介しよう。

デイトレーダーの理想

　トレーダーとして、そしてマーケットアナリストとしての経験から、トレードについて決定するときの情報が多いほどその決定が間違う可能性が高い、ということに私は気づいた。これは正しくないことに聞こえるかもしれないが、実は正しいのである。トレーダーは、希望、感情、期待、恐怖心、夢を持たずにはいられないが、これらは決定の妨げになる。そのため、トレーダーがトレードについて考えすぎると（つまり、トレードについて分析しすぎると）、負けトレードになる可能性が高くなるのだ。トレーダーの皆さんの名誉を傷つけるつもりはないが、これは事実である。
　ひときわ優れたトレーダーでないかぎり、皆さんは、時間をかけて考えすぎると利益を逃してしまう、ということに気づかれるだろう。

複雑なシステムなど必要ない。判断したり、考えたりする必要があまりない簡単なシステムがあればよいのだ。このことは、特にデイトレーディングに当てはまる。

デイトレーダーのなかには、クオートのスクリーンに夢中になり、細かい値動きをすべてチェックしている人がいる。その姿は、まるでそれによって人生が左右されてしまうかのようである。しかも残念なことに、実際そのような人が多いのだ。私の考えでは、スクリーンの前に座って値動きを逐一チェックしたいなら、取引所の会員権を買うか、借りるかしてフロアでトレードすることだ。

デイトレーディングは簡単に取り組むことができ、ある程度メカニカルで、できるだけ客観的でなければならない、と私は考えている。そのため、ギャップトレードとそのバリエーション(この章の後半で説明する)はデイトレーダーの理想なのである。

ウップスについて

ギャップトレードは、デイトレーダーの重要要件をすべて満たした手法である。ギャップトレードを最初に導入したのはラリー・ウィリアムズであり、それはすべて彼の功績である(ラリーはウップスシグナルと名付けた。これについてはあとで説明する)。

適用ルールはいたって簡単である。しかし詳しく説明する前に、ギャップについて定義しておこう。ここでは「寄り付きギャップ」について扱う。これは、ギャップトレードに参入する第一条件である。

1．寄り付きギャップアップ——これは、始値が前日の高値よりも高く寄ることをいう。ギャップアップについては図表12.1に分かりやすく示している。図表12.2では、矢印の足がギャップアップの例である。始値とは、最初の価格、つまり取引所で判断して正式に定義され

※参考文献：ラリー・ウィリアムズ著『ラリー・ウィリアムズの短期売買法』(パンローリング刊)

図表12.1　典型的なギャップアップ

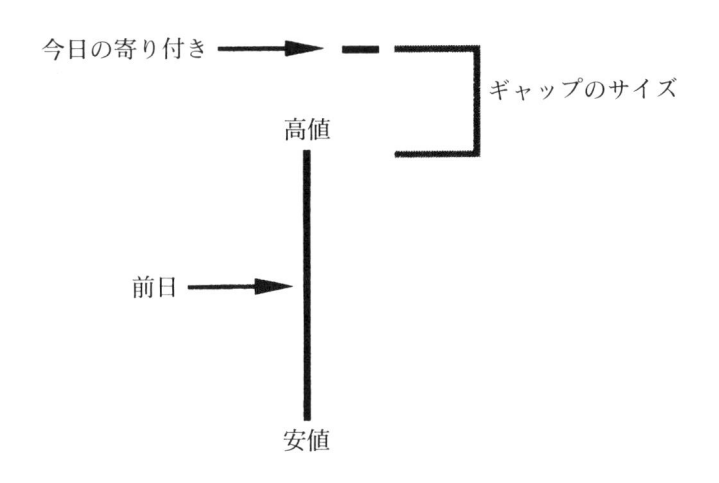

今日の寄り付き →
ギャップのサイズ
高値
前日 →
安値

図表12.2　ギャップアップが出現したスイス・フラン先物の日足

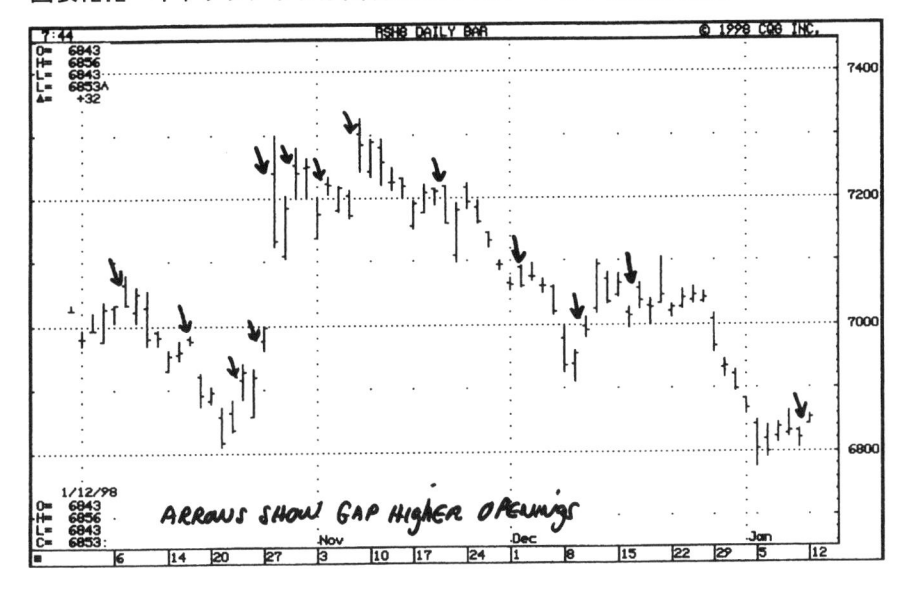

た始値のことを指している。

　2．寄り付きギャップダウン——これは、始値が前日の安値よりも安く寄ることをいう。図表12.3ではギャップダウンの説明を、図表12.4では、矢印の足がギャップダウンの例であるので、を参照してもらいたい。ここでも、始値とは最初の価格、つまり取引所で判断して正式に定義された始値のことを指している。

　寄り付きギャップアップは売りの前提条件であり、寄り付きギャップダウンは買いの前提条件である。ただし、ギャップアップは売りのシグナルを直接示しているのではないことに注意してもらいたい。同様に、ギャップダウンも買いの直接的なシグナルではない。あくまでも、買いシグナルの第一条件にすぎない。

基本的な買いシグナル

　基本的な買いシグナルは、ギャップダウンで寄り付き、前日の安値を一定ティック上回って上昇したときに出現する。このシグナルが出現したら、デイトレードの買い注文を出す。執行されたら、金額ベースのストップロス、その日の安値の下のストップロス、引成注文のいずれかで手仕舞いする。

基本的な売りシグナル

　基本的な売りシグナルは、ギャップアップで寄り付き、前日の高値を一定ティック下回って下落したときに出現する。このシグナルが出現したら、デイトレードの売り注文を出す。執行されたら、金額ベースのストップロス、その日の高値の上のストップロス、引成注文のいずれかで手仕舞いする。

図表12.3 典型的なギャップダウン

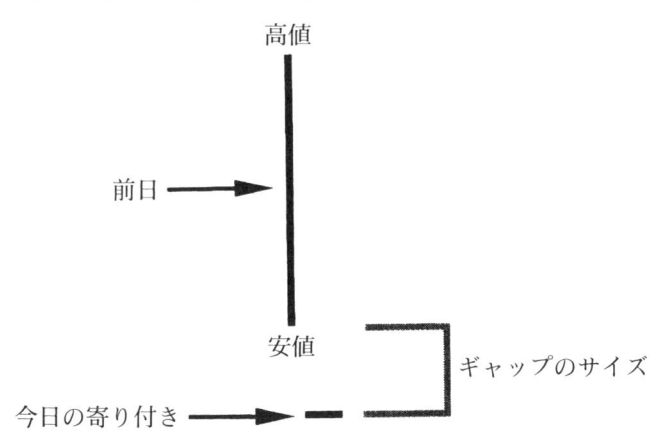

図表12.4 ギャップダウンが出現したスイス・フラン先物の日足

このように、ギャップトレードの適用ルールは非常にシンプルである。さらに、この手法の方法論も非常にシンプルである。図表12.5と図表12.6は典型的な買いシグナルと売りのシグナル、図表12.7と図表12.8は矢印が実際の買いと売りのシグナルで、Xが仕掛けのポイントである。

ギャップは日中の価格だけを使用する、ということに注意してもらいたい。つまり、ギャップを使用するかどうかを判断するときに、夜間データやGLOBEXのデータを使用してはならない。ギャップを判断するのは日中のデータのみだからである。これは非常に重要なポイントである。

ギャップトレードの心理

ギャップトレードの心理を調べると、デイトレードで勝てる理由が分かる。ギャップダウンで寄り付くと、トレーダーはパニックになって売り払おうとする。マーケットが売りを吸収して、前日の安値を突き抜けて上昇すると、売り手は間違いを犯したことに気づく(「ウップス、間違えた」)。そして、再度買いのポジションをとる。同時に、ギャップダウンが弱気のだましシグナルであることを期待している買い手は、マーケットに参入して高値を付けにいく。すると、マーケットはその日の高値圏で引けることが多い。

売りの心理も同様であり、その働きが逆になる。売り手は、ギャップアップが強気のサインであると考え、買い戻して新たに買いポジションをとるためにギャップアップのときには争って参入する。それが実現されないと、トレーダーは手仕舞いして価格は急激に下がる。したがって、ギャップトレードの心理とは、一種の狼狽売りと狼狽買いである。ギャップは天井や底との関連性が高い。買いのギャップトレードは底値やその近辺で行われることが多く、一方、売りは天井やそ

の近辺で行われることが多い。

図表12.5　典型的な買いのギャップシグナル

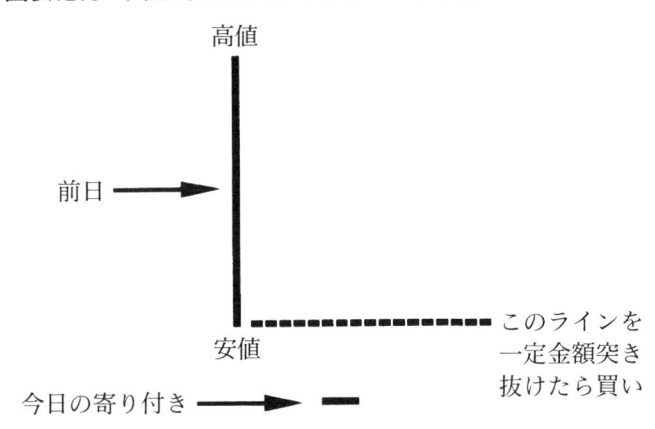

高値
前日 →
安値
　　　　　――――――― このラインを
　　　　　　　　　　　一定金額突き
　　　　　　　　　　　抜けたら買い
今日の寄り付き →

図表12.6　典型的な売りのギャップシグナル

今日の寄り付き →

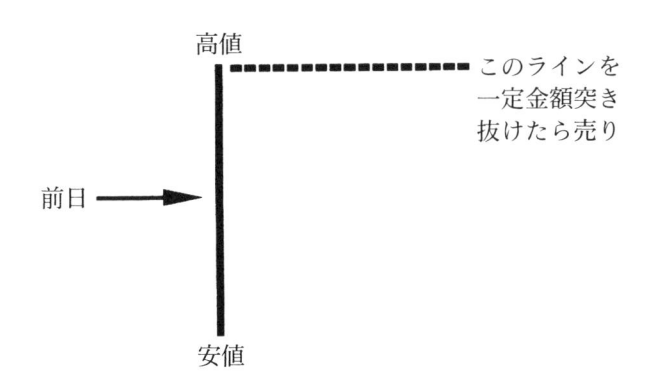

高値
　　　――――――― このラインを
　　　　　　　　　一定金額突き
　　　　　　　　　抜けたら売り
前日 →
安値

図表12.7 実際の買いシグナル（矢印は買いシグナル、Xは突き抜けのポイント）

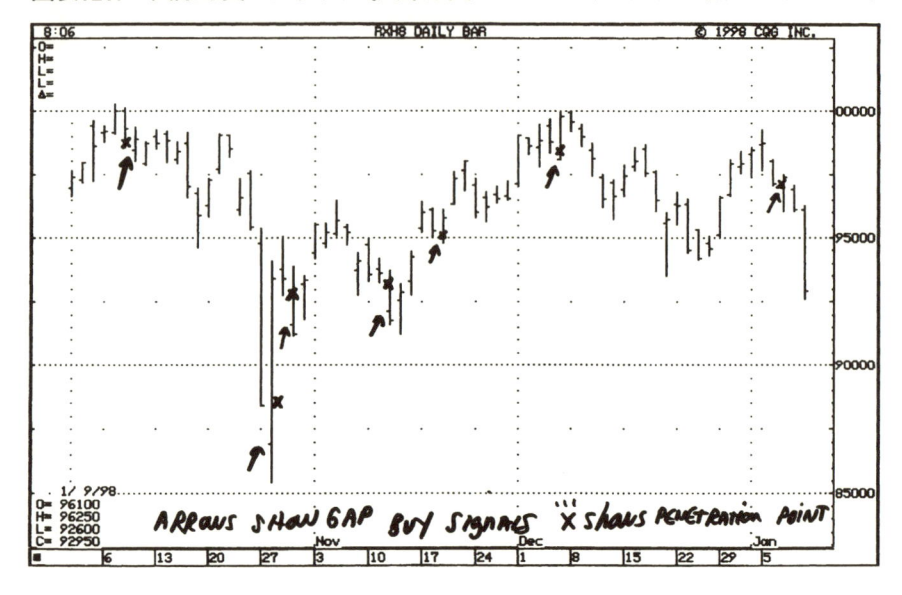

ARROWS SHOW GAP BUY SIGNALS "X" SHOWS PENETRATION POINT

図表12.8 実際の売りシグナル（矢印は売りシグナル、Xは突き抜けのポイント）

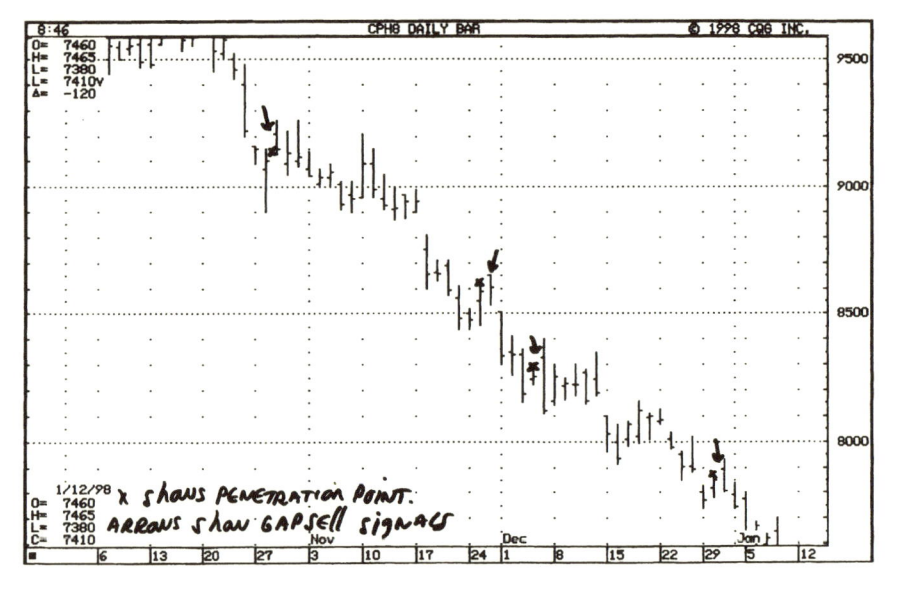

X SHOWS PENETRATION POINT.
ARROWS SHOW GAP SELL SIGNALS

「ベスト」のギャップトレード

　皆さんは、ベストのギャップトレード（つまり、最も収益性が高く最も信頼性が高いトレード）は現在のトレンドと一致して生じる、と考えているかもしれない。これは必ずしも正しくない。買い戻しのパニックが起こると、弱気相場でベストの買いトレードが行われることがある。また、トレーダーが集団で利益を確定すると、強気相場でベストの売りトレードが行われることもある。

　ギャップトレードには注目すべき歴史がある。あらゆるトレード心理を支持する基本原則に基づいているため、ギャップトレードは信頼性があり、収益性もある。トレーダーがトレードするかぎり、そしてトレーダーが人間であるかぎり、ギャップトレードは今後もうまくいくだろう。これが機能しなくなったら、そのときは、ほかの心理的なトレーディングパターンが代わりに登場するだろう。

　ここで、ギャップトレードの基本ルールについておさらいしておこう。

- ●ギャップトレードするには、前日の高値を一定ティックまたは一定ポイント上回る、あるいは前日の安値を一定ティックまたは一定ポイント下回る場合のいずれかでなければならない。
- ●買いシグナルは、ギャップダウンで寄り付いたあと、前日の安値を一定ティック上回ったときに出現する。
- ●売りシグナルは、ギャップアップで寄り付いたあと、前日の高値を一定ティック下回ったときに出現する。
- ●ギャップトレードは、大引けまたは事前に定めたストップロスで手仕舞いする。

ギャップトレードの実践

　理論と現実は一致しないものだ。ギャップトレードはすべてのマーケットに当てはまるわけでも、すべての時期に当てはまるわけでもない、というのが現実だ。事実として言えるのは、ギャップを効果的に使用するには重要な２つのデイトレード基準を満たす必要がある、ということだ。その基準とは、出来高とボラティリティである。私のルールに基づくと、ギャップトレードはS&P500先物などのマーケットでうまくいくが、オート麦などのマーケットでは失敗することが目に見えている。そのようなマーケットは、薄商いでボラティリティも小さい（ことが多い）からである。

　実践に際してもうひとつ考慮しなければならないのは、ストップロスを定めることである。すでに説明しているとおり、ストップロスについては３つの考え方がある。

１．最適なストップロスはリスク管理ストップである。言い換えると、各トレードで一定金額までのリスクを冒し、ストップにヒットしたら手仕舞いする。

２．ストップロスは、各自のシステムに基づいて決めるものであり、リスク金額ベースで決めるものではない。

３．利益を確保するため、一定の利益目標を達成できたら、トレイリング・ストップロスを使用する。

　これらはストップロス戦略の基本であるため、当然のことながら、多少の変更を加えたさまざまなタイプがある。しかし私が研究した結果、ギャップトレードだけでなくほとんどのデイトレードに最も適した戦略は次のとおりとなった。

- ●金額ベースのリスク管理ストップロスは最初のストップとして最適である。

- 一定の利益水準に達したら、トレイリング・ストップロスを使用すると効果的である。
- トレイリング・ストップロスは値幅を大きくして出さなければならない。言い換えると、含み益の90％まではリスクをとらなければならない。そうしないと、ストップアウトを繰り返すことになる。
- ストップロスが小さいと、ギャップトレードはうまくいかない。実際、ストップロスが小さいと「スキャルピング（利ザヤ稼ぎ）」を除くすべてのタイプのトレーディングでうまくいかなくなる。

ギャップトレードを翌日まで持ち越すと、大引けで手仕舞いするより大きな利益を得られることもある。しかし、そのようなトレードはデイトレードとは言えない。この手法についてはこの章の後半で説明する。

さまざまなタイプのギャップトレード

ギャップトレード手法は、アクティブでボラティリティの高いマーケットではデイトレーディングに適しているが、ギャップトレードの種類によっては最終結果が大きく異なることを発見した。

ギャップのサイズ

寄り付きギャップのサイズは重要である。私の仲間であり長年の友人であり、そしてギャップトレード手法を編み出したラリー・ウィリアムズは、「ギャップが大きいほどトレードはうまくいく」という名言を残している。私も彼の意見に賛成である。図表12.9は、1982年4月（先物のトレードが始まったとき）から1998年1月までのS&P先物のギャップのサイズと1トレード当たりの平均利益を比較したもの

図表12.9　1982～1998年のS&Pギャップトレードにおける1トレード当たりの平均利益とギャップサイズとの相関性（買いと売り）

ギャップのサイズ(ティック数)	平均トレード（ドル）
2	173
3	125
5	50
10	316
15	296
35	377

である。統計的な妥当性という観点からすると、この期間は十分であると思う。

　ギャップのサイズの数字を見ると（必ずしも決定的とは言えないが）、ギャップのサイズが大きいと結果が良好なことが分かる。ギャップアップのサイズが大きいほうが小さいときよりも1トレード当たりの平均利益が大きい、という傾向を示している。より効果的なアプローチは、買いシグナルと売りシグナルについてさまざまなサイズの寄り付きギャップを使用することである。マーケットは線型のものではないため、このことは非常に理にかなっている。パラメータを変えると、マーケットに合わせてギャップトレードを調整することもできる。

突き抜けるサイズ

　この変数も重要である。買いと売りのシグナルについて、前日のレンジをどの程度上回るか下回るかを測る。言い換えると、突き抜けのサイズが小さいとトレード数が増える。しかし、突き抜けのサイズが大きいとトレード数は少なくなるが、勝率は高くなるのだろうか？

図表12.10　1982～1998年のS&Pギャップトレードにおける1トレード当たりの平均利益と突き抜けのサイズとの相関性(買いと売り)

ギャップのサイズ	平均トレード(ドル)	勝率
2	120	56
5	189	58
10	393	60
15	425	61

図表12.11　1982～1998年のS&Pギャップトレードにおける1トレード当たりの平均利益とストップロスのサイズとの相関性(買いと売り)

ストップロス	平均トレード(ドル)	勝率
1000	512	58
1300	586	60
2000	550	60
2500	506	60
5000	556	62

図表12.10は、1トレード当たりの平均利益と突き抜けのサイズとの関係を表したものである。

　突き抜けのサイズの最適な数字は、買いで10ティック、売りで12ティックであった。1982年から1998年のS&P先物においてこのギャップサイズを使用した結果は、勝率62％、平均トレード445ドルであった。

ストップロスのサイズ

　これも非常に重要である。図表12.11は、S&P先物における1トレ

ード当たりの平均利益とストップロスのサイズを表にしたものである。ストップロスが大きいほど勝率も高くなることが分かる。

ギャップ期間の比較——複数日のギャップシグナル

実は、これまでに説明したギャップのコンセプトを大きく変えようとしている。驚いたりせずに、落ち着いて考えてもらいたい。これまでに説明したギャップトレードはデイトレーディングに適した手法であることはすでにご承知のことと思うが、少し違ったタイプのギャップトレードについて考えてみよう。前日または数日前にさかのぼってギャップを参照することもできるのだ。

複数日のギャップシグナル（マルチギャップ）

従来型の基本的な買いと売りのギャップシグナルについては、すでにこの章で説明済みである。ギャップアプローチは優れた手法であるが、もっと優れた手法がある。基本的なギャップ手法はデイトレーディングに適しているが、短期トレードのアイデアを利用する方法があるのだ。マルチギャップはデイトレーディングにも有効であり、特にS&P先物では勝率と平均利幅が大きい（マルチギャップ手法について詳しく説明してから、この統計を紹介する）。

基本的なギャップシグナルというのは、前日の安値を下回って寄り付いたあとでその前日の安値を上回る（買いシグナル）か、前日の高値を上回って寄り付いたあとでその前日の高値を下回る（売りシグナル）ときに出現する。買いまたは売りのストップ（逆指値）で仕掛け、大引けで手仕舞いする。S&P先物などのアクティブなマーケットでこの手法は有効であり、バックテストでもそれを証明している。私は最近、1982年にさかのぼってS&P先物でのギャップのデイトレーデ

ィング手法を検証してみた。その結果、1トレード当たりの平均利益は497ドル、勝率は60％であった。これは非常に優れたデイトレーディング手法であると言える。しかし、平均利益を2倍にして勝率を80％以上に押し上げる方法があるのだ。

マルチギャップについて

マルチギャップは簡単な手法である。前日の高値を上回るか、あるいは前日の安値を下回る寄り付きギャップに基づいてシグナルが出現するのではなく、過去x日間の最高値を上回る、あるいは最安値を下回る寄り付きギャップに基づいてシグナルが出現するのだ。xの値は、マーケットのボラティリティ特性によって異なる。S&Pはボラティリティが高いため適しているが、オート麦には必ずしも適していない。マルチギャップの典型的な買いと売りのシグナルを、それぞれ図表12.12と図表12.13に示している。

マルチギャップ手法のルール

マルチギャップ手法を使用する場合は、次のルールを念頭に置くこと。
- 過去x日間の最安値を下回って寄り付いたら、xティック上抜いた時点で買うこと。
- 過去x日間の最高値を上回って寄り付いたら、xティック下抜いた時点で売ること。
- 前もって定めたリスク管理ストップロス、大引け、利が乗ったn番目の寄り付きのいずれかで手仕舞いすること。

x日間とは、マーケットで定義した日数のことを意味する。xの数

図表12.12　マルチギャップ買いシグナル

過去"X"日間

この安値を"X"ティック突き抜けたら買い

今日は過去"X"日間(このケースでは8日間)の最安値を下回って寄り付いた

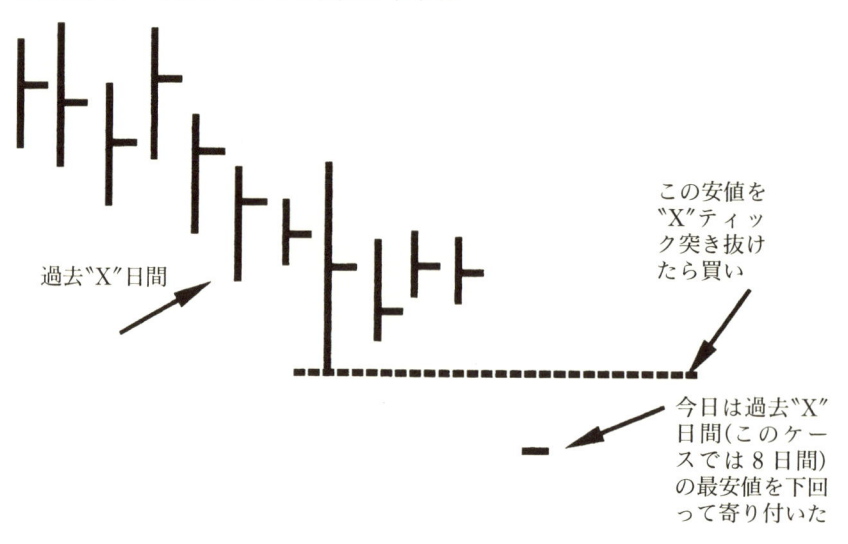

図表12.13　マルチギャップ売りシグナル

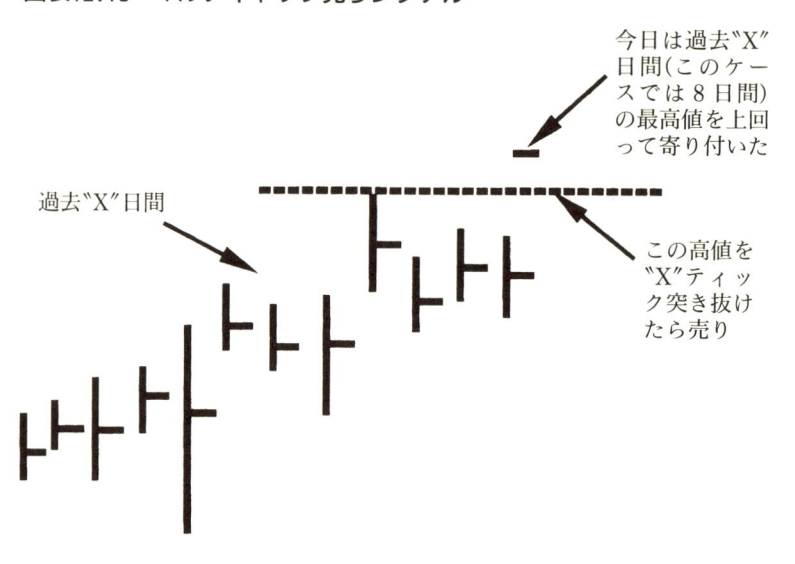

今日は過去"X"日間(このケースでは8日間)の最高値を上回って寄り付いた

過去"X"日間

この高値を"X"ティック突き抜けたら売り

字は買いシグナルと売りシグナルとで変えることもできる。ｎ番目もマーケットごとに決める。「利が乗った寄り付き」とは、買値を上回る、あるいは売値を下回る始値のことを意味する。単に、寄り付きで利益が出た日数をカウントすればよい。そして、（ストップアウトしていなければ）利が乗ったｎ番目の寄り付きで手仕舞いする。これについては図表12.14（SELL SHORT＝売り、OPEN＝始値、SHORT SIGNAL＝売りシグナル、EXIT ON CLOSE＝手仕舞い、BUY＝買い、LOMG SIGNAL＝買いシグナル）と図表12.15を参照してもらいたい。

　マルチギャップは、ポジショントレーダーに非常に適した実に簡単なアプローチである。図表12.16（GAP OPEN BELOW LOWEST LOW OF PREVIOUS 7 DAYS＝過去７日間の最安値を下回って寄り付く、BUY SIGNAL＝買いシグナル、EXIT ON 12TH PROFITABLE OPEN＝利が乗った12番目の足の始値で手仕舞い）と図表12.17（OPEN ABOVE HIGH OF LAST 7 DAYS＝過去７日間の最高値を上回って寄り付く、SELL SHORT＝売り、EXIT ON 12TH PROFITABLE OPEN＝利が乗った12番目の足の始値で手仕舞い）、図表12.18に過去の検証結果を載せているので、皆さんで評価してもらいたい。

　すでに説明したように、1982年から1998年のS&P先物における最初の検証では、60％の勝率と平均損益482ドル（スリッページと手数料を控除）を記録した。仕掛けのパラメータは、買いシグナルについては９日間、売りシグナルについては２日間である。ベストフィットを見つけるには、ギャップのサイズと突き抜けのサイズを調整する必要があるだろう。そのため、結果は前述のものより良くなることもある。これは、前に説明した基本的なギャップ手法を改良したものである。図表12.16と図表12.17を参照していただきたい。

図表12.14　S&P500における複数日のギャップトレード

図表12.15　1982～1998年のS&P500における複数日ギャップトレードの過去データ

```
jb.Gap System   S&P 500 INDEX 55/99-Daily   04/21/82 - 01/02/98
```

全トレードのパフォーマンス

総損益	$ 85350.00	未決済ポジションの損益	$ 0.00
総利益	$ 155700.00	総損失	$ -70350.00
総トレード数	177	勝率	60%
勝ちトレード数	107	負けトレード数	70
最大の勝ちトレード	$ 25125.00	最大の負けトレード	$ -4575.00
勝ちトレードの平均利益	$ 1455.14	負けトレードの平均損失	$ -1005.00
平均利益/平均損失	1.45	1トレードの平均損益	482.20
最大連続勝ちトレード	9	最大連続負けトレード	4
勝ちトレード平均日数	0	負けトレードの平均日数	0
日中の最大ドローダウン	$ -10700.00		
総利益/損失比	2.21	最大建玉枚数	1
必要資金	$ 10700.00	運用成績	798%

買いトレードのパフォーマンス

総損益	$ 48025.00	未決済ポジションの損益	$ 0.00
総利益	$ 71050.00	総損失	$ -23025.00
総トレード数	50	勝率	68%
勝ちトレード数	34	負けトレード数	16
最大の勝ちトレード	$ 25125.00	最大の負けトレード	$ -4575.00
勝ちトレードの平均利益	$ 2089.71	負けトレードの平均損失	$ -1439.06
平均利益/平均損失	1.45	1トレードの平均損益	960.50
最大連続勝ちトレード	8	最大連続負けトレード	4
勝ちトレード平均日数	0	負けトレードの平均日数	0
日中の最大ドローダウン	$ -9925.00		
総利益/損失比	3.09	最大建玉枚数	1
必要資金	$ 9925.00	運用成績	484%

売りトレードのパフォーマンス

総損益	$ 37325.00	未決済ポジションの損益	$ 0.00
総利益	$ 84650.00	総損失	$ -47325.00
総トレード数	127	勝率	57%
勝ちトレード数	73	負けトレード数	54
最大の勝ちトレード	$ 6850.00	最大の負けトレード	$ -4575.00
勝ちトレードの平均利益	$ 1159.59	負けトレードの平均損失	$ -876.39
平均利益/平均損失	1.32	1トレードの平均損益	293.90
最大連続勝ちトレード	8	最大連続負けトレード	5
勝ちトレード平均日数	0	負けトレードの平均日数	0
日中の最大ドローダウン	$ -9825.00		
総利益/損失比	1.79	最大建玉枚数	1
必要資金	$ 9825.00	運用成績	380%

図表12.16　英ポンド先物におけるマルチギャップの買いシグナルと手仕舞い

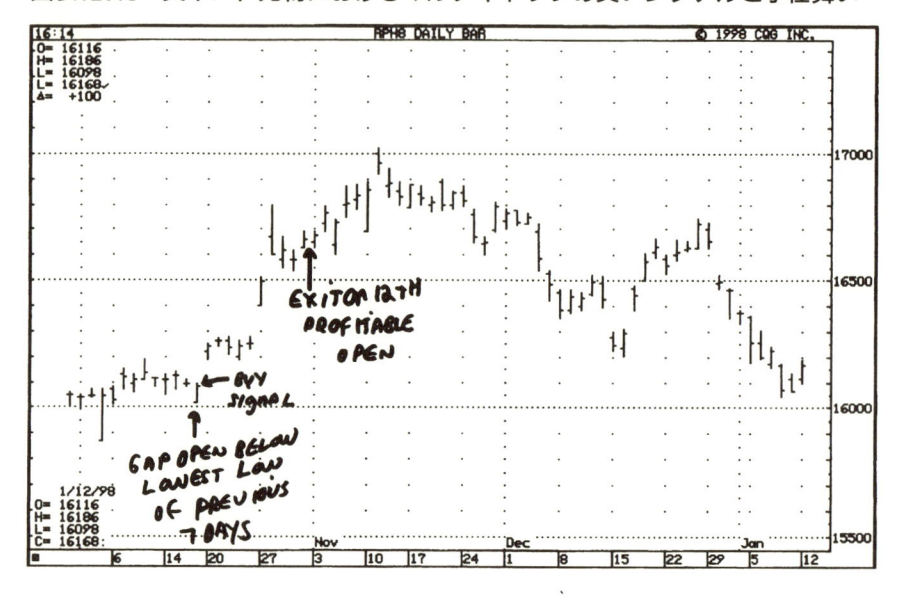

図表12.17　ポークベリー先物におけるマルチギャップの売りシグナルと撤退

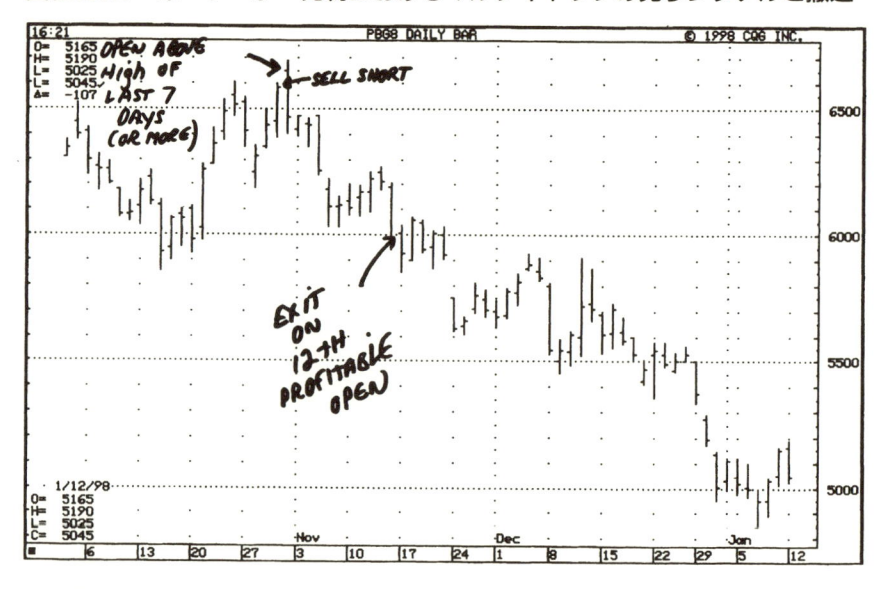

図表12.18　最初に利益が乗った寄り付きで手仕舞いした場合の複数日S&P500ギャップトレード

```
jb.Gap System   S&P 500 INDEX 55/99-Daily   04/21/82 - 01/02/98
```

全トレードのパフォーマンス

総損益	$ 131875.00	未決済ポジションの損益	$ 0.00
総利益	$ 220250.00	総損失	$ -88375.00
総トレード数	169	勝率	85%
勝ちトレード数	143	負けトレード数	26
最大の勝ちトレード	$ 26875.00	最大の負けトレード	$ -5600.00
勝ちトレードの平均利益	$ 1540.21	負けトレードの平均損失	$ -3399.04
平均利益/平均損失	0.45	1トレードの平均損益	$ 780.33
最大連続勝ちトレード	18	最大連続負けトレード	2
勝ちトレード平均日数	2	負けトレードの平均日数	3
日中の最大ドローダウン	$ -12850.00		
総利益/損失比	2.49	最大建玉枚数	1
必要資金	$ 12850.00	運用成績	1026%

買いトレードのパフォーマンス

総損益	$ 66175.00	未決済ポジションの損益	$ 0.00
総利益	$ 89100.00	総損失	$ -22925.00
総トレード数	49	勝率	86%
勝ちトレード数	42	負けトレード数	7
最大の勝ちトレード	$ 26875.00	最大の負けトレード	$ -4575.00
勝ちトレードの平均利益	$ 2121.43	負けトレードの平均損失	$ -3275.00
平均利益/平均損失	0.65	1トレードの平均損益	$ 1350.51
最大連続勝ちトレード	14	最大連続負けトレード	2
勝ちトレード平均日数	1	負けトレードの平均日数	1
日中の最大ドローダウン	$ -8050.00		
総利益/損失比	3.89	最大建玉枚数	1
必要資金	$ 8050.00	運用成績	822%

売りトレードのパフォーマンス

総損益	$ 65700.00	未決済ポジションの損益	$ 0.00
総利益	$ 131150.00	総損失	$ -65450.00
総トレード数	120	勝率	84%
勝ちトレード数	101	負けトレード数	19
最大の勝ちトレード	$ 9050.00	最大の負けトレード	$ -5600.00
勝ちトレードの平均利益	$ 1298.51	負けトレードの平均損失	$ -3444.74
平均利益/平均損失	0.38	1トレードの平均損益	$ 547.50
最大連続勝ちトレード	19	最大連続負けトレード	2
勝ちトレード平均日数	2	負けトレードの平均日数	4
日中の最大ドローダウン	$ -13575.00		
総利益/損失比	2.00	最大建玉枚数	1
必要資金	$ 13575.00	運用成績	484%

１日の時間枠を超えてポジションを保持する（利が乗ったｎ番目の寄り付きで手仕舞い）

　１日の時間枠を多少超えてポジションを保持すると、利益が出ることがある。S&Pでマルチギャップ手法を使用して、利が乗った最初の寄り付きで手仕舞うと、1982年から1998年のS&P先物における検証では、勝率85％、平均損益780ドル（スリッページと手数料を控除）という結果を示している。パラメータは、買いシグナルについては９日間、売りシグナルについては２日間である（図表12.18を参照）。

　マーケットによっては、大引けに手仕舞いしたときの結果が良くなかったギャップトレードでも、マルチギャップ手法を使用すると大幅に改善されることがある。例えば、Ｔボンド先物では、簡単なギャップ手法のバックテストをした結果、勝率は50％で平均損益が56ドルであった。しかし、利が乗った最初の寄り付きまでポジションを保持しておくと、勝率は85％、平均損益は224ドルになった（1978年から1998年）。

　別な例としては、コーヒーの基本的なギャップトレードでは、大引けで手仕舞いすると勝率54％、平均損益は137ドルであったが、マルチギャップトレード手法を使用すると、それぞれ67％と424ドルにはね上がった（1973年8月から1998年1月）。

　さまざまなマーケットでこのアプローチについて検討してみよう。試してみる価値はあるはずだ。

ギャップトレードの日中フォローアップ

　最後になったが、ギャップトレードではトレイリング・ストップロスを使用する。アクティブなデイトレーダーにとっては、トレイリング・ストップロスを使用するとギャップ手法やマルチギャップ手法に

役立つだろう。本書で説明したガイドラインに従って、トレイリング・ストップロスを実際に使用してみよう。

まとめ

　前作とこの章で説明した基本的なギャップトレードは堅実な手法である。S&P先物で最適な結果を残している。基本的なギャップトレードとは少し違うタイプとして、マルチギャップトレードがある。モチベーションの高いトレーダーは、ギャップトレードとマルチギャップトレードの変数の最適な組み合わせを見つけようとするだろう。日数、ギャップのサイズ、突き抜けのサイズ、ストップロスといった変数がある。もうひとつの効果的な手法として、トレイリング・ストップロスを使用する方法がある。トレイリング・ストップロスを使用すると勝率が多少下がることがあるが、マーケットによっては、1トレード当たりの平均利益と勝率の両方が上昇することもある。

第13章
アキュムレーション／ディストリビューションのオシレーターと派生指標
Accumulation Distribution Oscillator Derivative

◎運は勇者に味方する。
────テレンス

　長年にわたり、トレーダーは、マーケットをコントロールする力を見抜く方法を見つけようと努力してきた。つまり、パワーのバランスを見つけようとしてきたのだ。ブルとベアのどちらがマーケットを「コントロール」しているか、と考えることは、デイトレーダーにとって特に重要なことである。ブルがコントロールしている場合は下落時に買うとよい。下落は一時的なものですぐに回復する可能性が高いからだ。一方、ベアがコントロールしている場合、上昇は比較的短い。売り手が買い手を圧倒し、マーケットは下降トレンドに戻るからだ。

　「コントロール」とは、マーケットの方向を支配しようとしている実際の買い手グループや売り手グループのことを意味しているのではない。「パワーのバランス」のことを意味しているのだ。要するに、買いのパワーが売りのパワーより大きい（あるいはその逆）ことを言う。確かに、パワーのバランスはあるポイントでシフトする。通常は、買いのパワーと売りのパワーが均衡すると、流れが変わる。トレンドが急激に変わる場合もあるが、通常は、トレンドが変わる前に警告のサインが出る。

　サインは微妙な場合もあれば、明確な場合もある。しかし、必ずしも正しいというわけではない。つまり、トレーディングシステムは完璧ではないのだ。パワーのバランスがシフトする時期を確実に見極め

図表13.1　典型的な買いのパワーと売りの圧力

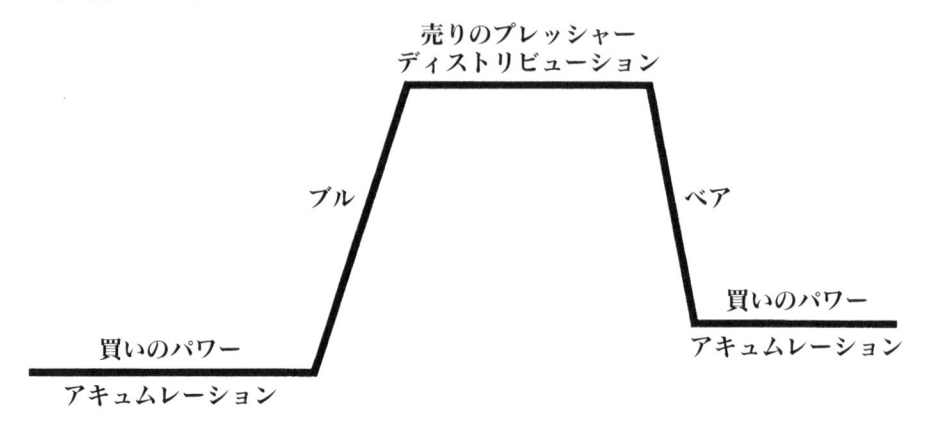

　　　　　　　　　　売りのプレッシャー
　　　　　　　　　　ディストリビューション

　　　　　　ブル　　　　　　　　　　ベア

　　　　　　　　　　　　　　　　　　　　買いのパワー
　　買いのパワー　　　　　　　　　　　アキュムレーション
アキュムレーション

　る方法はない。図表13.1は、買いのパワーと売りのプレッシャーの典型的な状況を表したものである。

典型的な状況

　完璧な世界では、マーケットは可能なかぎり模範に近い形になることだろう。トレーダーの任務は限定的なものとなり、それは自由市場の終わりを意味している。基本的にすべてのマーケットのトレンドとその変化が予測可能になり、トレードする必要がなくなるからだ。図表13.1は「典型的な」マーケットの形であり、ニュートラルの局面からブルの局面になり、その後、天井、ベア、底へと移行する。

　図表13.2（DISTRIBUTION＝ディストリビューション、BREAKOUT DOWN＝下へのブレイクアウト）のスイス・フラン先物10分足チャートでは、天井をつけてから下落する様子を表している。理論的には、マーケットが保ち合いになるとコントロールに変化が生じてベアが強まる。この動きは、売りのプレッシャーが買いのパワーを上

図表13.2 スイス・フラン先物10分足(下落する前に天井、つまりディストリビューションの局面が現れる)

回ったと解釈できる。この保ち合い局面では、ベアがブルにディストリビュート(売り抜け)する。最終的に、ブルの買い集めによって上昇トレンドを維持できなくなるポイントに達し、ベアの売り切りによってマーケットは下落する。

　底ではこれと逆の動きがある。理論的には、買いのパワーが売りのプレッシャーを上回る。買いが売りより強くなる。最終的に、買いの需要が売りの供給を上回ってバランスがくずれ、ブルが確実にマーケットをコントロールすると価格は急騰する。図表13.3(ACCUMULATION＝アキュムレーション、BREAKOUT UP＝上へのブレイクアウト)は、S&P500先物10分足チャートにおけるアキュムレーションパターンを表している。上昇の前の保ち合い場面で仕掛ける。理

図表13.3 Ｓ＆Ｐ500先物10分足（上昇する前に底、つまりアキュムレーションの局面が現れる）

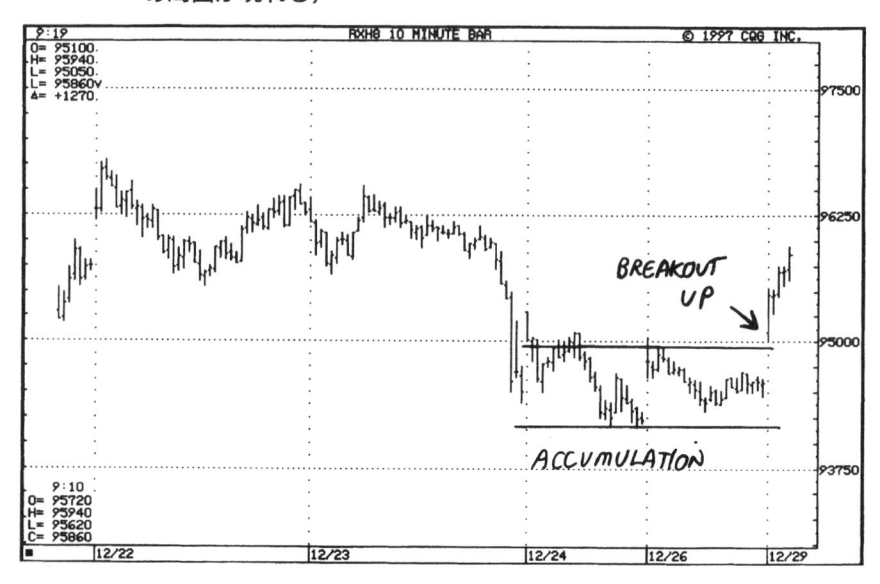

論的には、底、つまり「アキュムレーション」局面で、ブルはゆっくりではあるが確実にマーケットをコントロールしている。

　ここで説明した状況は、あくまでも典型的な状況である。マーケットは必ずしもこのとおりに動くわけではない。何の前触れもなく、突然で、しかも表面的な動きをすることもある。頭のかたい人は、そのような場合にはマーケットは事前に警告を出すがサインは微妙である、と主張する。私はこれに反対するつもりはない。しかし、サインが見つからなければ、理論がいかに的を射て有効なものでも何の役にも立たない。

アキュムレーションとディストリビューションの理論

　今説明したことは、アキュムレーションとディストリビューションの理論である。理論は、表面上は妥当であり、理解するのも簡単である。難しい点は、トレーダーが仮説上の構成概念を生かせるような手法、指標、テクニカルなトレーディングシステムを見つける、ということなのだ。そのような指標のひとつに、騰落（A／D）オシレーターがある。これは、1972年にラリー・ウィリアムズとジェームズ・J・ウォーターズが考え出したものである。1972年10月にコモディティーズ・マガジンに発表した『メジャリング・マーケット・モメンタム（Measuring Market Momentum）』でこのA／Dオシレーターについて紹介している。

　このオシレーターの目的は、買い手から売り手へ（あるいはその逆）のパワーのバランスの変化を見極めることであった。A／Dオシレーターの計算は比較的簡単である。A／Dオシレーターの説明と評価については、『ニューコモディティ・トレーディング・システム・アンド・メソッド（The New Commodity Trading Systems and Methods）』に詳しく書かれている。また、コモディティ・クオート・グラフィックス（CQG）などのさまざまなソフトウエア分析システムでもA／Dオシレーターについて知ることができる。A／Dオシレーターの公式については、ウィリアムズとウォーターズの記事またはコーフマンの著書で紹介されている。

A／Dオシレーターを使用する

　ポジショントレーディングとデイトレーディングにA／Dオシレーターを適用するには、いくつかの方法が考えられる。それは、芸術的

で解釈を必要とするものからメカニカルで客観的なものまでさまざまである。本書では準科学的なテクニカル分析を扱うため、A／Dオシレーターの芸術的な適用については説明しない。私の適用例は科学的でないと思う人もいるかもしれないが、私の努力は正しい方向に進んでいる。私が徹底的に取り組んだ手法は、ゼロラインをはさんだA／Dオシレーターに基づいて売買する、というものである。オシレーターの構成を見ると、A／Dの値がゼロを上回ると、マーケットはアキュムレーションの局面にあるか、ブルがコントロールしている。

　逆に言えば、A／Dの値がゼロを下回ると、ベアがコントロールしている。理論的には、A／Dがプラスからマイナスへ交差すると、強気から弱気へ移行する（その逆のパターンもある）。図表13.4（PRICE＝価格、A/D　ZERO　LINE＝A／Dゼロライン、A/D REMAIN BELOW ZERO LINE FOR 6 MONTHS AS BEAR MARKET PERSISTS＝ベアマーケットでは6カ月間A／Dはゼロラインの下で推移している）、図表13.5（PRICE＝価格、A/D ZERO　LINE＝A／Dゼロライン、NOTE A/D LINE REMAIN BELOW ZERO FOR OVER 6 MONTHS AS PRICE DECLINE＝6カ月以上の下落でA／Dラインはゼロの下にあることに注意）、図表13.6（PRICE＝価格、A/D　ZERO　LINE＝A／Dゼロライン、INITIAL CROSS ABOVE＝最初の上へのクロス、ZERO LINE＝ゼロライン、CROSS BACK BELOW ZERO＝ゼロ以下に戻る、CROSS ABOVE ZERO PRIOR TO LARGE PRICE RALLY＝大幅な上昇の前にゼロラインを上へクロス）はこの主張を裏づけるものであり、A／Dオシレーターとマーケットのトレンドを表している。A／Dオシレーターには不思議な能力があり、価格が下がり続けると長い期間マイナス続き、価格が上がり続けると長い期間プラスが続く。これはA／Dオシレーターの利点である。良くない点は、このように典型的な状況は頻繁には現れないということである。マーケットがど

第13章●アキュムレーション／ディストリビューションのオシレーターと派生指標

図表13.4　1998年2月限の金先物の日足（弱気トレンドが6カ月間続き、A/Dはマイナス）

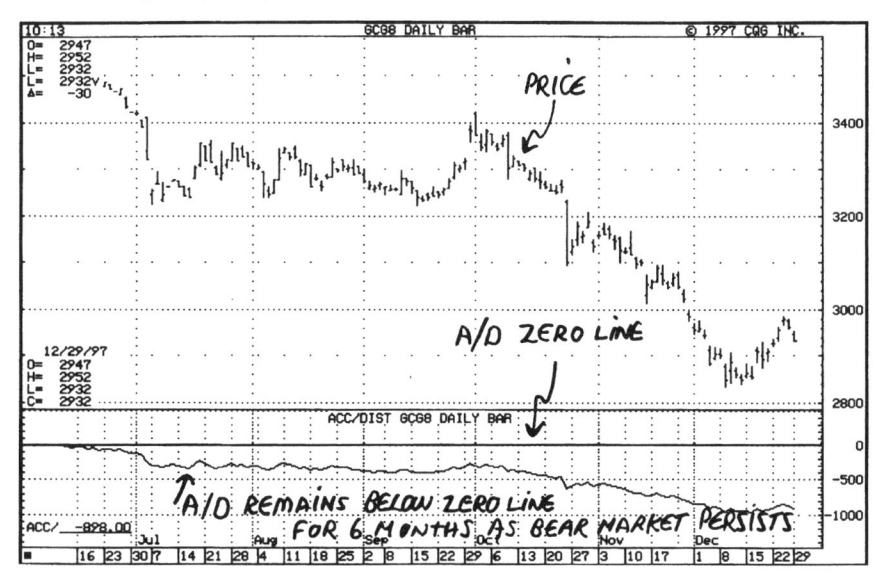

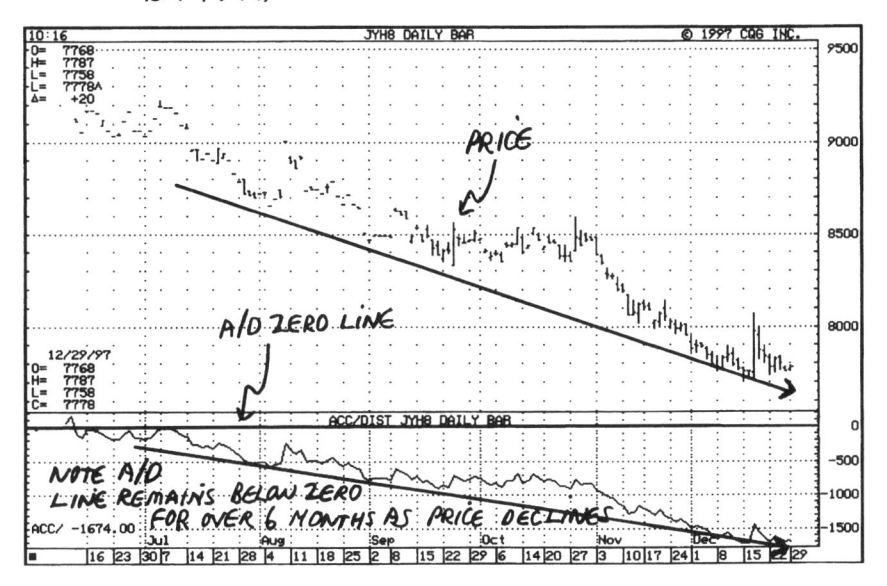

図表13.5　1998年3月限の円先物の日足（弱気トレンドが6カ月間続き、A/Dはマイナス）

213

図表13.6　1998年3月限の銀先物の日足（強気トレンドが続き、A/Dはプラス）

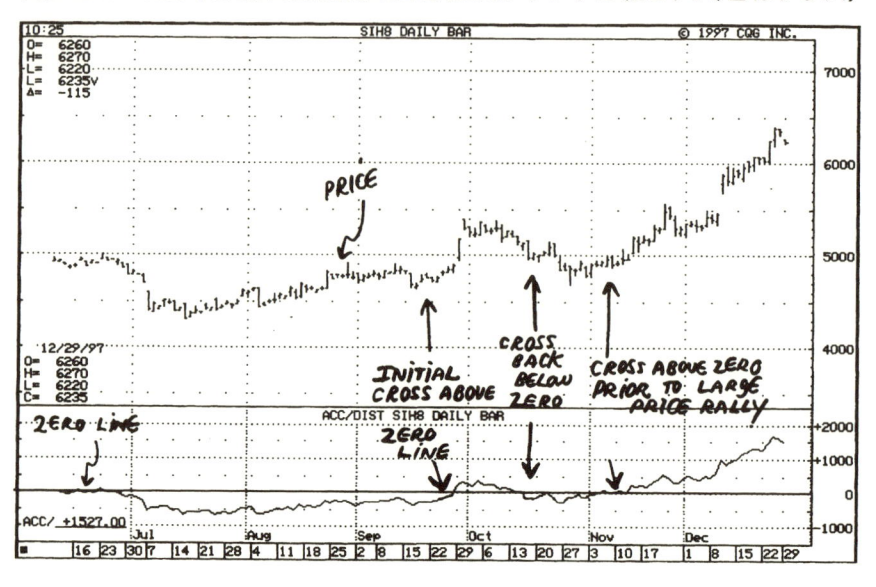

んどん上昇しているときでもA／Dがマイナスのままでいることもある（その逆のパターンもある）。そのような状況になると、トレーダーは理論が正しくないと混乱してしまうばかりか、損を出してしまうことになる。さらに、A／Dオシレーター（実際にはすべてのオシレーター）には、持続的なトレンドが現れる前にゼロラインを何度も上下するという性質もある。ゼロを境にして上下するたびに売買するトレーダーは、何度も損失を出してしまう。しかも、スリッページや手数料までかかる。

　このような性質の例として、図表13.7（PRICE＝価格、ZERO LINE＝A／Dゼロライン、A/D BELOW ZERO IN SPITE OF LARGE PRICE RALLY＝大幅な上昇にもかかわらずA／Dライン

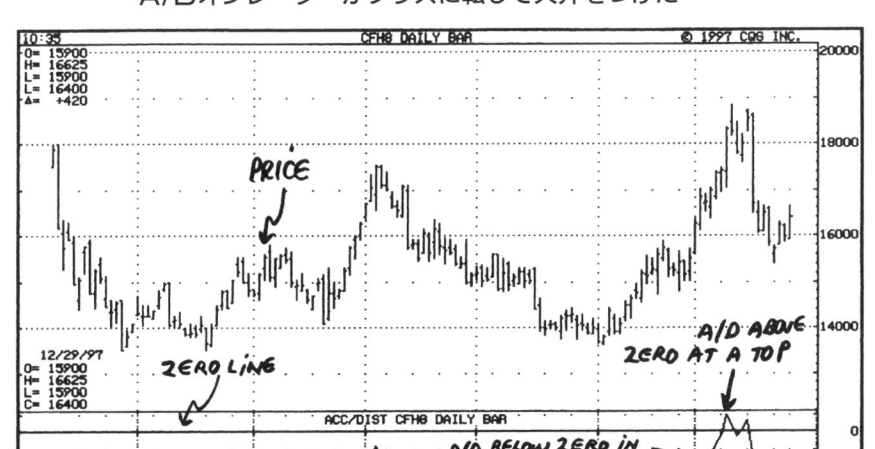

図表13.7 10〜11月の安値から大きく上昇してしばらくマイナスをつけたあと、A/Dオシレーターがプラスに転じて天井をつけた

はゼロより下、A/D ABOVE ZERO AT A TOP＝天井でA／Dラインがゼロを上回る）を見てもらいたい。コーヒー先物（1998年）3月限のチャートであり、A／Dオシレーターは1997年12月に天井をつけるまでマイナスであった。オシレーターがプラスに転じると、価格は天井をつけ、その後急激に下落した。このような性質を克服するにはどうしたらよいだろうか？　私が提案するアプローチは、A／Dラインの派生指標を使用することである。A／Dラインが一番目の派生指標を交差するとシグナルが出現する。このケースでいうと、派生指標とはA／Dの移動平均線のことである（次の項目で説明する）。

図表13.8　A/DラインとA/Dの28期間単純移動平均線（"X"はクロスオーバー）

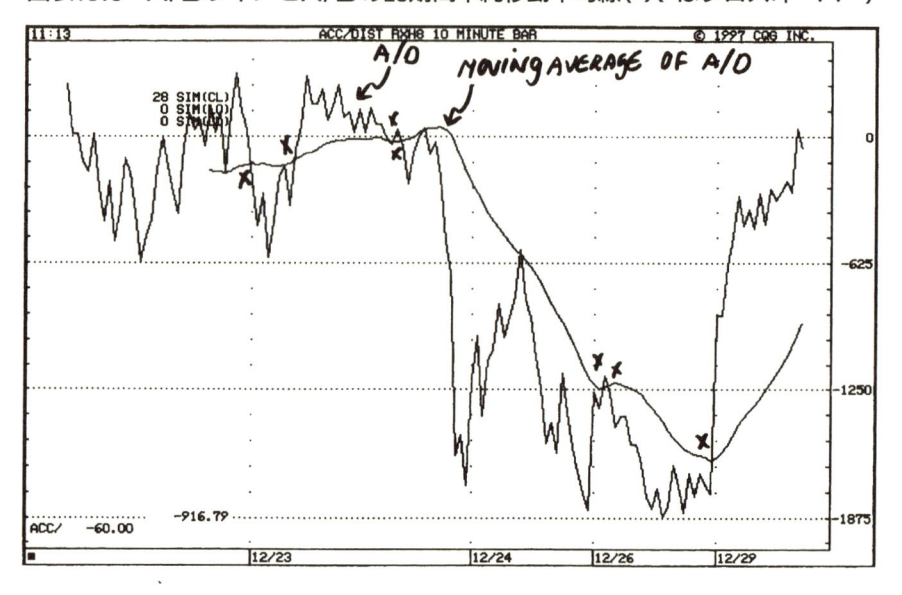

騰落派生指標（ADD）

　派生指標とは、いったい何を意味しているのだろうか？　ある値の一番目の派生指標とは、最初の値から派生した新しい値のことを指す。例えば、もとの値として24日移動平均があり、24日移動平均からさらにその20日移動平均を計算すると、20日移動平均は24日移動平均の一番目の派生指標となる。A／Dオシレーターの移動平均を計算すると、計算した移動平均はA／Dラインの一番目の派生指標ということになる。派生指標を計算する目的のひとつに、もとのデータを平滑化することが挙げられる。ここでは、A／Dオシレーターだけを使用した場

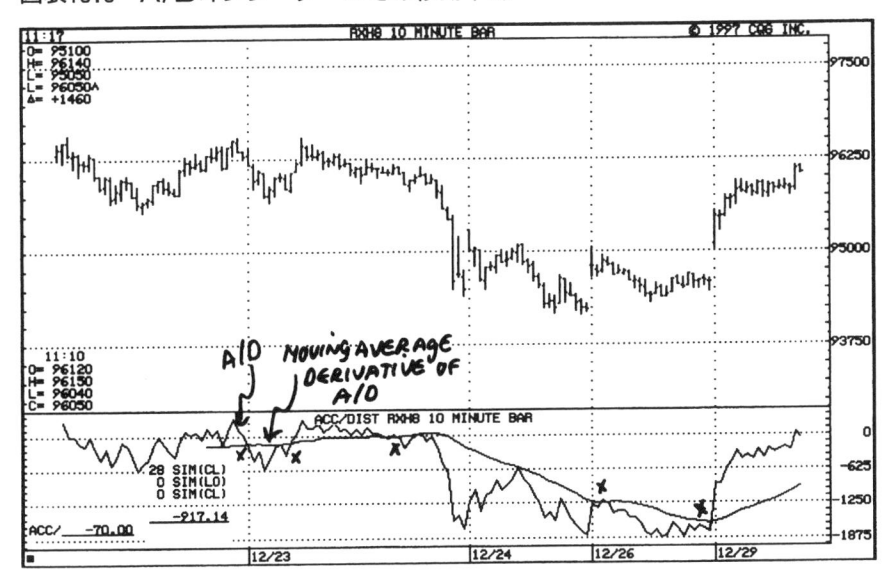

図表13.9　A/Dオシレーターとその移動平均

合の（前の項目で説明した）性質を克服するのに役立つシグナルを出現させるために派生指標の値とA／Dの値を使用する、ということも目的としている。

　最初にA／Dの移動平均を計算して、両方のラインを同じチャートにプロットする。デイトレードの買いと売りのポイントとして、2つの値のクロスオーバー・ポイントを使用する。例として、A／Dオシレーターとその28日単純移動平均線を表した図表13.8（MOVING AVERAGE OF A/D＝A／Dラインの移動平均）を見てみよう。このチャートでは、価格を示さずに2つのラインとクロスオーバーのポイントだけを示している。この手法では、クロスオーバーが生じたときに売買する。しかし、クロスオーバーでの売買にはいくつかのルー

217

ルがある。これについてはあとで説明するので、さしあたり図表13.8を見てもらいたい。図表13.9（MOVING AVERAGE DERIVATIVE OF A/D＝A／Dラインの移動平均）は、同じチャートで実際の株価を示したものである。A／Dのクロスオーバーポイントと価格チャートを記している。

ADDシグナル

デイトレーディング（またはポジショントレーディング）にADDシグナルを使用するには、仕掛けと手仕舞いのときに次のルールに従わなければならない。
- A／Dの値を計算する
- A／Dの値の28期間単純移動平均を計算する
- A／Dラインがその移動平均を上にクロスすると買いシグナルが出る
- A／Dラインがその移動平均を下にクロスすると売りシグナルが出る
- シグナルが確実かどうかを判断するには、最低でも2回はクロスオーバーしていなければならない。これは、だましを避けるために必要である。
- 勝ちか、負けか、トントンかを問わず、大引けにはすべてのトレードを手仕舞いする
- 新規トレードは、最新のシグナルに基づいて翌日の寄り付きに仕掛けるか、新しいシグナルを待って仕掛ける

図表13.10（SELL＝売り、BUY＝買い）図表13.11（SELL＝売り、BUY＝買い）、図表13.12（SELL＝売り、BUY＝買い、STILL IN SELL MODE＝依然、売りモード、END OF DAY EXIT＝引けで

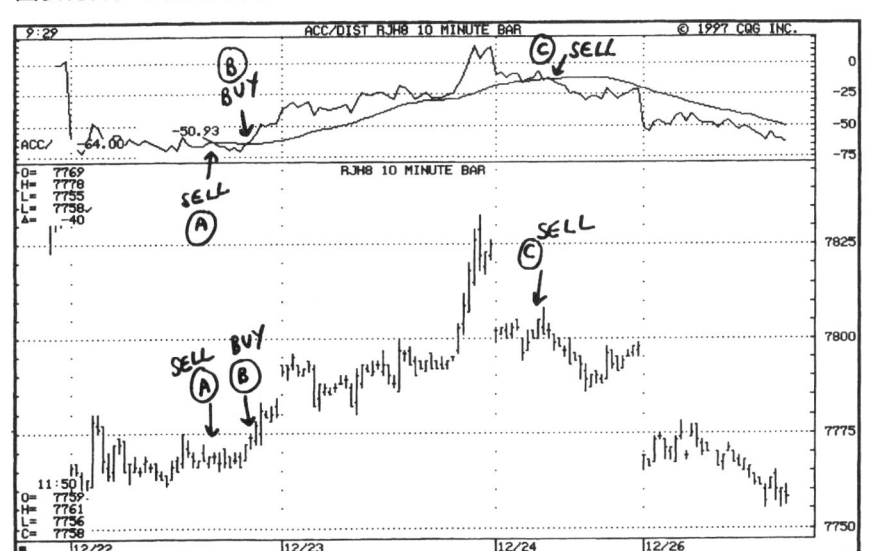

図表13.10　ADDの買いシグナルと売りシグナル

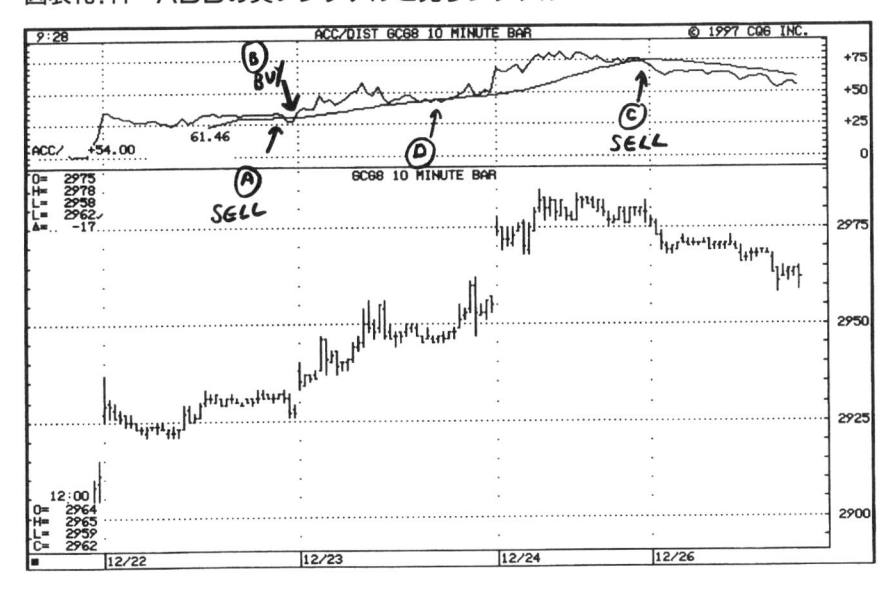

図表13.11　ADDの買いシグナルと売りシグナル

図表13.12　ADDの買いシグナルと売りシグナル

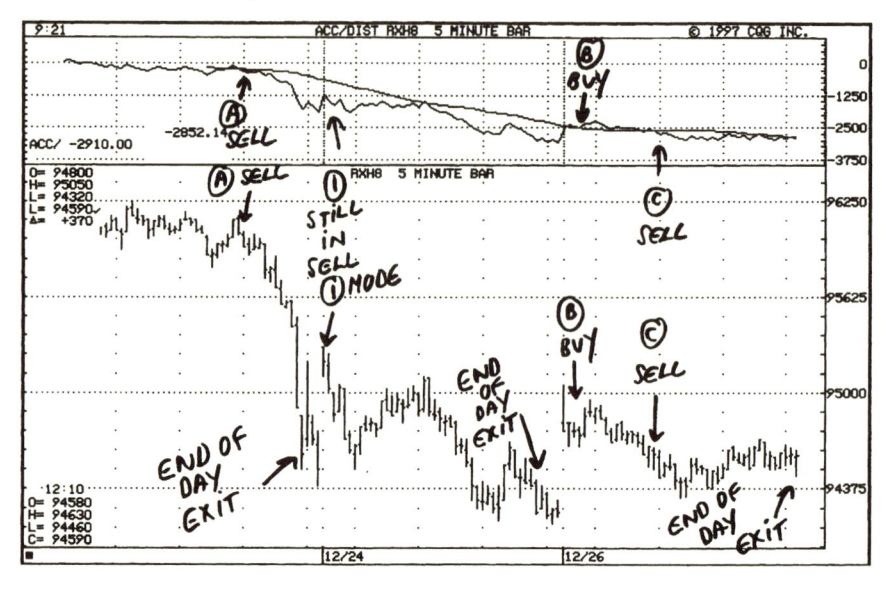

図表13.13　ADDの買いシグナルと売りシグナル

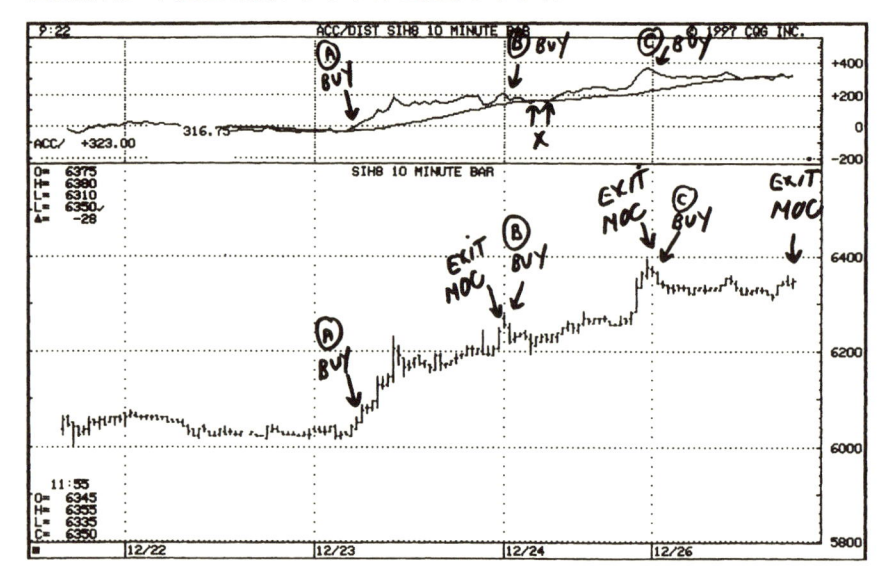

第13章●アキュムレーション／ディストリビューションのオシレーターと派生指標

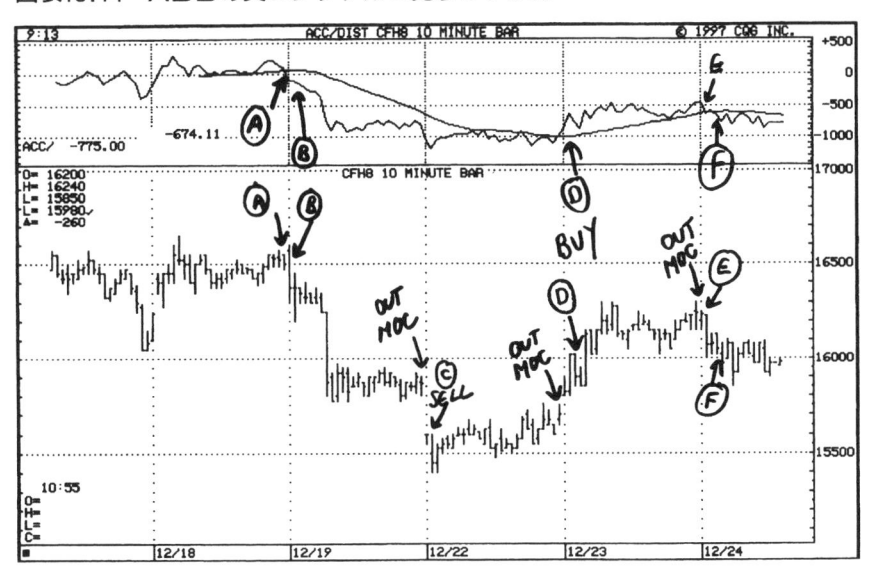

図表13.14　ADDの買いシグナルと売りシグナル

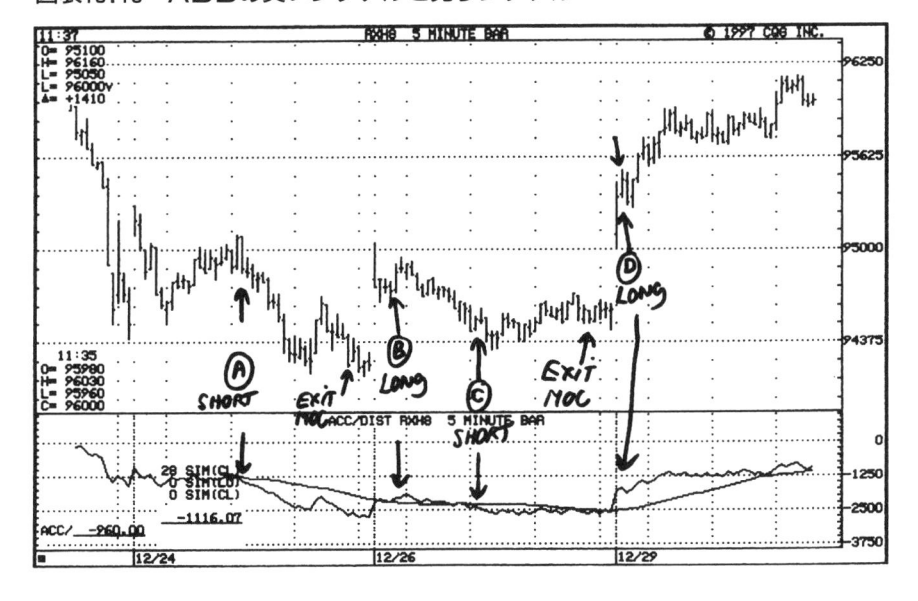

図表13.15　ADDの買いシグナルと売りシグナル

手仕舞い)、図表13.13（SELL＝売り、BUY＝買い、EXIT MOC＝引成で手仕舞い)、図表13.14（SELL＝売り、BUY＝買い、OUT MOC＝引成で手仕舞い)、図表13.15（SHORT＝売り、LONG＝買い、EXIT MOC＝引成で手仕舞い）は、日中価格チャートにおいてこれらのルールと売買のポイントを表したものである。

補足説明と問題点

ADD手法は、客観的であるが完全にシステマチックというわけではない。システムとしてこれを使用するには、リスク管理ストップロスか、トレイリング・ストップロスを定める必要がある。そうすると、この手法はシステムとして有効なものとなる。当然、皆さんは、アクティブでボラティリティの高いマーケットでのみトレードしたいと考えるだろう。ADD手法は、デイトレーディングの変動的なスプレッドでも使用できる。

まとめ

アキュムレーション／ディストリビューション・オシレーター（A／D）はフラットのポジションでも変動的なスプレッドでもデイトレーディングに使用できる効果的なオシレーターである。この章では、基本的なA／Dオシレーターについて説明し、タイミング指標またはトレンド変化手法としてのA／D派生指標（ADD）について紹介した。具体的な適用ルールも説明した。ADDは非常に用途の広い指標であり、あらゆる時間枠で使用できる。このアプローチに興味のあるトレーダーは、デイトレーディングに使用する前に、リスク管理を併せ持ったトレーディングシステムとして十分に研究することをお勧めする。この章で説明したように、ADD手法は、今の時点ではシステ

ムとして機能するわけではなく、単なる手法でしかないため、リスク管理ルールを定めてシステム化しなければならない。

第14章
注文の重要性
The Importance of Orders

◎**神をたたえ、弾をよこせ。**
————————パールハーバーのフォーギー指揮官

　デイトレーダーにとって（実際にはすべてのトレーダーにとって）、正しい注文を出すということは、修理工や大工が正しい道具を使用するのと同じくらい重要なことである。正しい注文を出すということは、利益と損失の違いについて正しく理解しているということである。ストップオーダー（逆指値注文）やストップリミット・オーダー（指値条件付逆指値注文）を出さなければならないのに成行注文を出すと、執行価格の条件が悪くなることがある。デイトレーダーにとっては最終結果が非常に重要であるため（おそらく、スキャルパーを除くトレーダーと比べて、その重要性は高いだろう）、値幅を節約するとそれが利益に結び付くのだ。注文は、タイミングとトレーディングシステムという点で各自の目的に適したものでなければならない。注文は、資金を蓄えるためのものであって資金を浪費するためのものではない。条件の悪い執行を減らし、失点や連敗を避けるのに役立つだろう。しかし、注文をうまく利用するには、注文の種類やそれを使用するタイミングを詳しく知っておく必要がある。また、どの注文を避けるか、いつその注文を避けるか、ということも知っておかなければならない。

成行注文

　成行注文はできるかぎり避けなければならない。私が考えるかぎり、成行注文は、資金が逃げていくのをみすみす見逃しているようなものである。希望している価格で成行注文が執行されることはまずない、と言ってよいだろう。通常は、1ティック、ときには2ティックも3ティックも無駄にしてしまう。閑散としたマーケットでは1～2ティックの出費が普通であるが、S&P先物などでは2～3ティックの出費ではすまないこともある。仕掛け時に2ティック、手仕舞い時に2ティック無駄にすると、トレード当たりのコストは確実に増えてしまう。しかし、成行注文にしないと、ポジションを建てられないとか、ポジションを手仕舞えないといったリスクが生じることもある。では、成行注文を出すときのガイドラインを紹介しよう。

- ●**本当に必要なときにだけ成行注文を出すこと**。日中オシレーターのタイプのシグナルを使用して、一定の時間枠の終わりにポジションを建てる場合は、成行注文を出しても構わない。それでも、成行注文より指値注文のほうが望ましい。シグナル出現のあとに動きがあるのは珍しいことではないが、すぐに建玉時の価格に戻って指値注文が執行されることも多い。そうすると、相当の出費を避けることができる。
- ●**多くの含み益があり**、指標が転換したらすぐにでもポジションを手仕舞いしようと考えている場合、そのポジションを確実に手仕舞いして利益を確定するとよい。
- ●**引成注文（MOC）を避けること**。引成注文は最後の数分の値段で執行されるため、資金が逃げていくのをみすみす見逃しているようなものである。薄商いのマーケットで引成注文を出すとトラブルのもとになる。本当に必要な場合以外は引成注文を出さない

こと。引成注文は手が良くないことが多いため、トレーダーたちは、冗談で「引成注文（market-on-close）」を「引け地獄（murder-on-close）」と呼んでいる。
●**スプレッドでは成行注文を出さないこと**。仕掛けたり手仕舞いしたりするのに特定のスプレッド水準を使用するほうがずっと賢明である。つまり、各マーケットで指値注文を使用して、スプレッドでポジションを買ったり売ったりすることができるのだ。スプレッドの成行注文では、相当のスリッページがあるのは当たり前のことである。残念ながら、スプレッドで使用できる注文は成行注文か指値注文しかないが、指値注文のほうが圧倒的に望ましい。

条件付き成行（MIT）注文

　買いの条件付き成行（MIT）注文とはある価格を下回ったら買い、売りのMIT注文とはある価格を上回ったら売る、というものである。その価格に達したとき、MIT注文は成行注文になる。したがって、4150で買うというMIT注文を出している場合、4150になった時点で成行注文になる。この注文を保有しているピットブローカーは、すぐに買いを入れる。注文は価格にかまわず執行されるのだが、通常は注文価格近辺で執行されることが多い。注文価格よりも安いこともあれば高いこともあるが、それは運による。一定の建玉価格を心のなかで描いていて、執行されないという危険を冒したくないとき、MIT注文を出す。通常は、相場を上回る抵抗線で売り、相場を下回る支持線で買う。
　支持線と抵抗線の手法を使用しているデイトレーダーは、MIT注文を使用することもできる。しかし、2～3ティックの出費もあり得る、ということを覚えておいてもらいたい。支持水準と抵抗水準でトレードするとき、MIT注文は非常に優れた手法である。しかし、す

べての取引所でいつでもこの注文を認めているわけではない。ピットブローカーや取引所の判断でMIT注文が拒否されることもある。

フィル・オア・キル（FOK）注文（即時執行注文）

即時執行（FOK）注文では、ピットブローカーが皆さんの注文を3回連続して執行しようとすることを承知したうえで、特定の価格を定める。例えば、4550で売るというFOK注文を出すと、その注文を受けたピットブローカーは4550で3回オファーする。執行されないと、ブローカーはその注文をすぐにキャンセルして、それを皆さんに折り返し報告する。この注文の利点は、指値注文を出せること、そして執行されたかどうかがすぐにフィードバックされることである。これは大切なことである。

しかし、すべての取引所やブローカーがFOK注文を認めているわけではない。この注文が拒否されることもある。執行されないような注文を皆さんが出しすぎると、時間と労力ばかりかかると言って腹を立てるブローカーもいるだろう。特に、ディスカウントブローカーはこれを嫌がる。

最後に、相場とあまりにもかけ離れた注文を出してはならない。執行されないからである。ブローカーをさらに怒らせることにもなりかねない。FOK注文を出そうと考えているなら、現在の価格に近い価格にすること。この注文を乱用すると、ブローカーをいらいらさせることになるだけでなく、ブローカーに関心を持ってもらえなくなる。

FOK注文は、成り行きで仕掛けたくはないがポジションを建てたり整理したりする必要がある場合、基本的にすべての状況で役立つ。しかし、FOK注文を出しても執行されるという保証にはならない、ということを覚えておいてもらいたい。注文価格以上で執行されるか、あるいはまったく執行されないこともある。

ストップオーダー（逆指値注文）

　ストップオーダーは、現在価格よりも高く、あるいは安く出す。手持ちのポジションが不利な方に向かっているときやブレイクアウトで仕掛けるときに特に適している。ストップオーダーの問題点は、素早いマーケットでは必ずしも注文価格で執行されないということである。通貨、Ｔボンド先物、S&P先物などでは、急激で大幅な動きがあると、ストップの買い注文と売り注文のスリッページが相当大きくなる。これを避ける方法としては、次に説明するストップリミット・オーダーを使用するのが最適である。

ストップリミット・オーダー（指値条件付逆指値注文）

　ストップリミット・オーダーとは、価格に制限を定めたストップオーダーである。この注文を使用する理由は、注文成立のフレキシビリティがあるということである。したがって、6465という制限を付けて指値6450で買い注文を仕掛けた場合、この範囲内（6465も含む）での執行を認めるという意味になる。この注文の利点は、フロアブローカーに執行の幅を与えるため執行される公算が高くなる、ということである。また、大きなスリッページを回避することもできる。実際にストップリミット・オーダーを使用しているトレーダーは少ないが、トレーダーはもっと活用するべきである。

グッド・ティル・キャンセル（GTC）注文（オープン注文）

　グッド・ティル・キャンセル（GTC）注文は、まさにその名が示すとおりの注文である。取り消されるか執行されるまで注文は継続される。この注文は、「オープン注文」とも呼ばれる。通常、暦月末に

ブローカーがすべてのオープン注文を取り消し、元に戻される。実際には、デイトレーダーはその日のうちにポジションを整理するため、オープン注文を出す必要はない。

ワン・キャンセル・アザー（OCO）注文

これは、注文の「予選」のようなものである。トレーダーは2つの注文を同時に出し、一方の注文が執行されたら他方の注文が取り消される。そのため、両方の結果をひとくくりにして考慮することができる。ほかの種類の注文と同じく、この注文を認めない取引所もある。

注文をうまく利用する

さまざまな種類の注文についてひととおり説明が済んだところで、その使用方法をいくつか紹介しよう。指値注文の使用方法を学習する目的は明確である。デイトレードで利益を上げられるかどうかは、1ドルでも1ポイントでも大切にするということが影響するのだから。皆さんは、何事においても堅実であり、倹約しなければならない。次に挙げるのは、注文に関する鉄則である。

- ●本当に必要でないかぎり、成行注文を出さないこと。成行注文を出すと数ティック分が無駄になってしまう。仕掛けに2～3ティック、手仕舞いに2～3ティック無駄にすると、必要もないのに損を出してしまう。成行注文以外にも有効な注文はたくさんある（すでにいくつか説明しているものもあれば、これから説明するものもある）。
- ●引成注文を出さないこと。引成注文も数ティック分を無駄にしてしまう。その数ティックが積み重なると、相当な金額になる。引

成注文を出さなければならない場合は、ブローカーに引成注文を出すよりは大引けの数分前に売ってしまったほうがよいだろう。私が考えるかぎり、引成注文は資金が逃げていくのをみすみす見逃しているようなものである。

- ストップオーダーではなくストップリミット・オーダーを使用すること。そのほうが、執行される確率が高くなる。執行されるかどうかが心配なら、注文に１ティックか２ティックのリミットを設定するとよい。
- FOK注文をうまく利用すること。仕掛けたり手仕舞いしたりする必要があるが、執行されたかどうかを確認するまで待てない場合、FOK注文を使用する。すぐにフィードバックがあり、資金も節約することができる。これまでにこの注文を使用したことがないならば、実際に始めてみるとよいだろう。
- FOK注文を出して相場を試すこと。FOK注文は、マーケットの勢いを測る良い方法のひとつである。つまりこういうことである。S&P先物６月限を406.50と406.90の間でトレードしているとする。406.60で買いシグナルが出現した。売買高は少ない。買いシグナル後に価格は406.90まで急激に上昇し、深追いするつもりはなかった。すぐに元のブレイクアウトである406.50に戻ったため、シグナルが正しくないのではないかと心配になる。その結果、買うのをためらってしまう。こんなときはどうしたらよいだろうか？　最近のレンジを下回っているのを承知のうえで、406.45か406.40で買うためにFOK注文を出して相場を試してみるとよい。注文を出して、テープを見る。注文を出したときは406.55である。その後、406.55……406.50……406.55……406.50……406.50……406.45B（買い気配）……406.45と続いている。買い気配で執行される。これは、マーケットのどのような特性を意味しているのだろうか？　おそらく、マーケットが弱いと考えられる。安い買

い気配で執行されたということは、喜んで売る人がいるということだからだ。

　ここで、同じシナリオでも違う結果が生じる場合について考えてみよう。406.45でFOK注文を出す。テープは、406.55……406.50……406.55……406.50……406.50……406.55……406.55……406.60……406.65……406.60……406.55……406.60……406.65……406.70……406.75と続いたとする。注文に出した買い指値には近づかないため、注文はキャンセルされる。これはどういうことを意味しているのだろうか？　マーケットの需要が良好なことを示している。すぐにでも参入したほうがよい。そのためには成行注文を出してもよいだろう。

- **条件付き成行注文を利用できても必ずしも有効に働くというわけではない。**支持線と抵抗線のチャネル内でトレードする場合には適しているが、数ティック分無駄にしてしまう。
- **OCO注文が認められている場合は非常に役立つので利用すること。**さまざまな戦略を使用しながら結果をひとくくりにすることができる。必要な場合はいつでもこれを使用すること。
- **最初の寄り付きだけを指定すること。**寄り付きがずれるマーケットもある。つまり、日付順に各限月がオープンし、数分間トレードされ、そしてその限月が終わって次の限月が始まる。このプロセスが完了すると、すべての限月が同時に再度始まる。引けの場合もこれと同じ手順である。寄り付きでこのようなマーケットに参入する必要がある場合は、最初の寄り付きしか注文する気がないという意思を明確にすること。次の始値が最初の始値とまったく異なるということはよくある。これは資金を無駄にしてしまうことになりかねない。
- **執行の有無をすぐに報告するよう主張すること。**執行されたか、執行されなかったかを知るのは非常に重要なことである。執行の

結果をすぐに知らせてくれるように、ブローカーに対して厳しく要求しなければならない。言い訳を認めてはならない。特に、通貨、Tボンド、S&P、原油先物では即執行されることがある。このような執行については、注文がピットにハンドシグナルで知らされるときに、ホールドしておくことができる。遅延しても仕方がないような状況もあるかもしれないが、デイトレーダーにとって遅延は呪いのようなものである。できるかぎり回避しなければならない。

●どの取引所がどの注文を認めているかを認識すること。ルールは適宜変更され、市況によっても変更される。ルールが分からなければ、それを見つけださなければならない。CME（シカゴ・マーカンタイル取引所）やIMM（国際通貨市場）では、たいていほぼすべての注文を認めている。CBOT（シカゴ商品取引所）はかなり厳しく、一定の注文しか認めていない（MIT注文は認められていない）。ニューヨークでも同様の制約がある。オレンジジュースは最も厳しいことで有名なマーケットであるが、皆さんはオレンジジュースのデイトレードをしたいとは思わないだろうし、するべきでもない。

●ブローカーが注文をどのように置くかを知ること。ブローカーはフロアに電話をかけるのだろうか？ 注文は電話で執行されるのだろうか？ ブローカーはだれかに電話をして、その人がまただれかに電話をして、さらにまただれかに電話をするのだろうか？ これでは時間がかかる。デイトレーダーは時間に余裕がない。ブローカーに手順を尋ねてみて、最も素早く執行できるブローカーとだけ取引をすること。それ以外のブローカーは、いくら手数料が安くてもコストを無駄にしてしまう。「安物買いの銭失い」になってはならない。

●GLOBEX（24時間）のトレードでは、慎重に注文を出すこと。ル

ールを学び、低い流動性にも対処する方法を学ぶこと。
- ●**先物オプションでトレードするときは、常に指値注文を出すこと**。オプションで成行注文を出すと、流動性が低いことからショッキングな結果になることが多い。先物オプションでは必ず指値注文を出すこと。
- ●**注文の出し方を学ぶこと**。専門用語を正確に理解し、自分の発言の意味を明確にし、復唱された注文を確実に聞き取ること。自分の注文に責任を負うこと。ミスを犯すと自分が損をするのだ。
- ●**遠回しな発言をしないこと**。注文を出すときは、迅速に、決定的で、明確に発言すること。
- ●**注文を書面で保管しておくこと**。1日に1つのマーケットだけでトレードしている場合でも、マーケットの種類、買い注文か売り注文か、注文の種類、数量、執行価格、注文番号(番号を知らされた場合)、注文を出した時間を忘れずに記録しておくこと。これを怠ってはならない。長期的に見て、必ず役に立つ。
- ●**すべてのミスをすぐに報告すること**。ミスの報告が遅れると、それを訂正することが難しくなる。
- ●**大引けには必ずチェックアウトすること**(特に、大きなトレードをしている場合)。「チェックアウト」とは、すべての執行結果を受け取り、すべてのトレードを手仕舞いすることである。多くのブローカーが、大引け後に仮の売買報告書をモデムで送信してくる。その気配値をプリントアウトして、オーダーシートに照らし合わせてチェックすること。すべてのミスをすぐに報告すること。
- ●**大引け前にオーダーシートをチェックして、ポジションを手仕舞いするのに必要なステップを踏んでいるかどうか確認すること**。トレード数が多くてポジションが大きいほど、この重要性は高い。

これらは鉄則のほんの一部にすぎないが、デイトレーディングの実

務面を理解するのに役立つだろう。適切な注文を出すことと手順に従うことの重要性を軽視してはならない。誤ったマーケットに誤った注文を置くことは、多くの損失につながるのだ。私は何度もミスを犯してきたが、皆さんには同じ過ちを繰り返してほしくない。私から学ぶのは非常に簡単な道のりであるが、損失を出して学ぶのは非常に険しい道のりである。

第15章
デイトレーディングの心理
The Psychology of Day Trading

◎彼は破壊の種を心に留めている。
――――――マシュー・アーノルド

　デイトレーディングはポジショントレーディングと比べ、心理的に要求が厳しいと同時に心理的に要求が厳しくない。どういうことかというと、デイトレーディングはポジショントレーディングと比べ、規律や自制が必要とされるが、一方で、大引けには「きれいさっぱり」しているという安心感もある。私は多くの人から、なぜポジショントレーディングよりもデイトレーディングを好むのかと質問される。そのたびに「夜には寝ていたいから」と即答している。不真面目に答えているように思えるかもしれないが、これは本当のことである。デイトレーディングの良い点は、経済が崩壊したり、取引口座を持っているブローカーが破産したりしないかぎり、運用資産に影響を及ぼすようなことが夜間に起こらないと分かっているため、大引け後には相場から離れることができるのだ。

　一方、ポジショントレーダーは、１日の時間枠にトレーディングを限定すると利益の機会を逃してしまう、と主張するだろう。たしかにそのとおりかもしれない。しかし、トレーディングの機会は税金を支払うことに非常によく似ている。つまり、皆さんが定めるものではないがその重要性を認識しておくものなのだ。デイトレーダーがポジショントレーダーになってもかまわない（ただし、別の取引口座を持って区別しておくことを勧める）。長期的には、選択するのは各自の問

題であり、さまざまな変数（つまり要素）に基づいて判断しなければならない。ではここで、考慮すべき要素について説明しよう。

忍耐、短気、感受性

　世界中の人が同じ個性を持っていたら、人生は恐ろしく退屈なものになってしまうだろう。しかし、現実に対する認識は人によって異なる（まったく異なる場合もある）ということが、創造性と多様性の中心的な支えとなっている。認識と個性は、株式市場や先物市場が存在する要因である。同じ情報でもトレーダーによって解釈が異なると、さまざまな意見が生じ、その意見がマーケットを動かす。

　トレーダーのなかには、忍耐強く、規律正しく、計画的で、集中力があり、理路整然としている人がいる。このようなトレーダーには、腰を落ち着けてマーケットを分析し、注文を出し、注文が執行されるまで忍耐強く待ち、システムの指図どおりにポジションを保持する能力（本来持っている場合もあれば、あとで身につけた場合もあれば、その両方から成る場合もある）が備わっている。長期にわたるトレードに向いているため、ポジショントレーディングを好む。規律があり理路整然としているかぎり、長期的にはトレーダーとしてもうまくやっていけるだろう。

　一方、しきりに結果を求めるトレーダーもいる。根気も、忍耐力も、系統的なスキルも乏しい。反応が早く、マーケットトレンドが短い周期で変わると、すぐに仕掛けたり手仕舞いしたりしようとする。秩序と責任を持って特定のシステムや手法にかかわることができれば、長期的にも短期的にもトレーダーとしてうまくやっていくことができるだろう。しかし、最低限でもいいから堅実に成功を収めるには、衝動的な性格に反することがあってもルールに従う必要がある。

　３つ目のカテゴリーは、ポジショントレーダーとデイトレーダーの

間に位置するトレーダーである。私は、このようなトレーダーを「短期トレーダー」と呼んでいる。短期トレーダーは、ポジションを数日間保有することが多く、（ストップロスに引っかからないかぎり）1日しか保有しないということはほとんどない。『ショートターム・トレーディング・イン・フューチャーズ（Short-Term Trading in Futures）』という私の著書のなかで、短期トレードについて説明している。

デイトレーダーとして成功する特性

　デイトレーダーとして成功するか、失敗するかどうかのカギは、皆さんの個性が握っている。私の主張を軽視してもかまわないが、できれば真剣に受けとめてもらいたい。これまでデイトレーダーとして活動したことがなく、トレーダーの心理はデイトレーダーとしての成功にあまり影響しないだろうと考えている人は、まだまだ学ぶべきことがたくさんある。本書の目的は、皆さんが無駄な努力をしないで済むように支援することである。私の主張に真剣に耳を傾けてほしい。

　デイトレーダーとして成功するには、どのような特性が役に立つのだろうか？　デイトレーダーとしての経験、そしてほかのデイトレーダーを観察してきた経験に基づき、次の特性がデイトレーダーとしての成功に貢献する、と私は考える。

- ●**決断力**——デイトレーダーが持つべき性質のなかで最も重要なものである。デイトレーディングでは瞬時の判断を要することが多いため、躊躇しているようでは損を出してしまう。仕掛けや手仕舞いの注文を出すとき、躊躇することがあるかもしれない。しかしどのような状況であっても、躊躇していると破滅に結び付く可能性がある。したがって、判断ができない人あるいは迅速に行動

できない人は、デイトレーダーとしての成功を望んでいるならばこの特性を伸ばすとよいだろう。

● **忍耐**——デイトレーダーには忍耐が必要である。損失が続いても自分の判断に悪影響を及ぼさないようにする。成功したいと考えるなら、損失が続いてもくじけずに自分のトレーディングシステムに従うことだ。収益性の高いトレーディングシステムでも、ヒットを打つまでに5回、いや10回は損を出すのだ。デイトレーディングも同じである。そのため、成功を求めるデイトレーダーは、負けが続いても不安にならないように精神的な規律を持つ必要がある。

● **自信**——忍耐や決断力に関連するが、トレーディングシステムや手法に対して自信を持つことも必要である。デイトレーダーとして成功するには、自分が使用しているシステムを一貫して適用していれば利益を上げることができる、と信じなければならない。自分とシステムに対する自信はどのトレーダーにも必要な特性であるが、特にデイトレーダーには大切である。

● **抵抗力**——デイトレーダーは、ニュースやほかのトレーダーの誘惑にある程度抵抗できなければならない。デイトレーディングは孤独なゲームである。周りの皆が取り乱していても、平静を保たなければならない。「ノイズ」を取り除くには、いくつもの手順(機械的な場合もあれば心理的な場合もある)を身につけなければならない。それは、使用しているシステムに関係のないニュースや情報の有害な影響を封鎖するための手順である。ただしこのことは、ニュースをトレーディング手法として使用しているデイトレーダーには当てはまらない。本書で説明している手法には、その効力やシグナルがニュースに左右されるようなものはない。そのため、トレードにマイナスの影響を及ぼすような情報を遮断する能力を身につけることを勧める。抵抗力を持つということは、

マーケットだけでなく普段の生活の出来事にも結び付いている。
　家庭内に悩みの種がある場合、友人や配偶者とけんかしている場合、あるいは友人や家族や仕事に関して感情に訴えるようなニュースがあった場合、マーケットが引けてからそれについて考えること。もしその出来事の影響を無視できなければ、すぐにポジションを手仕舞いすること。

- **逆張りの態度**――抵抗力よりも重要なのは、コントラリアンになることである。うまくいく見込みがないように見えるときに、利益を上げられる機会が現れるものなのだ。デイトレーディングで利益を上げるには、一般的なセンチメントに逆らわなければならないこともある。つまり、皆が買おうとしているときに売り、売ろうとしているときに買う。相場が急激に下落しているときにトレーディングシステムや手法で買いのシグナルが出ているならば、買わなければならない。暴騰時に売りのシグナルが出ているならば、売らなければならない。マーケットオピニオンに対して逆張りの態度をとれば、大衆や一般的なトレーダーのセンチメントに逆らって行動することができる。

- **攻撃性**――デイトレーダーとして多少でも成功を収めるには、攻撃的で、抵抗力があり、逆張りの態度をとり、自信を持ち、決断力がなければならない。トレーディング手法が有効なものであれば、このような資質を伸ばし、一貫して持ち続けると、成功を収めることができるだろう。しかし、本当に成功して、大きな利益を手にするには、相当の攻撃性を持たなければならない。「攻撃」といっても、ブローカーの頭を殴ったり、罵倒したりするという意味ではない。次のような行動をとる必要がある。

  ・注文執行を確認しようとして待っているならば、ブローカーに対してしつこく要求し続けること
  ・ブローカーやフロアトレーダーや証券会社社員が注文を執行し

損なったり、間違った注文を出したり、間違って執行したりした場合、厳しく追及すること
- 成行注文を出す場合、正当で妥当な価格で執行されることを要求すること
- いくつものマーケットに分散投資し、必要であれば同時にトレードすること
- トレードについて学び、システムや手法がうまくいくことを証明できたら、成果を最大限にするよう試みること。そのためには、大きなポジションでトレードし、リスクも冒さなければならない

●**自制心**──自制心は、ここで説明しているほかの資質との相関性が高く、ほかの資質を組み合わせたものであると言える。決断力と根気があるということ、また自分とそのシステムに自信があるということは、有能なデイトレーダーに必要な自制心を保つのに非常に重要である。システムからはずれないようにしたり、事実ではなく感情に基づいて行き当たりばったりの注文を出さないようにしたりするには、自制心を働かせなければならない。人間関係では感情も大切であるが、トレードでは感情を押し殺すことも大切である。

柔和の危険性

最後から２つ目の特性、攻撃性は、デイトレーダーにとっておそらく最も重要な特性の１つに挙げられるだろう。友人や家族や知り合いに対して敵意を抱いたり攻撃をすることと、マーケットで攻撃的な態度をとることとは違う、ということを明確に理解してもらいたい。聖書には「幸いなるかな柔和な者よ、汝は大地を継ぐであろう」と書かれているが、デイトレーダーにとっては何の利益にもならない。短期

トレーディングやポジショントレーディングでは利益につながることもあるが、デイトレーダーとしての成功には結び付かない、と私は考える。デイトレーディングで利益を上げるには、トレーディング機会をすぐに突きとめ、本当の機会かどうかを判断し、すぐに行動し（ただし、真実のシグナルである場合に限る）、システムの指図に従って手仕舞いする必要がある。

　さらにもうひとつ警告しておこう。ブローカーや注文の受け手に対して断定的な態度をとること。ブローカーは何でも知っている、と考えているトレーダーがあまりにも多い。しかし実際には、ブローカーの意見より皆さんの意見のほうが正しいのだ。皆さんがブローカーを「雇っている」ということを忘れないでほしい。ブローカーは皆さんの下で働いているのだ。ブローカーは皆さんからの注文を受けるためにいるのだ。このサービスの代償として手数料を支払っている。皆さんがブローカーに指示したことが技術的に間違っていないかぎり（つまり、矛盾した注文を出したり認められていない注文を出したりしないかぎり）、ブローカーは皆さんの指示どおりに行動しなければならない。したがって、注文を出すときはブローカーに有無を言わせないようにしなければならない。「やぁ、ジョーだよ。覚えているかい？ アカウント番号44578だよ。S&P6月限を成り行きで買ってもらえないかな？」といった調子で話しかけるのではなく、「ジョーだ。アカウント番号44578。S&P6月限を成り行きで1枚買い」と自信を持って断定的に言い切るのだ。注文をどのように出すのか、ブローカーに対してどのように接するのか、ということは、デイトレーディングにおいて非常に重要なポイントなのだ（もちろん、ポジショントレーダーにも当てはまる）。

　最後に、デイトレーダーとして、皆さんはブローカーの説得に反応を示さないようにしなければならない。デイトレーディングの妥当性を判断するのは皆さんしかいないなのだ。システムを調査したのは皆

さん自身なのだ。システムを研究したのは皆さん自身なのだ（そうであってほしい）。賭けている資金は皆さんのものなのだ。したがって、いかなる状況でも、ブローカーがトレードについて論じるのを許してはならない。ブローカーのほうが自分より相場のことをよく知っている、と考えるトレーダーが多すぎる。実際にはそうかもしれない。しかし、皆さんが自分の利益のためにゲームをしないかぎり、そしてデイトレーダーとして結果を予測しないかぎり、ゲームについて何も学ぶことはできないだろう。

自制心について

　これまでに説明したすべての資質の根底を成すものは、自制心である。前にも説明したように、自制心はあらゆる資質の影響を受けて形成されるものなのだ。しかし、自制心は注文を出したり、トレードの戦略やシステムに従うときにだけ重要なのではない。資力を超えた売買をするという衝動に抵抗するときにも重要である。「資力を超えた売買」と「自信・断定」を混同する人もいるかもしれない。ポジションを持ちすぎたりポジションが大きすぎたりすると、すぐに一貫性がなくなったり自信がなくなったりする。トレーダーとしての自制心を保つには、次の質問を常に自分に投げかけてみるとよいだろう。

- 自分のシステムのシグナルだけに従ってトレードしているか？
- 実際のシグナルに基づいてトレードしているか、それともシグナルを予測してトレードしているか？
- ポジションは大きすぎないか？
- 一度にトレードするマーケットが多すぎないか？
- シグナルが出現していないのにポジションを増やしていないか？
- システムのシグナルではなくニュースに反応していないか？

デイトレーダーのその他の心理について

　明らかに、デイトレーダーの任務はポジショントレーダーの任務より要求が厳しい。どのようなタイプのトレードにもリスクがある。主な違いは、1日の時間枠で起こることは数日間に起こることよりも「濃い」ということだ。その場で判断しなければならないため、デイトレーダーのプレッシャーはポジショントレーダーよりも厳しい。そのため、デイトレーダーになろうと考えているなら、プレッシャーや「濃度」を覚悟しておかなければならない。

　長期、中期、短期、そしてデイトレーディングのいずれかを問わず、トレード方法論のなかで最も重要な部分はトレーダーの心理だろう。私がトレーダーの心理について調べ始めたのは、1968年に初めてトレードをしたころにさかのぼることができる。臨床心理学を学び、数年間開業した経験があるため、私は、トレーダーが自らの行く手に心理的な障害物を置いてしまうことや、トレーダーの限界についてたくさん見てきた。

　1980年に出版した私の著書、『インベスターズ・クオーシャント（The Investor's Quotient）』はロングベストセラーとなっているが、それはけっして私の文章が優れているわけではなく、むしろトレーダーが自らの限界を認識していて、それを克服する方法を知りたがっているという証拠だと思う。私の意見に賛成できない方もいるだろうが、この章は本書のなかで最も重要な事柄を説明している。この章で説明する内容を無視したり、この章を飛ばして読んだりしてもかまわないが、きっと大きなミスにつながるということを警告しておく。何冊もの本で説明している事柄を1つの章にまとめるのは至難の技であるが、デイトレーダーである皆さんに落とし穴が待ち受けていることを知らせるためにベストを尽くすつもりだ。

　デイトレーダーは、マーケットで活動する時間が非常に短いという

特徴を持っている。長年にわたって、デイトレーディングは「投機のなかの投機」であると考えられていた。しかし私が思うには、それはデイトレードできない人やデイトレードすることを恐れている人が伝えた作り話ではないだろうか。デイトレーダーは有利な立場にいる、というのが真相だ。真のデイトレーダーは、1日の時間枠でできることが制約されているということを認識している。デイトレーダーはマーケットにおける射撃の名手のようなものなのである。有望なターゲットを見つけ、それに狙いを定め、引き金を引き、獲物を捕らえることに集中する。これがデイトレーダーなのだ。

デイトレーダーは、一貫性があり、効率的で、順応性があり、忍耐強くなければならない。これらは、デイトレーダーにとって最も重要な資質である。デイトレーディングはトレーダーに開かれた道のなかでも特にユニークなトレードであるため、心理的な面でも独自の特徴を持っている。この章では、デイトレーダーが直面する主な問題について説明し、さらにその限界を克服して強みを最大限に伸ばすのに役立つであろう手法を提案する。

成功に必要な自己規律

デイトレーディングの成功を妨げている心理的な問題や行動の問題について検討する前に、デイトレーディングの結果を促進したり向上させる資質について考えてみよう。何よりも、「規律」が大切である。これまでに、皆さんは規律という言葉を何百回いや何千回と耳にしたことがあるだろう。これは、トレードにおいて最も使い古された言葉と言えるだろう。単にこの言葉を使うことと、本当の定義を行動レベルで理解することは違う。理解するほうがはるかに難しいのだ。

規律とは、さまざまな要素で構成されている。つまり、1つの特定のスキルではないのだ。トレーディングにおける規律を理解するのに

最適な方法は、規律を構成する行動について調べることだ。では、その構成要素について調べることにしよう。

根気

　これは、トレーダーが持つべき資質のなかで最も重要なものだろう。デイトレーディング、さらに言えばすべてのトレードでは、結果が良くなかった場合でもトレードを続けられるという能力が必要である。マーケットやトレーディングシステムの特性から、悪い時期のあとには良い時期も訪れ、良い時期のあとには悪い時期が訪れるものだ。**損失が続いたあとに最大の成功が待ち受けていることもある。**このような理由から、自分のトレーディング手法を根気強く守り、それを妥当な期間使用し続けることが重要なのだ。

　すぐにあきらめてしまうような人は、システムが機能し始めたころにはもうトレードから手を引いてしまっているし、あきらめが遅すぎても取引資金を使い果たしてしまう。そのため、根気強いことも重要であるが、手放す時期を知ることも重要である。

　根気強いことがそれほど重要であるなら、トレーダーはどのようにしてこの資質を作り出せばよいのか？　答えは簡単であるが、それを実行するのは簡単ではない。根気強く行動することで根気が形成されるのだ。循環論法のように聞こえるかもしれない。しかし、根気を養う唯一の方法は、各自のシステムや手法の指図に従って実施するように自分に強いることである。難しいと思ったら、まずトライしてみよう。トレーディングシステムや手法に責任を持つ。ルールに従ってそのアプローチを一定期間やり遂げる。あるいはそのシステムが主観的なものであれば、できるだけ堅実にそのシステムを使用してトレードしてみる。

　首尾一貫してルールを適用してみると、その一貫性が成果を上げて

いること、そして努力に見合った利益を上げていることに気づくだろう。トレーディングがうまくいかなかった場合でも、多くのことを学んでいるはずである。できるだけ多くのトレードやルールに従うと、システムや手法を守ること、規律を持ってトレードできること、そのためには根気が必要であることを学べるだろう。

このような行動と、無計画にトレードしたり、ルールを首尾一貫せずに適用したりして、無知や混乱が生まれることを比べてみよう。皆さんのトレーダーとしての経験を振り返ってみてもらいたい。**最悪の損失を出したときのことを思い起こしてみると、システムや手法に従って損失を出したのであれば、心理的に受け入れることは簡単だ。しかし、受け入れられないたぐいの損失は厄介なものであり、最終的には、財政的にも心理的にも大きな大きな手痛い失敗となるだろう**。根気というスキルを身につけたかったら、それを実践する必要がある。責任を持つことで、長期的な観点からは素晴らしい結果が得られるだろう。

損失を受け入れる

これも、トレーダーとして成功するのに持つべき、獲得するべき、そして開発するべき重要な資質である。どのトレーダーにも当てはまることであるが、失敗の最大の原因は、損切りするべきときに損失を受け入れることができない、ということだろう。損失というのは、改善するよりもむしろ、悪化するという厄介な習性を持つ。損切りをするべきときにしておかないと、好ましい結果は得られない。

（1日の大引けには損失を認めなければならないため）デイトレーダーのほうがポジショントレーダーより損切りは簡単であるが、それでも損失を認めたがらない多くのトレーダーが失敗している。有能なデイトレーダーというのは、損切りが妥当と思われるときには損切り

することができるのだ。各自のトレーディングシステムやリスク管理テクニックでそう指図しているのであれば、損切りは妥当なのだ。私の経験と観測から言わせてもらうと、**大きな損失の75％以上が、まだ損失が小さかったときに手仕舞いしておかなかったことが原因となって生じている。**

　私の最大の損失も、損切りに適した時期にそれを受け入れなかったことが原因であった。500ドルの損失が5000ドルにまで膨れ上がってしまったのだ。幸いにも、重大なミスを犯したのはそれが最初で最後であった。しかし残念ながら、損切りに適したときにそれを認めないトレーダーが非常に多いのが事実である。その点、デイトレーダーには損切りの機会が２回ある。１回目は、**システムで判断するストップロス・ポイント**か、前もって決めておいた**金額ベースのリスクストップ**。そして２回目は大引けである。デイトレーダーは大引けにすべてのポジションを整理しなければならないという点で幸運である。翌日にポジションを持ち越さないため、損失を小さく抑えることができるからだ。

　うまく損切りできるようになるポイントをいくつかお教えしよう。

　１．**ストップロスのルールを具体的に定めること。**システムに従って判断するか金額ベースのリスク管理で判断するかのいずれにしても、そのルールを大きな紙に書き表しておくこと。そしてコンピューターでも電話でも注文を出すときに、そのコピーを常に見ることができるように近くに置くこと。コンピューターやクオートシステムを使用しない場合は、インデックスカードを作成して手元に置き、１日のうちに何度も確認できるようにしておくこと。

　２．**システムで指図した損失を今後10回認めること。**この行動が習慣的なものになると、損失を受け入れやすくなるだろう。

　３．**フルサービスのブローカーやトレードパートナーと取引してい**

る場合は、ストップロスのポイントをブローカーやパートナーに認識させること。それに従ってポジションを整理しなければならないと、念を押しておくこと。ブローカーやパートナーとの関係が緊密な場合には、ポジション整理の権限をブローカーやパートナーに委譲することもできる。

　４．**ストップロスを定めること**。デイトレーディングの性質上いつも勧めるわけではないが、もっとシンプルな手順としては、仕掛けの注文が執行されたらすぐにストップロスを出すとよい。

　これらのポイントを理解すれば、きっと皆さんはタイムリーで理にかなった方法で損切りすることができるだろう。

資力を超えた売買をしない

　毎日トレードしなければならないと考えているトレーダーが非常に多い。トレードの依存症になっているトレーダーもいる。トレードをしないと、まるで食事をとらなかったような気分になってしまうのだ。実際には、トレーディングの機会が少ない日もある。**資金を蓄えて不要な手数料や損失を避けたいと考えるデイトレーダーは、デイトレーディングが毎日のイベントではないということを認識しなければならない**。トレードのシグナルがない日もあるのだ。私の言うことを信じてほしい。

　デイトレーダーが道に迷っていることを示す兆候の１つに、「良いトレードを求めるシンドローム」というのがある。コンピューターの前に座っていて、その日にトレードがなくて退屈な気分を味わったことはないだろうか？　チャートを探して無意味にキーボードをたたいたりしたことはないだろうか？　そうであれば、**それが最初の兆候である**。このような症状が出てきた人は、探すのをやめなければならな

い。1日のうちにはたくさんのデイトレーディングの機会があるが、毎日あるというわけではない。したがって、どのマーケットでデイトレードするかという基準を自分なりに定め、そのマーケットにデイトレーディングの機会がない場合は、オレンジジュースやパラジウムなどのマーケットでデイトレーディングの機会を求めてさまようようなことをしてはならない。うまくいく場合もあるが、成功する公算は非常に低い。私の言うことを信じてほしい。デイトレーダーとして成功する人は、ほんの一握りのマーケットに限定して、そこで成果を上げるのだ。トレーディング機会を求めて手を広げすぎてはならない。この件については、次の項目で詳しく説明する。

マーケットの限定

　デイトレーディングで成果を上げるということは、細心の注意を要し、時間のかかることである。つまり、努力、遂行、そして根気を必要とするのだ。本書で説明したデイトレーディングのテクニックのなかには厳密に言えばメカニカルなトレーディング（特にギャップ手法）もあるが、それはごくまれなケースである。マーケットを注意深く観察しなくても、ギャップトレードを行うことはできるだろう。しかし、ほとんどのテクニックが、細心の注意を必要としているのだ。したがって、デイトレーダーが一度にたくさんのマーケットに関与することなど不可能である。デイトレーディングには3つのマーケットで十分だと私は考える。もっと言えば、初心者のデイトレーダーに関しては、1つのマーケットに限定することを勧める。そして、スキルを伸ばして利益を増やすために、徹底的かつ慎重にそのマーケットに参加するのだ。

　では、初心者はどのようにトレードしたらよいのだろうか？　当然のことながら、その答えは市況によって異なる。過去の例からデイト

レーディングに適していると言えるマーケット（通貨、S&P先物、Tボンドなど）もある。

　しかし、銀、大豆、原油関連商品などのマーケットも、一定の状況下にあればデイトレーディングに適している。したがって、私は、十分にアクティブでボラティリティがあるときにはこのようなマーケットにも注目する。ギャップトレードする場合、買いまたは売りのストップを明確に定義して大引けに手仕舞いするのであれば、デイトレーディングに適したマーケットはたくさんある。ギャップトレードではそれほど慎重になる必要はないため、多くのマーケットでデイトレードを行うことができる。しかし初心者については、テクニックをマスターして自信をつけるまでは、トレードのポートフォリオを限定しておくことを勧める。

十分な資金で始める

　１日の時間枠でトレードする場合でもポジショントレーディングの場合でも、おそらく最大の失態は、不十分な資金でトレードしようとすることだろう。デイトレーダーは大引けには手仕舞いしてしまい、オーバーナイトのポジションを維持するための証拠金が必要ないことから、十分な資金がなくてもよいという意見もあるだろう。

　しかし、限られた資金では多くの資金を持っている人と対等にゲームをすることができない、ということも事実である。パフォーマンスが良くない時期も乗り越えなければならないというプレッシャーを感じずに特定のトレーディングシステムや手法を使用するには、十分な資金を持って始めることが重要である。

　資金が限られたトレーダーは、現実的なラインを超えて損失を出さないように注意を払って神経質になるだけでなく、機会が現れる前に損失が続いて大打撃を受けてしまうこともある。したがって、トレー

ディング口座に十分な資金を準備しておくか、資金に見合ったポートフォリオでトレードすることを前もって決めておく必要がある。資金不足の口座で始めてはならない。これは失敗への招待状と言っても過言ではない。十分な資金で始めるためには、トレーダーは現実的でなければならない。そして何よりも、必要な投機資金が集まるまで我慢しなければならない。

ニュースの活用

　多くのトレーダーは、ニュースのあとを追うと損失につながりやすいということを学んでいる。私は、トレーダーがファンダメンタルのニュースや国内外や政治のイベントをエッジとして利用できる方法を発見した。ニュースを自分の利益に結び付けるには、ニュースのあとを追うのではなく、ニュースの影響の減衰を利用することだ。つまり、ニュースが公になる前に建てたポジションを、ニュースを利用して解消するのだ。私は、古いマーケットの格言「噂で買ってニュースで売る」を今でも信じている。

　場中には、ニュースが公になる前にマーケットがニュースに敏感に反応することが多い。インサイダーは期待で売買し、ときには噂で売買し、そして多くの場合は事実に基づいて売買する。一般の人がニュースを知る前にポジションを建てておき、ニュースが公になると急騰や急落を利用して手仕舞いする。

　したがって、ニュースを味方につけたいと思うなら、コントラリアンにならなければならない。特にデイトレーディングではこれが効果的である。日中のトレンドに従うことは間違いではないが、日中のトレンドはニュースの発生に反応することが多い。自分のトレーディングシステムや手法に従っていれば、そのようなニュースが発生したときでも正しいポジションをとることができる。価格の急騰や急落を利

用してそのポジションを手仕舞いするのだ。それには、自制心だけでなく、ニュースを手仕舞いの機会だと考える能力が必要になる。もっと利益を得るためにポジションを保持する局面ではないのだ。

一瞬の値動きの利用

　デイトレーディングで利益を上げるには、一瞬の値動きを利用する方法を身につけなければならない。前の項目では国内外、政治、経済のニュースに関連した価格の大変動について説明したが、ニュースがなくても、表面上急激に価格が変動することがある。そのような場合には、皆さんが知らないうちに、立会場で噂が立っていたり、皆さんが知らないうちに大量の買い注文や大量の売り注文があったりする。一瞬の値動きが起こったときというのは、値動きに合わせてポジションの整理を行う機会である。

　原因が何であれ、日中に急激な価格上昇や下落があったら、現在のポジションの利益を確定したり、支持線と抵抗線の手法を使用して新規にポジションを建てたりする機会である。この資質は、デイトレーディングの目的に見合ったものであるため重要である。日中に生じた急激な価格上昇や下落は意味がない、と考えるデイトレーダーが多すぎる。しかし実際にはそうではなく、まさにデイトレーダーの目的にぴったりの動きなのである。毎日利益を上げるには、このような価格の動きを利用しなければならない。この方法を望まない方は、ストップロスを（ポジションに応じて）上下させるか、値動きに合わせたメンタルなストップロスを使用しなければならない。つまり、値動きが生じた直後にそれが無効になった場合、トレイリング・ストップロスを使用する、ということである。この方法を使用すると、本来なら得られないような大きな利益を確定することができる。

毎日の目標を忠実に守る

　何よりも、デイトレーダーとして大切な目標があることを覚えておかなければならない。それは、毎日利益を上げるということである。毎日利益を上げるためには、その日の純利益（費用控除後）について認識しなければならない。そして、毎日の儲けを増やすために、ますます純利益を上げる努力をするようになるだろう。

　長年にわたる短期トレーディングとデイトレーディングの経験に基づき、私は、利益を確保するために大引けにかけてポジションを整理し始めるタイミングについて各自で基準を定める、ということを皆さんにアドバイスする。大引けの１時間くらい前が望ましいだろう。そのときにポジションを整理し始めることもできるし、あるいはフォローアップのストップロスを出して現在の利益を「確定する」こともできる。

　私のアドバイスに賛成できないトレーダーもたくさんいるだろう。しかし前に述べたように、これは長年の経験に基づくものであり、デイトレーダーの大切な目標を達成するためのアドバイスである。デイトレーダーは、どんなに少額でも、利益を出して１日を終えなければならない。それができるようになると、デイトレーダーとしてのスキルは明らかに強化されるだろう。これが自信につながり、トレーディングという職業に対してポジティブになれる。特に、損失が続いているような場合には、このような気持ちは非常に重要である。言い換えると、毎日わずかでも利益を上げることができたら、デイトレーディングに対する皆さんの態度はよりポジティブになり、自信がつき、どのトレーダーにも起こり得る一時的な失敗にも耐えられるようになるだろう。

　しかし、この目標を達成するには、この考えを最重要事項として取り入れて自己のものとする必要がある。ポジショントレーダーや短期

トレーダーに適したことが、必ずしもデイトレーダーに当てはまるわけではない。利益や損失を翌日に持ち越したいと考えているなら、それはデイトレーダーとしての目標に忠実とは言えない。デイトレーディングもポジショントレーディングもしたい場合は、混乱を避けるために別の取引口座を持つことを強く勧める。目標を常に念頭に置くこと。そうすれば、目標からそれることもなくなるだろう。

マーケットセンチメントを利用してデイトレーディングの機会を見つける

デイトレーディングで利益機会を見つけるためには多数派の意見に逆らうことが重要である、と前に説明した。**これはデイトレーダーにとって最も大切な資質の1つである**、と私は確信している。トレンドに従っていれば多くの儲けを得ることができるが、**トレンドの転換時期を見極めることも重要**である。その最適な方法の1つとして(もちろん、このほかにも方法はある)、マーケットセンチメントを使用することが挙げられる。

マーケットセンチメントの利用についてはすでに説明しているため、ここで繰り返して説明はしない。しかし、その重要性については再度認識しておいてもらいたい。デイトレーダーはコントラリアンでもなければならないのだ。トレンドに逆らわなければならないと言っているのではない。センチメントが非常に高いか非常に低いかということを常に認識していなければならない、という意味である。これは、利益をすぐに確定するべきかどうか、利益を累積できるかどうか、トレンドに逆らってトレード機会を探すべきか、ということを判断する重要なヒントになるはずである。

まとめ

　デイトレーダーが身につけるべき重要な資質はこのほかにもたくさんあるが、特に有意義なものについて説明したつもりである。この資質を伸ばす努力をするなら、デイトレーダーとして成功する可能性は確実に高くなる。長年の経験から、私は、成功したデイトレーダーとそうでないデイトレーダーとの大きな違いは、トレーディングシステムではなく精神的な構造と身につけたスキルにある、ということを学んだ。

　効果的なトレーディングシステムを知ることももちろん大切なことであるが、いくら最高のシステムでも訓練の足りないトレーダーが使用したら、それは破壊的な道具にしかならない。したがって、皆さんは、この章で紹介したガイドラインに従ってデイトレーダーとしてのスキルを伸ばす必要があるのだ。

　マーケットによっては、個別に取り組まなければならないような特殊な問題もあるだろう。そのような場合には、問題をできるだけ簡潔に認識することを勧める。問題を最小化するのに適した方法が考えつかない場合は（しかも皆さんに影響が及ぶ場合は）、専門家に相談するとよいだろう。良い相談相手が見つからない場合は、一筆お便りをいただければ何らかの援助ができるかもしれない（MBH Commodity Advisors, Inc., P.O. Box 353, Winnetka, Ill. 60093）。

第16章
デイトレーダーとして成功するルール
The Day Trader's Rules for Success

◎ユカタンに住むおばは、男から大蛇を買い、それを飼っていた。彼女は簡単なルールを知らなかったため、死んだ。それでも蛇は生きている。
———————ヒレア・ベロック

　デイトレーダーもほかのトレーダーと同じく、あまりルールに従おうとしない。デイトレーダーの利点は、ルールに従わなかった場合でもその結果が迅速かつ明白に分かる、ということだ。つまり、結果がすぐに分かり、レッスンが明確なのだ。待ったり悩んだりする時間はほとんどない。なぜこれが利点なのか？　デイトレーディングで利益を上げるルールに違反しても、フィードバックをすぐに受けることができるからだ。さらに皆さんが望むなら、考えを変えたり学習したりする機会も提供してくれる。これに対し、ポジショントレーダーは、何週間いや何カ月もたってからミスを犯したことを知るのだ。そのため、学習のプロセスは非常に遅くなる。

　一貫して利益を上げられるトレーダー（特に一貫して利益を上げられるデイトレーダー）は、デイトレーディングに必要な技術をマスターしているだけでなくトレーディングの規律を身につけていることが偉大たるゆえんであることはいくら強調してもしすぎることはない。本書のなかで、私は、トレーダーとしての自己規律の重要性について強調してきた。明らかに、トレーディングのチェーンで最も弱い部分はトレーダーである。自己に精通し、自己規律を身につけていなければ、堅実な成功はあり得ない。規律についてはさまざまな意見がある。自己規律を身につけるという困難で表に出ない課題に何度も取り組む

ということについても、さまざまな意見がある。

　いろいろなトレーダー、著者、アナリストたちが、皆さんに対してまったく異なる意見を述べるだろう。それらはすべて彼らの観測や経験に基づいている。しかし、トレードをしたことのない人物のアドバイスを心に留める場合は、注意が必要である。皆さんを支援する人物が専門の心理学者、カウンセラー、セラピストでないかぎり、多少割引してその意見や指示を聞く必要がある。

　これから紹介する提案と観測は、30年近いトレーディング経験、マーケット分析、調査、観測から強化され具体化されたものである。私は、考えられるあらゆるタイプのマーケットとあらゆるタイプのニュースイベントを経験してきた。感情が高ぶるような時期も落ち込むような時期も経験してきた。さまざまな状況にも遭遇してきた。本書で紹介したルールも、本書で紹介していないルールも破ってきた。損を出し、失敗を重ねたことで、時の試練を経た手法、態度、意見、手順を開発せざるを得なかった。それを皆さんに紹介しようとしているのだ。この情報を皆さんと共有するのに最適な方法は、項目を箇条書きにすることだろう。ただし、ここで紹介する項目は必ずしも重要な順に書き出しているわけではない。

方向性を決めること――自分の方向を知ること

　デイトレーダーにできる最も重要な事柄の1つに、システム、手法、手順、方向性について快適で自信を持った場所を見つける、ということが挙げられる。トレーダーにとって、デイトレーディングの可能性を永続的に伸ばせる居場所を見つけるのは大切なことである。どのマーケットでトレードするべきか？　どのシステムやどの指標を使用するべきか？　どのクオートシステムやデータベンダーを使用するべきか？　どのくらいの頻度でトレードするべきか？　「スキャルパー」

になるべきか、それともゆっくりと行動するべきか？ トレードをフルタイムでするために今の仕事を辞めるべきか、それとももう少し待つべきか？

デイトレーダーにできることはたくさんあるが、一度にできることは限られている。本書で提供した情報を使用して、皆さんが納得できるテクニックを1つ（もちろん複数でも構わない）見つけてほしい。自信が持てるまでは、つもり売買や少額で試したりするとよい。使用するべきテクニックが見つかるだろう。

手法を決めたら、それを来る日も来る日も一貫して使用するのだ。期間、トレード数、リスク金額についてのルールに厳格に従い、トレードする。

すると、特定のマーケットでは特定のテクニックがうまくいく、ということが分かるようになる。例えば、S&P先物ではさまざまなシステムを適用することができるが、時には快適に感じないこともあるだろう。Tボンド先物には支持線・抵抗線やスキャルピングのタイプの手法が適している。また、通貨先物は値動きが急激なため、ヒットエンドラン（つまり目の前の効果を対象とする）トレーディング手法やスプレッド指標が適している。ギャップ手法もうまくいくが、多少手を加える必要がある。どのアプローチが最適かを判断し、その手法に時間を費やすこと。自分に合ったアプローチを見つけ、しばらく続けてみること。ミスをしたり、本能的で感情的な反応をしたりするうちに、やがて学習していく。すべてのミスを重視すること。損失は皆さんの教師となるのだ。

最初に損を出しても驚かないこと——成功しない人もいる

すぐに成功しないとがっかりしたり、フラストレーションがたまったりするトレーダーが多い。そのような人には辛抱することを勧める。

十分に時間をかけて堅実に成功を収めることだ。トレーディングシステムや手法を評価してみると、最適なシステムでも７、８回、いや10回は続けて損を出すということが分かる。利益を上げるまでには幾度となく痛めつけられる、というのがトレーディングの性質なのだ。

　本を読んでデイトレーディングを学ぶということは、本を読んで自転車の乗り方を学ぶということに似ている。自転車に乗れるようになるまでには何度も転ぶだろう。しかし、用心し、警戒し、何度も続けてみると、転んだときでも首の骨を折らないように防ぐことができる。

　ポジショントレーディングで多少の経験があっても、デイトレーダーとしては最初は失敗をすることがある。ポジショントレーディングの経験が役に立つと考えているかもしれないが、実は皆さんにとって好ましくないものである可能性が高いのだ。というのも、皆さんは先入観を持ってデイトレーディングを始めようとしているからだ。物事をあいまいにとらえ、自分の考えを混同してしまっている。私が説明した内容を了解したら、皆さんは本書で説明する考えを支持して、これまで持っていた先入観を捨ててもらいたい。このプロセスには時間を要する。最初は失敗がつきものである。自転車に乗れるようになるまでには何度となく転ぶだろう。最初は、よろよろしながらゆっくり進むかもしれない。ところがしばらくすると、デイトレーディングの自転車の乗り心地がよくなってきて、平坦な道であればどこへでも行けるようになる。

　それにはどのくらいの時間がかかるのだろうか？　２週間以上２年以下としか言えないが、それも厳密な数字ではない。数週間で乗りこなす人もいれば、何年かかってもデイトレーダーとして成功を収められない人もいる。

期待を最小限に抑えること——過大な期待を持たないこと

期待を大きく持つようにと言及し、ポジティブな心構えを推奨する本があまりにも多すぎる。成功した姿を想像しろと言う。自分は利益を上げられるトレーダー（または投資家）なのだと考えるように、後押しする。私はこのような本に異議を唱える。非現実的な期待を持ってはならない。過大な期待を抱いてはならない。損失を覚悟すること。そのうちにトントンになるだろうと考えること。利益が出るようになるまでには時間と経験が必要だと考えること。

最初に利益を期待してはならない。ゲームを学ぶ場合には時間とお金の両方の授業料を払うものだ、と考えること。損失の原因を理解し、損失から学ばなければならない。数百人、へたをすると何千人というトレーダーが、非現実的な期待とほんの数千ドルの資金で、規律も手法もないのにトレードを始める。やがて打ちのめされてマーケットを去っていく。一方で、初心者の損失で栄えるプロのトレーダーが彼らの資金をむさぼっているのだ。何らかの期待をするなら、学習経験を通して失敗を最小限にして成功を最大限にすることを期待しつつも、失敗を予想しなければならない。

他人の意見を遮断すること——自分のルールでゲームをすること

究極のトレーディングシステムや「究極の理想」であるセミナーを幻想的に求め、それに迎合し、心の底から影響を受けていると、成功への道からはずれてしまう。自分の行動を改善しようとするのは間違いではないが、無限に探求するという行動をとると目標からはずれてしまう。目標からはずれた道を進んではならない。自分のトレーディング手法やルールに自信があるなら、それを使用して利益を上げるの

だ。できるだけ他人の主張や意見に屈せず、それを無視することである。

　より良いシステム、より良い手法、絶対確実な指標、優れた結果、絶対安全なリスク管理の手法を宣伝する人が、絶えずトレーダーを誘惑するだろう。このようなことに目を向ける前に、皆さんが今していることが本質的に良いものかどうか確かめること。検証するすべてのシステム、参加するすべてのセミナー、購入するすべてのソフトウエア、進んでいるすべての道が最終目的地から離れてしまっているかもしれないからだ。それには、時間や労力や資金を要する。しかし、それは最も大切なことなのだ。資源は限られていて、ほかのものに簡単に置き換えることはできない。

　したがって、予定した時間内で方法論を見つけ、それに専念してほしい。たとえ雑誌や新聞や手紙を無視しなければならないとしても、その期間内はほかのことに気を取られてはならない。

シグナルが示しているときは損切りをすること――言い訳はしないこと

　デイトレーダーの最大の罪は、損失を持ち越すことである。損切りをするべきときにそれを持ち越すのは、最悪のことである。特に、損を出しているときにポジションを翌日に持ち越すことは最大の罪である。利益が出ていれば、翌日の寄り付きでさらに利益が増えているかもしれない。この問題についてはFPO（利が乗った最初の寄り付き）と利が乗ったn番目の寄り付きとして説明している。しかし、**損が出ているのに損切りをしないと、さらに悪化することが多い。大引けに撤退しなかったら、それはデイトレーディングの本質に違反することであり、デイトレーダーを危険にさらすことになる。いかなる状況にあっても、いかなる言い訳があっても、この基本ルールに違反してはならない。**

しかし、値動きがストップに張りついて身動きできない場合はどうしたらよいのだろうか？　そのような場合には、ポジションを持ち越すしかほかに取り得る道はない。可能であれば危険を避けるために両建てする（できれば、別の限月に反対ポジションを建てる）ことはできるだろうが、両建てしたとはいえ、まだ危険である。皆さんは、デイトレーダーか、それ以外のいずれかに分けられる。デイトレーダーを選ばなくでも構わない。しかし、途中で計画を変えてはならない。それは長期的に見てマイナスになるからである。短期的な結果には満足できるかもしれないが、規律に欠けるということがいずれ皆さんを悩ますことになるだろう。

　自分に有利な方向にストップがついた場合、翌朝には利益がさらに増えるかもしれないと期待してポジションを持ち越そうとするだろう。しかしこれは危険な行動である。というのも、ある日にいずれかの方向にストップをつけたとしても、翌日も同じ方向に動くという保証はないからである。調査の結果、利が乗ったn番目の寄り付きまでデイトレーディングを保有すると、特定の条件下では大引けに手仕舞いするより利益が大きくなることがある、ということが分かった。しかし、これは、デイトレーディングのシステムと指標に関する非常に特殊な状況である、ということを心に留めてもらいたい。

　私が調査したところ、数日間は同じ方向の動きが続くかもしれないが、利益を帳消しにしてしまうこともある、ということが分かった。デイトレードを翌日に持ち越せる特定の条件について説明したが、翌日までか、利が乗ったn番目の寄り付きまでトレードを持ち越すことを裏づける統計的な証拠がないかぎり、デイトレーダーは大引けまでにポジションを整理しなければならない、ということをここでもう一度強調しておく。

デイトレーダーとしての目標を立てること

　デイトレーダーとしての第一の目標は、利益を上げてその日を締めくくる、ということだ。だが、金額ベースでの利益目標は定めないほうがよい。高すぎる目標は非現実的であり、低すぎる目標では漫然としてしまうからだ。各自のルールに従って各自の手法に忠実に行動する、という目標も、デイトレーダーの主要な目標である。しかし、金額ベースの目標を立てる必要がある場合には、最小限でも利益を出して１日を締めくくる努力をしなければならない。２番目の目標として、各自のルールと手法に従わなければならない。利益を上げて１日を締めくくるという目標は、システムと手法を忠実に守らなければ達成できない。

利食いを急がないこと

　利益をすぐに確定してしまうトレーダーが多すぎる。本書で紹介する指標やシステムに関する過去の結果や統計は、大引けか、トレイリング・ストップロスで手仕舞いするということを基本としている。システムや手法で指図する前に手仕舞いすることは、私が示したルールに違反することになる。気まぐれ、直感、恐怖、不安、ニュースなどに反応して手仕舞いする人が多すぎる。さらに、そうしたことをあとになって悔やむのだ。良好なトレードは良好なトレードである。つまり、大引けになるまでは、あるいはルールに従ってトレイリング・ストップロスを出さないかぎり、利が乗っているトレードを確定してはならない。この点は何度でも強調する。

　時には、トレードを手仕舞いしたいと思うこともあるだろうが、ルールに従い、誘惑に負けてはならない。大引けになったとき、ルールを破っていたら大きな利益を得られたのに、と思うことがあるだろう。

ルールに従ったばかりに利益が小さかった。これがマーケットなのである。しかし、ルールに従ってさえいれば、もっと利益が得られたのに、と思う場面のほうが多いだろう。

さらに、ルールに従わないと、何も学ぶことができない。ルールを破るときは、いつも何らかの言い訳をする。ルールを破ることで学ぶことといったら、ルールを破るということしかない。その結果、トレーディングは悪化し、規律のない何千人ものトレーダーたちと一緒に広大な損失の荒野に放り出されてしまうのだ。

利益を長く持ちすぎないこと

　日中のリスク管理が不十分だったり、トレーダーが頑固すぎたりしたことから利益が損失に変わり、良いデイトレードだったのが最終的には悪いデイトレードになってしまうことはよくある。手仕舞いポイント（つまり、トレイリング・ストップロス）を過ぎても勝ちトレードを保有しているのは、トラブルのもとである。システムに基づいたトレイリング・ストップロスのルールを思い出してもらいたい。これは、破ってはならない重要なルールである。資金を保護することは、デイトレーダーとして成功する神髄と言える。また、利益を保護するということも、同じように重要なことである。トレードが良好に思えるから手仕舞いしないというのは、トレードが思わしくないから手仕舞いするというのと同じく、単なるルール違反である。「良好に思える」とか、「思わしくない」というのは主観的で直観的なものであり、超常的な洞察力を持っていないかぎり、デイトレーダーにはそれを判断する能力はない。

シグナルが出現しない場合は「無理に」トレードしないこと

　行動を起こすと元気になり、行動しないと意気消沈してしまうタイプのトレーダーが多い。この致命的欠点があると、トレーダーは、トレーディング機会がないときでも機会を探り出そうとする。デイトレーディングの機会がないのに、機会を求めてチャートや画面を無駄に検索しているとしたら、それは大災難につながるだろう。機会を求めて、トレードしたことのないマーケットを見ているとしたら、トラブルに結び付く可能性は非常に高い。機会がないのにそれを作り出そうとしてはならない。我慢することだ。明日、いや明後日にはトレーディング機会もあるだろう。今日は機会がなくても、マーケットは常に機会を提供してきたのだから。機会がない場合は、けっして、けっして無理にトレードしてはならない。

　この問題を解決するには、TradeStation、FutureSource、Commodity Quote Graphics、MetaStock、Aspen Graphicsなどのソフトウエアプログラムを使用するとよい。これらのトレード向けソフトウエアプログラムは、日中のデータを収集し、パラメータやシグナルを設定するとトレーディング機会を知らせてくれる。シグナルがないときはトレーディング機会がないということである。時間を節約し、ミスも少なくでき、トレーディングの規律も改善される。このようなプログラムを使用することをぜひとも勧める。

躊躇しないこと

　これはデイトレーダーにとって最悪の敵の1つに挙げられるだろう。「ためらう者は機会を逃す」ということわざは、（死活問題にかかわる場合を除き）どの世界よりもマーケットに最も当てはまる。デイトレ

※参考文献：西村貴郁著『トレードステーション入門』（パンローリング刊）

ーディングは期間が限定されているため、ポジションを建て損なったり、手仕舞いし損なったりするたびにコストが高くつく。

　たとえ躊躇しても、それが前もって計画して慎重に行動した結果であればよい。しかし、**恐れ**や**優柔不断**から躊躇してはならない。明確なトレーディングシグナルや機会が出現しているのに二の足を踏むというのは、自信のなさの現れであり、自信がないということは、自分が選択したシステムや手法、デイトレーダーとしてのスキルに満足していないということである。躊躇すると、利益を逃してしまう。幸いなことに、躊躇したらすぐにそのことに気づくだろう。これをきっかけにすれば、ミスを犯す前に気づくことができる。

トレードの記録をつけること──良くても悪くても、面白くないときでも

　何度も説明していることであるが、いかなる損失も重要なレッスンになる。しかし、なぜ損失を出したか、同じミスを犯さないためにはどうしたらよいか、ということを考えないと、損失には何の価値もなくなる。すべての損失の原因が、ルールを破ったことにあるわけではない。損失の多くは、システムが間違っていたという簡単なことが原因なのである。しかし、システムがどの時点で間違っていたのかということと、自分自身がいつ間違いを犯したのか、ということを認識しなければならない。この２つには明確な違いがある。

　そのため、トレードの記録や日誌をつけることを強く勧める。利益を上げたのか損失を出したのか、そしてその原因はシステムに従ったからなのかルールを破ったからなのか、ということについて、簡単なコメントを各トレードについて記録する。ルールを破ったことから利益を上げた場合、何かが間違っていることを示している。ルールを破ったために損失を出した場合は、何かを学習できるはずである。単に日誌をつけるだけでなく、毎日のトレード終了後と翌日の寄り付き前

にそれを見直す。前の日の行動をすべて見直し、そこから学ぶのだ。

適切な情報を入手していないかぎりトレードしないこと

本書で説明したテクニックのなかには、完全にメカニカルなものもある。そのテクニックでトレードするには、皆さんが参加する必要はないし、リアルタイムの気配値も必要ない。皆さんが定めた基本ルールに従ってブローカーがトレードを執行してくれるのだ。しかし一方で、皆さんの参加と注目を必要とする手法もある。クオートシステムから目を離さなければならないような状況が生じた場合は、ポジションをすぐに整理するか、あるいはブローカーにストップ・クローズ・オンリー（引値でのみ執行）か、引成注文を出す。**現在値を知るために何度も電話をしたり携帯用のクオートシステムを使用したりして、マーケットと接触し続けるのはよくない。**

休暇中、あるいはクオートシステムやコンピューターから離れているときにトレードするべきか、と質問されることがよくある。私の答えは、代わりにトレードしてくれるパートナーやブローカーがいないかぎり、「ノー」である。

確かでないときには何もしないこと

「確かでないときには何もするな」という古いことわざは、特にデイトレーダーに当てはまる。すべての指標やシグナルがいつも完全に明確であるというわけではない。さらに、ニュース、レポート、短期的なファンダメンタルなどによって、シグナルが不明瞭になったり、マーケットの反応が不確かになったりすることもある。そのような場合には何もしない、つまりトレードをしない、というのが私のアドバイスである。結果があまり明確でなく、ニュースやファンダメンタル

のイベントによる不安定な影響を逃れないかぎりは、トレードに参加する必要はない。すぐにたくさんのトレーディング機会が現れるだろう。

ホームワーク（下調べ）をすること

　マーケットに関して常に入念にホームワークをしているトレーダーは少ない。システムを自己のものとして確立していると勘違いして、怠慢になってしまうトレーダーが多すぎる。しかしそれは、何もしないで利益を得られると期待しているにすぎないのだ。システムに従わなければ、システムを使用して成功するわけがない。必要な予測や手順を毎日実施しなければ、システムに従うこともできない。

　マーケットに関して常にホームワークをしているトレーダーが少ないことに、私は驚きを隠せない。優れたマーケット指標や効果的なトレーディングテクニックを開発したとしても、最新のマーケットを把握していなければ、優れた方法も悪い方法に変わってしまう。私には到底理解できないことだ。何か有効なものを開発して、それが皆さんの利益になったり、利益を上げるための促進剤になったりするのであれば、必ずそれを継続しなければならない。自分のマーケット調査に満足してしまい、ホームワークを怠り、なぜ損失を出してしまうのかといぶかしがるトレーダーが非常に多い。成功したいのなら、簡単なものでも難しいものでも構わないから、ホームワークをすることだ。

　皆さんは、ホームワークを必要としないトレーディングシステムを開発したかもしれない。もちろんそれでも構わない。本書で説明したテクニックも、ホームワークを必要としないものが多い。しかし、それでもトレーディング日誌はつける必要がある。また、翌日に起こり得るトレーディング機会を把握する必要もある。これを実行するには、マーケットを研究するしかない。つまり、それがホームワークなので

ある。

トレード結果を追跡すること

　良くない結果を見るのを嫌がってトレーディング結果を監視しないトレーダーがいる。これは神経質な行動であり、そのような行動をとってはならない。損をすることになるからだ。自分の見解を認識し、結果を常に把握し、システムが理想的だと示している内容と比較すること。トレーディングごとに、そして毎日毎日の結果を、常に追跡すること。システムのパフォーマンスについて理解していると、使用しているテクニックについて効果的なフィードバックを得ることができる。

　トレーディング結果が分からないと、その手法のパフォーマンスが良いのか悪いのか十分な情報を得ることができない。結果を追跡するのに、コンピューターの会計ソフトを使用することを勧める。あるいは最低でも、各自で更新するタイプのスプレッドシートを使用してもらいたい。平均勝ちトレードと平均負けトレードに注目すること。常に勝ちのほうが多くなるようにしなければならない。負けのほうが多い場合は、リスクを冒しすぎていて努力の成果が得られていないのだ。これは、何らかの変化が必要であることを示している。

　トレードとその結果を追跡する必要があるもうひとつの理由は、トレーディングテクニックやシステムや指標が悪化したかどうか、それはいつ起こったのか、そして変更や検討の必要があるのか、ということを判断するのに役立つからである。パフォーマンスをチェックしないと、すべてがうまくいっていないということはなんとなく分かるが、変化が必要であることが認識できなくなる。

複雑であることが必ずしも利益を意味するわけではない

皆さんは、これから何度となく複雑なトレーディングシステムを使用しようとするだろう。ルールが多ければシステムはうまくいくだろうという誤った考えから、システムに多くのルールを定めようとするだろう。多くのマーケット変数を考慮すれば多くの利益を上げられると考えることだろう。しかし、私の経験から言わせてもらうと、それは間違っている。膨大なデータを複雑な方法で処理できる人工知能のシステムは別として、マーケットのパターンや関係のデータに関して新しい情報や変数を分析テクニックに追加しても、必ずしも改善につながるわけではない。それどころか悪化の原因になることもあるのだ。

システムの複雑性とシステムの収益性に関係があるとしたら、それは反比例の関係である、と私は考える。システムがシンプルであるほど、利益を上げる可能性は高くなる。したがって、複雑性と収益性を混同してはならない。

マーケットの作り話の危険性

自分が信じている話に気をつけること。自分が信じている人に気をつけること。自分が読んだ内容に気をつけること。自分に影響を与える人に気をつけること。マーケットは、トレーダーの感情の影響を常に受けている。何年もかけて、トレーダーは、マーケットには特定の関係があると信じるようになった。しかし実際には、そのような関係などないのだ。統計的に見ると、何年も一貫して継続するマーケット関係はほとんど存在しない。したがって、マーケットの作り話を不朽のものにする希望の物語に夢中になってはならない。

さらに、潜在意識のなかに入り込んでくる情報にも気をつけなけれ

ばならない。空想的な主張やトレードに関する偉大な発見が、皆さんの不安定な心をもてあそぼうとしているのだ。このような宣伝文句の魅力に負けてはならない。現在使用しているシステムで利益を上げているのなら、青い芝を求めてはならない。新たな研究をしてはならない、と言っているのではない。しかし、生産的で客観的な調査を進めることと、主張に対して感情的に反応することとは、まったく異なるのだ。主張、システム、有望なシグナルに興味を持ったら、それを使用する前にまず検証してみること。

増し玉（ピラミッディング）の危険性

「増し玉」とは、有利な値動きになるとポジションに枚数を増やしていくことである。つまり、最初は1枚でトレードして、それがうまくいくと単位を2枚に増やすのである。好調な値動きが続くと、4枚に増やし、さらに6枚、8枚と増やし続ける。この方法の利点は、トレンドに従ってポジションを増やしていくこと、そして含み益の資金を使って新規ポジションを建てられることである。

増し玉の危険な点は、逆三角形のピラミッドであるということだ。頂上が最も重く、底の1枚に支えられている状態なのだ。したがって、トレンドがわずかでも反転すると崩壊しかねない。ピラミッドを構築したいなら、最初に最大のポジションを建て、枚数を減らして積み上げていかなければならない。

薄商いのマーケットを避けること

どのマーケットでデイトレードするべきか、デイトレードするマーケットをどのように判断するべきか、ということについては、すでにガイドラインを提示している。そのルールに従うこと。アクティブな

マーケットでのみトレードすると、薄商いのマーケットに付きものの問題や、不利な値段での執行を回避することができる。スリッページを小さくして簡単に仕掛けたり手仕舞いしたりできるように、デイトレーダーには流動性が必要である。さらに、大きなポジションでトレードしようとする場合、流動性は欠かせない要素となる。デイトレーダーは、執行価格が報告されるのを待っている時間もなければ、別の指値でポジションを仕掛けたり手仕舞いしたりする時間もない。

マーケットは盛衰するものであるため、確実にアクティブなマーケットでトレードするには継続的にこのことを評価する必要がある。薄商いのマーケットでトレードしていて窮境に陥ったとしたら、その責任は皆さん自身にある。なぜならば、デイトレーディングの基本ルールに違反したからである。

本書で説明しているように、アクティブなマーケットとは、S&P500、Tボンド、スイス・フラン、ドイツ・マルク、英ポンド、原油、灯油などである。コーヒーはアクティブになり始めている。欧州にも、デイトレーディングに適したマーケットがいくつかある。デイトレーダーが利用できるマーケットの数は相当少ない。しかし、これは不幸に見えて実はありがたいことなのである。

レミングと一緒に走らないこと

期待が小さいときほど、最大の値動きが起こるものだ。一般的なトレーダーや大多数のプロは、このような値動きが起こったときに誤ったポジションをとっていることが多い。なぜならば、レミング(海に向かって集団自殺した、あのネズミたちである)の本能によって不意打ちをくらわされるからだ。大衆心理は非常に重要な要素であり、デイトレーダーはこれをうまく利用できる。マーケットセンチメントが偏っている場合は、タイミング指標を注意深く観察して、多数意見

とは反対のポジションを建てること。

大きなイベントやニュース後のデイトレーディング機会に気をつけること

政治の混乱、金融パニック、予期せしないニュース、自然災害、戦争の脅威、その他感情に触れるニュースのすぐあとに、大きなデイトレーディング機会が到来することが多い。このようなイベントが発生したら、マーケットは非常に感情的になり、規律のあるデイトレーダーにとっては機会が増える。

正しくタイムリーな価格データの重要性

時間差のあるクオートシステムを使用したり、低コストのクオートシステムを使用して、コストを削減しようとする人がいるが、そのようなものを使用してはならない。十分なデータがそろっていても、デイトレーディングは難しいものなのだ。正しくないデータや遅いクオートシステムを使用して、成功の見込みを低くする理由などどこにもない。

手数料とブローカーについて

トレーダーは、フルサービスのブローカーか、ディスカウントブローカーを選んで取引をする。両者の料金の違いはかなり大きい。しかし、それはサービスの違いだ。注文を出す技術があり、執行のフィードバックをすぐに必要としないベテランのトレーダーであれば、ディスカウントブローカーを利用するとよいだろう。一方、指示やアフターケアや指導が必要な初心者であれば、フルサービスのブローカーから補助サービスを受けるとよいだろう。レッスンを十分に学んだら、

ディスカウントブローカーへ変えてもかまわない。しかし、約定されたかどうかを、すぐに報告しないディスカウントブローカーもいる。ここで紹介したシステムのなかには、ストップロスやトレイリング・ストップロスやドテンのストップを出すのに執行時期を知らなければならないものもある。そのような場合は、ディスカウントにしろ、フルサービスにしろ、約定されたかどうかをすぐに報告することがいかに重要かをブローカーに認識させなければならない。多くの場合、アクティブなマーケットでのみトレードしていると、約定報告の遅れを最小限に食い止めることができる。

　これらは、皆さんがトレードするときに覚えておくべき重要ルールのほんの一部にすぎず、成功への必要条件はこれだけではない。各自の経験からリストやルールを作成してもらいたい。独自のリストを作成することは皆さんにとってより有意義なものとなるため、皆さんの経験に基づいて作成しなければならない。私が紹介したルールは単なるきっかけにすぎず、それをもとにして皆さん独自のリストを作成してもらいたい。

まとめ

　この章では、デイトレーダーとして成功するのに重要だと思われるルールを強調した。最初は賛成できないルールもあるかもしれないが、長い目で見ると私の考え方や行動に同調するようになるはずである。デイトレーディングの経験を積んでいくと、皆さんも独自のルールを作成したいと思うようになるだろう。この章で紹介したルールは、長年のトレーディング経験に基づいて少しずつ収集したものだけでなく、ほかのトレーダーを観察して作成したものもある。どの損失も重要なレッスンになる。しかし、注意や研究を怠るとレッスンから何も学ぶ

ことはできず、何の進歩もない。成功から学ぶことも多いが、失敗した場合と同じく、成功の理由を追究しないと、貴重な情報を失ってしまったり見過ごしてしまったりすることになる。

第17章
よくある質問
FAQs

◎知恵が深まれば悩みも深まり、知識が増せば痛みも増す。
——————旧約聖書（伝道の書　1章18節）

デイトレードにはどのような機器が必要か？

　どのようなタイプの機器、ソフトウエア、クオートシステムが必要かということは、どのようなトレーディング手法を選んだかによって異なる。本書で説明した手法では10分足、20分足、30分足のいずれかのデータを使用するが、リアルタイムでティック単位のデータを入手し、コンピューターやソフトウエアでデータや指標を処理しなければならない。時間差のあるデータを使用してもよいかと、よく聞かれる。私の答えは、絶対に「ノー」である。遅れたデータを使用してわずかな出費を節約したところで、何の役にも立たない。

　また、インターネットで入手したデータを使用できるか、ともよく聞かれる。遅れが大きくなければ、その答えは「イエス」である。取引所からのデータの遅れが大きいほど、成功する見込みは低くなる。非常に簡単なことである。そのため、真剣にデイトレーディングを始めたいと考えるなら、リアルタイムのデータを入手することだ。リアルタイムのデータを提供しているベンダーはたくさんある。すべての取引所か、すべてのマーケットでトレードしようとしないかぎり、すべてのマーケットのリアルタイムデータを入手する必要はない。これ

だけでも、相当な出費を抑えることができるはずだ。

　ティック単位のデータを処理するソフトウエアプログラムにも、素晴らしいものがいくつかある。自分に適しているプログラムを見つけるには、多少調査する必要があるだろう。コストに違いがあるため、時間をかけて決めるとよい。「無料試用期間」を設けているベンダーもある。それを利用してみるのもよいだろう。これは重要で高価な買い物であるため、軽々しく考えてはならない。どのハードウエアが必要になるかは、どのソフトウエアを購入したかによって異なる。そのため、多くのメモリや大容量のHDDを積んだハイスピードのハードウエアを買おうとしていないかぎり、ハードウエアについては最後に決めるとよい。

どの手法やシステムを使用するべきか？

　どのシステムや手法を使用するかは、私ではなく皆さん自身が決めることだ。どの程度のリスクを冒すことができるか、マーケットにどの程度集中できるか、いろいろなシステムのことがどの程度分かっているか、どの程度の規律を持っているのか、ということは皆さんしか分からない。そのため、じっくり考えてからどの手法でトレードするかを決めるとよい。いろいろ評価してみること。リアルタイムで観察すること。つもり売買してみるのもよいだろう。テストドライブをしてから、リアルタイムで簡単にトレードしてみること。それから、何が最も適していたかを判断すること。

勝率の最も高いシステムでトレードするべきか？

　勝率は、トレーダーが考えているほど重要なものではない。勝率よりも、ドローダウン、最大の連続損失、1トレードの平均損益のほう

が重要である。ドローダウンが低く、連続損失が小さく、1トレードの平均利益が大きいシステムを使用していたら、勝率はそれほど大きな問題ではない。勝率が低いシステムでも、1トレードの平均利益が大きく、リスクを効果的に管理していれば、利益を上げることができる。ただし、経験則から、勝率が55％を下回るシステムは使用しないほうがよい。1トレードの平均利益は良好なのに、勝率が40％～54％程度しかないシステムもたくさんある。

　規律を持っていれば、そのようなシステムを使用しても問題はない。勝ちより負けのほうが多くなるかもしれないが、勝ったときには大きな利益をもたらすだろう。トレーダーが規律を失う原因の1つに、損失が続いてしまったことが挙げられる。勝率が低いと、損失が長く続く可能性が高くなる。最高のトレーダーでも、その決意と規律が試されるのだ。備えあれば憂いなし。1トレードの平均利益が大きく勝率が低いシステムよりは、1トレードの平均利益が多少小さくても勝率が高いシステムでトレードするほうが賢明である。皆さんのパーソナリティーと感受性にかかっている部分が大きい。

「利益の90％は10％のトレードから生じる」――これは何を意味しているのか？

　この深みのある言葉を、皆さんはマーケットで耳にすることだろう。これを理解し、信じること。この言葉についてできるだけ簡単に説明しよう。トレーディングの特徴は、すべてのトレードの約90％は相殺されてトントンになる、ということだ。手数料、スリッページ、少額の勝ち、少額の負け、大きな勝ち、中程度の勝ちを差し引くと、正味結果、つまり最終結果はゼロになることが多い。

　トレードの総合結果がプラスになるかどうかは、残りの10％の合計で利益を出しているかどうかにかかっている。当然、その10％の利益は大きいほうが好ましい。これが、最終的に勝者か敗者かを分けるこ

とになるのだ。勝ちトレーダーは、利益の出たトレードを積み上げることができる。このようなトレードは少ないが、それでもシステムの中心的な支えとなっている。

トレーディングシステムを検証してみると、ほとんどのシステムがごく少数の勝ちトレードに成功を託していることが分かる。そのため、最大利益を得るまでか、システムが示す理想的な手仕舞いポイントまで、ポジショントレーダーやデイトレーダーがその勝ちトレードを保有するのは重要なことである。早く手仕舞いしすぎると、利益を切り取ってしまうことになる。利益を最大限にしつつ、損失を少なくすることが大切なのだ。

デイトレードを始めるのに必要な資金は？

多いに越したことはない。開始資金が少ないと、利益を得られる見込みも低い。その理由は簡単である。3000ドルで始めて、3回続けて1000ドルの損失を出したとすると、その時点でゲームオーバーである。3回くらいの損失は珍しいことではない。実際、3回以上続けて損失を出すことはよくある。7回続けて損失を出しても、不思議ではない。

さらに、トレードしたいマーケットに対して証拠金を十分に持っている必要もある。口座の資金が少なくてもトレードさせてくれるブローカーもあるが、ほとんどのブローカーは回収不能の赤字を嫌がり、口座に十分な資金を用意しておくことを求める。

最後に、トレーディングを始めるに当たって必要な資金は、マーケットのボラティリティによっても異なる。ボラティリティの高いマーケットでは、値動きが大きく損失の可能性も高いため、多くの資金を必要とする。そのため、「いくら必要か」という質問には一言で答えることができない。ただひとつ言えることは、少額の資金で始めて成功の見込みを低くしてはならない、ということだ。

現実問題として、フロアトレーダーと張り合えるだろうか？

私は、ほとんどのデイトレーダーがフロアトレーダーと張り合える、などとは思わない。ピットブローカーは私たちと同じことはしていないのだ。彼らは、スキャルピング、つまり１～２ティックで素早く利益を刈り取っている。フロアトレーダーの手数料は安いため、１ティックでも利益を上げることができる。オフ・ザ・フロアでトレードしている私たちには、このようなことはできない。そのため、フロアトレーダーと張り合うようなことはしない。

１日の時間枠のなかでも、より大きな値動きから利益を上げようとするフロアトレーダーもいる。しかし、彼らも競争相手ではない。私たちと同じタイプのシステムを使用していないからだ。システムに基づいてトレードするのではなく、マーケットの「読み」、つまり直観に基づいてトレードすることが多い。取引所や大規模なトレーダーが何をしているか、大量注文の出所はどこか、ニュースやイベントに対してピットはどのように反応しているか、ということに基づいてマーケットの方向を判断している。フロアにはシステムトレーダーがいないとは言わない。もちろん存在する。しかし、集積されたそのトレーディングパワーは、何千ものオフ・ザ・フロアのトレーダーのパワーに勝ることはない。

デイトレーダーはなぜポジションを翌日に持ち越せないのか？

私は、翌日に持ち越すことができないとは言っていない。単に、そうすると定義上デイトレーダーではなくなり、ポジションにマイナスの影響を及ぼすイベントが発生した場合に逃れることができなくなる、と言っているのだ。また、ポジションを翌日に持ち越すと必ず損を出

す、と言っているわけでもない。実際、翌日まで持ち越したほうがうまくいくシステムについても紹介している。しかし、ポジションを翌日まで持ち越すというリスクに加え、供託しなければならない証拠金も増えてしまう、ということを思い出してもらいたい。

現実的に、同時にいくつのマーケットでトレードできるか？

　コンピューターの気配値システムを使用すれば、同時にいくつものマーケットを追跡することができる。しかし現実的には、1日に7つ程度のマーケットでしかトレードできないだろう。アクティブにトレードすると、一定の出来高とボラティリティがあって、デイトレーディングに適したマーケットは一握りしかないことがそのうち分かるだろう。デイトレーダーには4～6カ所が妥当だろう。

システムに従うとどの程度のフレキシビリティがあるのか？

　何年も前であれば、フレキシビリティは重要であると言っただろう。しかし今は違う。私が紹介するシステムを皆さんが研究し、どの程度相性が良いかを考慮するためにそれを使用したら、できるかぎり頑固にそのシステムに従うことを勧める。絶対に破ってはならないルール、それはリスク管理に関するルールである。システムが指示したら損切りをすること。

仕掛けと手仕舞いに別のシステムを使用することはできるか？

　システムを組み合わせて使用したがるトレーダーがいるが、私はあまり良い方法だとは思わない。システムのパフォーマンスは、検証した条件やマーケットに合わせて定めたルールに基づいているからであ

る。ほかのシステムと組み合わせ、それぞれのシステムに基づいて仕掛けと手仕舞いを選ぶことは、あまり推奨できない。1つのシステムでトレードするなら、ほかのものはすべて除外してトレードすること。

毎日トレードする必要はあるか？

その必要はない。幸いなことに、週のうちには何度もトレード機会がある。例えば、週のある曜日しかトレードできない場合は、毎日トレードする必要はない。特定の曜日に有効なシステムや指標もあるのだ。例えば、S&P先物は月曜日に高く引ける傾向がある。そのため、月曜日の買いシグナルは勝率が高い。曜日による影響がある場合は、週の同じ曜日でトレードするとその影響をうまく利用できるようになる。

デイトレーディングのポジションをピラミッディング（増し玉）しなければならないのか？

ピラミッディングをすると、利益を非常に大きくすることができるか、誘惑の落とし穴にはまるかのいずれかに転がる。もとのポジションに何枚も何枚も追加して、平均コストが悪化してしまうトレーダーがあまりにも多い。わずかでも反対の値動きがあると、その利益は消えてしまう。ピラミッドが重すぎると、大きな利益はいとも簡単に大きな損失へと変わる。ピラミッドがうまくいくか失敗するかは、その建て方による。1枚、3枚、5枚、10枚……と増し玉するケースが多い。その結果、頂上が重くなって崩壊してしまう。最初に最大のポジションを建て、値動きが好ましいものになったら枚数を減らして積み重ねていくとよい。5枚で始めたら、3、2、1枚と数を減らして増していく。

即時執行注文を試す必要はあるのか？

即時執行注文とは、トレーダーが注文を出したら数秒で執行されることである。注文を出すと、ピットブローカーがハンドシグナルを出してフロアに伝える。ピットブローカーはハンドシグナルで報告をして、顧客がそれを確認する。このプロセスは、1分、長くても3分しかかからない。これは非常に効果的で迅速な方法である。これが可能なら、利用するとよいだろう。

枚数を増やす時期をどのようにしたら知ることができるのか？

この質問には確かな答えはない。プロのトレーダーのなかには、ポジションサイズを増やし始める時期を判断する公式を教えてくれる専門家もいるかもしれないが、私は、そのアプローチがベストの方法だとは思わない。公式よりも大切なことは、皆さん自身の満足度である。S&Pで一度に20枚トレードして快適に感じるトレーダーもいれば、1枚でもしり込みしてしまうトレーダーもいる。しかし、トレードにおける自信が唯一の変数というわけではない。誤まった自信を持っていても自信過剰でも、デイトレーディングでは失敗する（実際には、デイトレーディングに限らずどのトレーディングにも言える）。複数単位、複数マーケットでのトレーディングで成功するには、複数単位をトレードしたいという希望がどの程度あるのか（あるいはないのか）を評価する必要がある。これを計算する公式を私は聞いたことがない。

ニュースやファンダメンタルを考慮するべきか？

皆さんがテクニカルトレーダーであるなら、ニュースを無視しなけ

ればならない。ニュースは良いトレーダーを道に迷わすことが多いからだ。しかし、仕掛けや手仕舞いのポイントを知らせてくれる味方にもなり得る。非常に弱気のニュースのあとにテクニカルの買いシグナルが出現する場合は、重大なイベントである。ニュースとマーケットでは言っていることが違う。たいていはマーケットが正しい。ニュースを利用するとしたら、各自の手法に基づいてニュースと反対のポジションをとるとよい。ニュース、レポート、予測されるイベントについて気に病むというのは、テクニカルなデイトレードの要素にはない。

ブローカーがトレードについて話すのをやめさせるには？

トレーダーがデイトレードに自信がないことが多いというのは、悲しいけれども事実である（デイトレードに限らず、すべてのトレードに言えることである）。だからブローカーがトレードについて話をすることを許している場合もある。しかし、過失の責任はブローカーにあるのではない。責任はトレーダーにあるのだ。トレーダーはブローカーのせいにしようとする。これは不公平である。そのような問題を避けるには、最初からブローカーと取り決めをしておくのが最も良い方法である。質問をしたときにだけアドバイスが欲しい、とブローカーに説明しておくこと。最初に定めたルールに違反したら口座を閉じる、と説明しておくこと。

ブローカーと一緒にやっていくと決める場合もあるだろう。そのような場合には、これまでの説明は当てはまらない。しかし、ブローカーと一緒にトレードしていくなら、そしてブローカーを信頼しているなら、ブローカーの言うことに従わなければならない。ただし、ブローカーの言うことを簡単に覆すということは、システムの指示を簡単に覆すということと同じなのだ、ということを覚えておいてもらいたい。規律も持続性もなければ、何も達成できない。

あとがき
——本書を終えるにあたって
Afterword : A Few Closing Words about my Work

　皆さんが私の研究に詳しくなったところで、私は、非常に重要な問題に注目してもらいたいと考えている。つまり、私は2つの目的からこの問題に取り組んでいる。1つは、私はなぜトレードするのか、なぜ本を書くのか、なぜマーケットを研究するのか、ということを理解することが皆さんにとって重要なことだと考えるからだ。もうひとつは、本書について、そのアイデアについて、その成果について、そのコンセプトについて、批判が寄せられるのをあらかじめ防いでおくことが私にとって重要なことだと考えるからだ。

なぜ本書を書いたのか

　私が本書を書いた理由はいくつかある。まず何よりも、デイトレーディングが定着してきたと感じたからだ。世界中の経済の状況や相互関係を考えると、ロンドン、香港、シンガポールでマーケットが変化すると米国のマーケットにも大きく影響を及ぼす。その逆の場合もある。このような傾向が現れだしたのは、1970年の初めごろにさかのぼる。トレーダーは、そのような状況に対処する方法を知る必要があり、さらに自分に有利になるように生かす方法を知る必要もある。
　コミュニケーションのスピードが速くなると、主要マーケットの動

きも短い周期で変わることになるだろう。投機家の登場によってマーケットのボラティリティはますます高くなる。その結果、プロや一般の短期トレーダーやデイトレーダーの数も増える。そのようなわけで、デイトレーディングに効果的な手法を学ぶことは、すべてのトレーダーにとってプラスになるのだ。

本書を書いたもうひとつの理由は、デイトレーディングのアプローチとして現在まかり通っている神話や手法を排除したかったのだ。本書で紹介している手法やシステムがベストだと言っているのではないし、手法がこれしかないと言っているのでもない。しかし、私が紹介する手法には「優位性」があると確信している。皆さんが現在デイトレーディングをしているなら、私のアイデアを試してみてもらいたい。長年の経験に基づいているだけでなく、膨大な研究にも基づいているのだ。マーケットの神話や憶測をマーケットの事実だと考えるトレーダーが多いのは、非常に残念なことだ。そのため、私は両者の違いを明らかにして、今後何を検証するべきかということとこれまでに何を検証してきたか、ということを示したかったのだ。見掛け倒しのアイデアから皆さんが離れ、事実に基づくアイデアに近づくように、私は努力したつもりだ。

本書を書いた理由はほかにもある。それは、デイトレーディングの現実的なアプローチとしてマーケットのパターンを研究するように、トレーダーを導きたかったのだ。一般的におびただしい量の情報によって働く複雑なトレーディングシステムを好む傾向があるが、現実を反映していなければそれは逆効果である。ベストのトレーディングシステムとは多数の情報とマーケットに関する要因を認識して評価できるシステムである、ということは正しいだろうが、現在のコンピューターによるトレーディングテクノロジーはその域には達していない。人工知能（AI）やニューラルネットワーク（NN）の分野は目覚ましい発展を遂げているが、そのような手法がデイトレーディングやポジ

ショントレーディングに適用されているという証拠は非常に少ない。私は、そのようなアプローチを無視しようとしているのではない。実際、将来はそのような動きが押し寄せてくると確信している。しかし、私たちはそこまで達していないのだ。デイトレーディングに有効なAI手法もマーケットのパターンに基づいて開発されるだろう、と私は考えている。そのため、AIによるトレーディング手法に関する情報として、本書で紹介するパターンを真剣に考慮しておく必要がある。

デイトレーディングのシステムを開発したいなら、AIベースのモデルを使用することを勧める。しかし、すべてのAIやNNシステムにおける重要な変数は学習モデルつまり「脳」である、ということを認識してもらいたい。学習の範例に欠陥があったり、マーケットの変数を評価できなかったりしたら、結果は役に立たなかったり、ますます悪いものになったりする。産業界においてAIやNNモデルが成功していることと、マーケットで成功できるということを混同してはならない。組み立てラインでうまくいくことが、必ずしもマーケットでうまくいくわけではない。マーケットでは、トレーダーの感情や多数の予期しないイベントを考慮しなければならないのだ。

このあとがきの最後のポイントは、本書に対する大衆やプロの反応に関係している。トレードに関して30冊以上の本を出版し、トレーダー、マーケットアナリスト、作家、講演者、教育者としての30年の経験から、私は名前もある程度認知されているため、意見の相違から私のアイデアを攻撃する人もいるのだ。私は、いかなるシステム、手法、指標も非難しないように、十分気をつけて本書を書いたつもりだ。純粋に客観的なアプローチを支持し、統計的な調査を引用し、必要に応じて事実と意見を区別した。私の言葉がだれも傷つけないことを切に願う。しかし、私は現実主義者である。私が言及したこと、私が発見したこと、私の適用方法、私の書き方、私の教え方、そして私の推奨に関して、さまざまな理由から意見が対立する人がいることも認識し

ている。

　例えば、私は結果を最適化しすぎている、と批判する人もいるだろう。そのような人に対しては、そんなことはない、と言いたい。実際のところ、皆さんに誤まった考えを与えないように、研究結果について意識的に控えめに表現している。私が開発したシステムのなかには、バックテストをしたところ勝率が80％を超え、1トレード当たりの平均利益が大きいシステムもあった。しかし、このような結果を含めると「豪華」になりすぎると考えたため、本書には加えなかった。さらに、そのようなバックテストの結果は相当最適化して達成したものであり、リアルタイムでは達成できないだろう。私が結果を最適化しすぎると批判する人には、本書で紹介するシステムには標準的な変数以外のものは含めていないと言いたい。どのシステムにも重要な標準的な変数とは、次のとおりである。

- ●仕掛けを選択する手法
- ●リスク管理のストップロス
- ●手仕舞いを選択する手法
- ●利益目標に達した場合のトレイリング・ストップロス

　皆さんに紹介した手法は、すべて論理的なコンセプトに基づいていて、表面上はかなり妥当性がある。そのため、現実に基づいていて、検証可能であり、実践的で、個性的である。時間がたってもほとんど変化しない指標を持つシステムや手法は少ない、ということを指摘した。マーケットが変わると、デイトレーダーはシステムを変えなければならない。変化は、マーケットのボラティリティと関連が深い。500ドルに固定したストップロスは、比較的静かなマーケットでは十分であるが、ボラティリティの高いマーケットでは破滅に結び付く。そのため、私は、フレキシブルにトレードすることを皆さんに勧めてきた。また、マーケットのボラティリティの程度によって必要なリス

クの程度もタイミングシグナルの調整度合いも異なる、ということを示す過去データを提示した。しかし、私が強調しているのは根底にあるコンセプトである。言い換えると、私が説明する手法や指標のコンセプトを理解したら、実際のタイミング変数やストップロスの金額をマーケットの特性に調整することが簡単にできるようになるだろう。

デイトレーディングは現実的な手段であるという私の主張に異議を唱える人もいるだろう。しかし、デイトレーディングは必ずしもすべてのトレーダーに適しているわけではないと主張している、ということも認識してもらいたい。実際、向上心のあるトレーダーだけでなく、トレーディングをビジネスとしていない初心者、さらには最初から失敗することが分かっているような人も多数いる。デイトレーディング（あるいはトレーディング）はすべての人に適しているという気まぐれな考えをなくすため、私は、トレーダーの心理、規律、トレーダーの行動、トレーダーの芸術と科学の問題についてまで、本書の範囲を広げて説明した。これらの個所を念入りに読んでもらいたい。

最後に、私が示した原則を適用して損を出してしまい、私に腹を立てるトレーダーも現れるだろう。しかし、多くの場合はトレーダーに欠陥があり、手法には責任がない。1つのシステムや手法に徹底的に従うことができるトレーダーなど、ほとんどいないのだ。システムに従ったために損してしまったと主張するトレーダーに質問してみると、一貫してシステムに従ったわけではなかったことを認めるだろう。いかに具体的にルールを定めていても、ルールを破ってはならないと何度も警告していても、トレーダーはルールを破ってしまうものなのだ。本書で説明した手法やシステムが今後ずっと利益を出し続けると保証することはできないが、根底にあるコンセプトは今後も確かであり、時がたっても変わらないだろう。賢明なトレーダーは、そのときどきのマーケットや状況に私のアイデアを当てはめることができる。しかし、規律のないトレーダーは私のアイデアを曲解し、行き当たりばっ

たりで気まぐれで無節操に使用するだろう。そのような乱用を、私はコントロールできない。

　本書では、皆さんに対してルールと手法を簡潔かつ具体的に紹介するように最善を尽くしてきたが、皆さんも、私の手法を使用して独自に進めてほしい。トレーディング手法の手引書を探すのに終わりはない。トレーダーは、アプローチを求めることをやめないだろう。メカニカルな手法を支持する意見もある。また、現在のマーケットや最高のパフォーマンスを上げられるマーケットに皆さん独自のシステムや手法を当てはめることを支持する意見もある。この問題については前の章でも説明している。トレードする前に、私のコメントについて真剣に考えてもらいたい。

　私の立場を批判から守ったり、私のアイデアやシステムを皆さんが乱用しないように警告したりすることに、多くの時間を割いてきた。このようなことをするのも、皆さんが一生懸命稼いだお金を賭けることになるからである。きっと皆さんは私の警告に感謝することだろう。デイトレーディングは皆さんが考えるほど難しいものではないが、皆さんが考えるほど簡単なものでもない。動きの速いこのゲームで成功を収めるには、首尾一貫し、マーケットの変化に対応し、厳しくリスク管理し、冷静で、新しいアイデアを受け入れる必要がある。

それでは始めよう

　私の役割はこれで終わりである。これまでに、システム、手法、指標、分析、ルール、観測、見解、そして解釈について紹介した。私が提供した情報と皆さんの理解力を携え、そして十分な開始資金、正確なクオートシステム、ブローカーとの良好な関係、モチベーションがあれば、最初の一歩を踏み出すことができる。そうでなければ、より自信があり、より安全で、より詳しく知っているトレード分野に戻っ

ても構わない。

　私が説明した事柄を利用してもよいし、私が紹介したツールを皆さんのトレーディングスタイルに組み入れてもよい。私はすべての質問に答えられるわけではないし、根気と忍耐とモチベーションがあれば成功するだろうと言うことしかできない。皆さんがデイトレーダーとして成功するのに私が何かの役に立つのであれば、あるいは本書で説明した内容を補足することができるのであれば、遠慮なく質問してもらいたい。http://www.trade-futures.comで、さらに詳しい情報と私の最新の研究結果を紹介している。

　30年以上のトレーダーしての経験から、マーケットのことを学べば学ぶほど、さらに学ぶべきことが生まれてくることを学んだ。また、最も簡単に実行できて、最も簡単に理解できる事柄が自分に最も適していた、ということも学んだ。このことが皆さんにも役立つことを願ってお教えしたい。私の説明、研究、観測によって皆さんのトレード結果がより良いものになり、皆さんの見解をより良いものにすることができたら、私の任務は成功したと言えるだろう。

ジェイク・バーンスタイン

■著者紹介
ジェイク・バーンスタイン（Jake Bernstein）
国際的に有名なトレーダー、作家、研究家。MBHウイークリー・コモディティ・レターの発行者で、トレードや先物取引に関する約30もの書籍や研究を発表している。邦訳には『バーンスタインのデイトレード実践』『バーンスタインのトレーダー入門』（パンローリング）、『投資の行動心理学』（東洋経済新報社）がある。トレーディングセミナーを収録したDVDには『バーンスタインのパターントレード入門――相場の転換点を探せ』（パンローリング）がある。ウォールストリート・ウイーク、そして世界中の数々のラジオやテレビ番組に出演し、また、投資やトレードに関するセミナーでも講演している。トレードとタイミングに関するあくなき追及は、トレーダーに新たなツールを提供している。

■監修者紹介
長尾慎太郎（ながお・しんたろう）
東京大学工学部原子力工学科卒。米系銀行でのオルタナティブ投資業務、および金スワップ取引、CTA（商品投資顧問）での資金運用を経て、現在はヘッジファンドマネジャーとして活躍。マーケットに関連した時系列データをもとにしたシステム・トレードを専門とする。訳書に『魔術師リンダ・ラリーの短期売買入門』『タートルズの秘密』『新マーケットの魔術師』『マーケットの魔術師【株式編】』『デマークのチャート分析テクニック』（いずれもパンローリング、共訳）、監修に『ワイルダーのテクニカル分析入門』『ゲイリー・スミスの短期売買入門』『ロスフックトレーディング』『間違いだらけの投資法選び』『私は株で200万ドル儲けた』『マーケットのテクニカル百科』『スイングトレード入門』（いずれもパンローリング）など、多数。

■訳者紹介
岡村桂（おかむら・かつら）
青山学院大学国際政治経済学部（国際金融専攻）を卒業し、東京海上火災保険株式会社に入社。その後渡米し、翻訳の仕事に携わる。帰国後は、大手電機メーカーの翻訳部を経て独立し、現在はフリーランスで翻訳をしている。訳書として『インベストメント・スーパースター』（パンローリング）などがある。

2003年5月20日	初版第1刷発行
2005年1月13日	第2刷発行
2005年9月2日	第3刷発行
2009年8月5日	第4刷発行
2010年4月5日	第5刷発行
2017年10月5日	第6刷発行

ウィザードブックシリーズ㊷

バーンスタインのデイトレード実践(じっせん)

著 者	ジェイク・バーンスタイン
監 修	長尾慎太郎
訳 者	岡村桂
発行者	後藤康徳
発行所	パンローリング株式会社
	〒160-0023 東京都新宿区西新宿7-9-18-6F
	TEL 03-5386-7391 FAX 03-5386-7393
	http://www.panrolling.com/
	E-mail info@panrolling.com
編 集	エフ・ジー・アイ(Factory of Gnomic Three Monkeys Investment)合資会社
装 丁	新田"Linda"和子
印刷・製本	株式会社 シナノ

ISBN978-4-7759-7013-3

落丁・乱丁本はお取り替えします。
また、本書の全部、または一部を複写・複製・転訳載、および磁気・光記録媒体に
入力することなどは、著作権法上の例外を除き禁じられています。

© Katsura OKAMURA 2003 Printed in Japan

ジェイク・バーンスタイン

国際的に有名なトレーダー、作家、研究家。MBH ウイークリー・コモディティ・レターの発行者で、トレードや先物取引に関する約30もの書籍や研究を発表している。ウォールストリート・ウイーク、そして世界中の数々のラジオやテレビ番組に出演し、また、投資やトレードに関するセミナーでも講演している。トレードとタイミングに関するあくなき追及は、トレーダーに新たなツールを提供している。

成功を志す個人投資家の見本

ウィザードブックシリーズ51

バーンスタインのデイトレード入門・実践

| 入門編 | 定価 本体7,800円+税 | ISBN:9784775970126 |
| 実践編 | 定価 本体7,800円+税 | ISBN:9784775970133 |

デイトレーディングの奥義と優位性がここにある!

あなたも「完全無欠のデイトレーダー」になれる!
トレーディングシステム、戦略、タイミング指標、そして分析手法を徹底解明。テンポの速いデイトレーディングの世界について、実践で役立つ案内をしてくれる。
初心者でもベテランでも、一読の価値があるこの本を読めば、新たな境地が見えてくるだろう。

ウィザードブックシリーズ130

バーンスタインのトレーダー入門
30日間で経済的自立を目指す実践的速成講座

| 定価 本体5,800円+税 | ISBN:9784775970966 |

ヘッジファンドマネジャー、プロのトレーダー、マネーマネジャーが公表してほしくなかった秘訣が満載!

トレーディングによる経済的自立を手にするうえで、経済学やファイナンスなどの専門知識や学位は不要である。必要なものは正しい決定を下す意思力、それを順守する規律と行動力である。

ローレンス・A・コナーズ

TradingMarkets.com の創設者兼 CEO(最高経営責任者)。1982年、メリル・リンチからウォール街での経歴をスタートさせた。著書には、リンダ・ブラッドフォード・ラシュキとの共著『魔術師リンダ・ラリーの短期売買入門（ラリーはローレンスの愛称）』（パンローリング）などがある。

ウィザードブックシリーズ 216
高勝率システムの考え方と作り方と検証
定価 本体7,800円+税　ISBN:9784775971833

あふれ出る新トレード戦略と新オシレーターとシステム開発の世界的権威！

コナーズがPDFで発売している7戦略を1冊。ギャップを利用した株式トレード法、短期での押し目買い戦略、ETF（上場投信）を利用したトレード手法、ナンピンでなく買い下がり戦略の奥義伝授、ボリンジャーバンドを利用した売買法、新しいオシレーター　コナーズRSIに基づくトレードなど、初心者のホームトレーダーにも理解しやすい戦略が満載されている。

ウィザードブックシリーズ 169
コナーズの短期売買入門
定価 本体4,800円+税　ISBN:9784775971369

時の変化に耐えうる短期売買手法の構築法。さまざまな市場・銘柄を例に世界で通用する内容を市場哲学や市場心理や市場戦略を交えて展開。

ウィザードブックシリーズ 180
コナーズの短期売買実践
定価 本体7,800円+税　ISBN:9784775971475

短期売買とシステムトレーダーのバイブル！ 自分だけの戦略や戦術を考えるうえでも、本書を読まないということは許されない。

ウィザードブックシリーズ 197
コナーズの短期売買戦略
定価 本体4,800円+税　ISBN:9784775971642

機能する短期売買戦略が満載！ マーケットの動きをもっと詳しく知りたいと望む人にとって、必要な情報がこの1冊にコンパクトにまとめられている。

ウィザードブックシリーズ 1
魔術師リンダ・ラリーの短期売買入門
定価 本体28,000円+税　ISBN:9784939103032

裁量で売買する時代に終わりを告げ、システムトレードという概念を日本にもたらしたのは、この本とこの著者2人による大きな功績だった。

DVD スイングトレードを成功させる重要なポイント
定価 本体4,800円+税　ISBN:9784775963463

勝率87％の普遍的なストラテジー大公開！ 短期売買トレーダーのための定量化された売買戦略。コナーズ本人が解説。

ジョージ・プルート

フューチャーズ・トゥルース CTA の研究部長、『フューチャーズ・トゥルース』編集長。メカニカルシステムの開発、分析、実行およびトレーディング経験25年。1990年、コンピューターサイエンスの理学士の学位を取得、ノースカロライナ大学アッシュビル校卒業。数々の論文を『フューチャーズ』誌や『アクティブトレーダー』誌で発表してきた。『アクティブトレーダー』誌の2003年8月号では表紙を飾った。

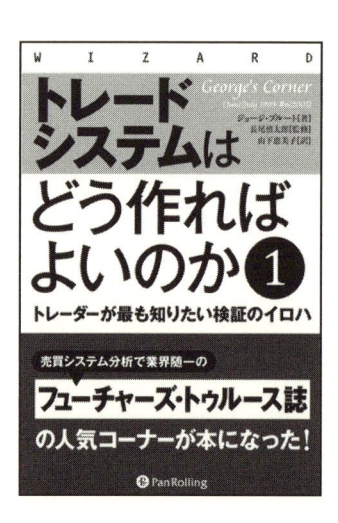

ウィザードブックシリーズ211
トレードシステムは どう作ればよいのか 1・2

定価 本体各5,800円+税　ISBN:9784775971789/9784775971796

トレーダーは検証の正しい方法を知り、その省力化をどのようにすればよいのか

売買システム分析で業界随一のフューチャーズ・トゥルース誌の人気コーナーが本になった！ システムトレーダーのお悩み解消します！ 検証の正しい方法と近道を伝授！
われわれトレーダーが検証に向かうとき、何を重視し、何を省略し、何に注意すればいいのか──それらを知ることによって、検証を省力化して競争相手に一歩先んじて、正しい近道を見つけることができる！

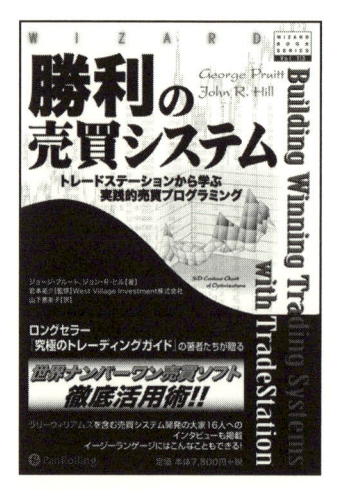

ウィザードブックシリーズ113
勝利の売買システム

ジョージ・プルート ジョン・R・ヒル 共著

定価 本体7,800円+税　ISBN:9784775970799

『究極のトレーディングガイド』の著者たちが贈る 世界ナンバーワン売買ソフト徹底活用術

ラリーウィリアムズを含む売買システム開発の大家16人へのインタビューも掲載。イージーランゲージにはこんなこともできる！
機能面ばかりが強調され、その機能を徹底活用しようというアイデアについてはあまり聞かれないのが悩みの種だった。この悩みを完全に解消しようとしたのが、システムトレードの第一人者ジョージ・プルートとジョン・ヒルによる本書だ。

ロバート・パルド

トレーディング戦略の設計・検証のエキスパートして知られ、プロのマネーマネジャーとしても長い経歴を持つ。マネーマネジメント会社であるパルド・キャピタル・リミテッド（PCL）をはじめ、コンサルティング会社のパルド・グループ、独自の市場分析サービスを提供するパルド・アナリティックス・リミテッドの創始者兼社長でもある。

ウィザードブックシリーズ 167

アルゴリズムトレーディング入門
自動売買のための検証・最適化・評価

定価 本体7,800円+税　ISBN:9784775971345

トレーディング戦略を正しく検証・最適化する

これは正しく応用することよりもはるかに重要だ。
トレーディングアイデアを使える戦略に変換するには、設計・検証・評価という正しいステップを踏むことが何よりも重要だ。正しい最適化、アウトオブサンプルデータによるウォークフォワード分析、トレーディング特性の作成、評価特性との比較によるリアルタイムパフォーマンスの評価だけでなく、間違った最適化によって発生の元凶とも言えるオーバーフィッティングの見分け方とその防ぎ方についても解説。

目次

- 第1章 第1章 トレーディング戦略について
- 第2章 システマティックトレーディングのエッジ
- 第3章 トレーディング戦略の開発プロセス
- 第4章 戦略開発プラットフォーム
- 第5章 トレーディング戦略を構成する要素
- 第6章 ヒストリカルシミュレーション
- 第7章 策定と具体化
- 第8章 予備検証
- 第9章 探索と評価
- 第10章 最適化
- 第11章 ウォークフォワード分析
- 第12章 パフォーマンスの評価
- 第13章 オーバーフィッティングのさまざまな側面
- 第14章 戦略によるトレーディング

キース・フィッチェン

先物市場向けのテクニカルなトレードシステムの開発に25年以上にわたって携わり、その間、自らもこれらのシステムで活発にトレードしてきた。1986年、最高のメカニカルシステムの1つと言われるアベレイションを開発。アベレイションは1993年に市販され、それ以来『フューチャーズ・トゥルース』誌の「史上最高のトレードシステムトップ10」に4回仲間入りを果たした。

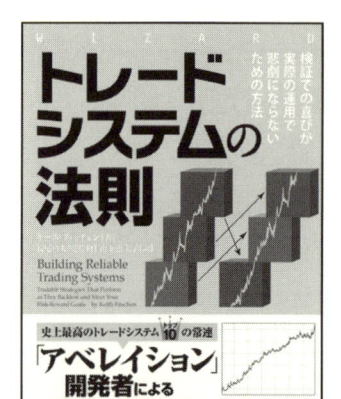

ウィザードブックシリーズ217

トレードシステムの法則

定価 本体7,800円+税　ISBN:9784775971864

利益の出るトレードシステムの開発・検証・実行とは

トレーダブルな戦略とは自分のリスク・リワード目標に一致し、リアルタイムでもバックテストと同様のパフォーマンスが得られる戦略のことを言う。カーブフィッティングから貪欲まで、さまざまな落とし穴が待ち受けているため、トレーダブルな戦略を開発するのは容易なことではない。しかし、正しい方法で行えば、トレーダブルな戦略を開発することは可能である。

目次

第1章 トレーダブルな戦略とは何か
第2章 バックテストと同様のパフォーマンスを示す戦略を開発する
第3章 トレードしたい市場で最も抵抗の少ない道を見つける
第4章 トレードシステムの要素──仕掛け
第5章 トレードシステムの要素──手仕舞い
第6章 トレードシステムの要素──フィルター
第7章 システム開発ではなぜマネーマネジメントが重要なのか
第8章 バースコアリング──新たなトレードアプローチ
第9章 「厳選したサンプル」のワナに陥るな
第10章 トレードの通説
第11章 マネーマネジメント入門
第12章 小口口座のための従来のマネーマネジメントテクニック──商品
第13章 小口口座のための従来のマネーマネジメントテクニック──株式
第14章 大口口座のための従来のマネーマネジメントテクニック──商品
第15章 大口口座のための従来のマネーマネジメントテクニック──株式
第16章 株式戦略と商品戦略を一緒にトレードする

バン・K・タープ博士

コンサルタントやトレーディングコーチとして国際的に知られ、バン・タープ・インスティチュートの創始者兼社長でもある。これまでトレーディングや投資関連の数々のベストセラーを世に送り出してきた。講演者としても引っ張りだこで、トレーディング会社や個人を対象にしたワークショップを世界中で開催している。またフォーブス、バロンズ、マーケットウイーク、インベスターズ・ビジネス・デイリーなどに多くの記事を寄稿している。

ウィザードブックシリーズ134
新版 魔術師たちの心理学

定価 本体2,800円+税　ISBN:9784775971000

秘密を公開しすぎた
ロングセラーの大幅改訂版が（全面新訳!!）新登場。
儲かる手法（聖杯）はあなたの中にあった!!あなただけの戦術・戦略の編み出し方がわかるプロの教科書!

ウィザードブックシリーズ160
タープ博士のトレード学校
ポジションサイジング入門

定価 本体2,800円+税　ISBN:9784775971277

スーパートレーダーになるための自己改造計画
『新版 魔術師たちの心理学』入門編。
タープが投げかけるさまざまな質問に答えることで、トレーダーとして成功することについて、あなたには真剣に考える機会が与えられるだろう。

ウィザードブックシリーズ215
トレードコーチとメンタルクリニック

定価 本体2,800円+税　ISBN:9784775971819

あなたを 自己発見の旅へといざなう
己の内面を見つめることで、あなたの意思決定に大きな影響を及ぼしている心に染み付いた考えや信念や認識から解き放たれる。成績を向上させ、スーパートレーダーへの第一歩となるヒントが満載。

関連書

ウィザードブックシリーズ231

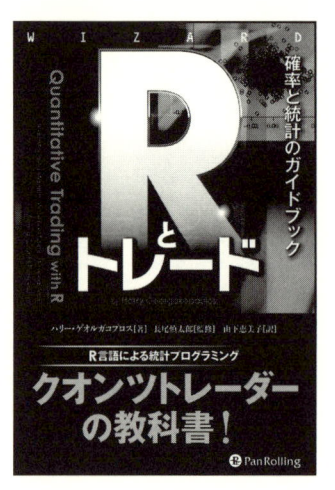

Rとトレード
確率と統計のガイドブック

定価 本体7,800円+税　ISBN:9784775972007

クオンツトレード分野の最高の基本書！

金融データ分析を行ったり、モデル駆動のトレード戦略を構築するクオンツやトレーダーたちは、毎日どういったことをやっているのだろうか。本書では、クオンツ、講演家、高頻度トレーダーとしての著者の経験に基づき、プロのクオンツやトレーダーたちが日々遭遇するさまざまな問題を明らかにし、それを解決するための分かりやすいRコードを紹介する。プログラミング、数学、金融概念を使って簡単なトレード戦略の構築と分析を行うことに興味のある学生、研究者、実践家たちにとって、本書は素晴らしい入門書になるはずだ。分かりやすく包括的に書かれた本書は、データの調査や戦略の開発を行うにあたり、人気のR言語を使えるようにすることを主眼としたものだ。

ウィザードブックシリーズ223

出来高・価格分析の完全ガイド
100年以上不変の「市場の内側」をトレードに生かす

アナ・クーリング【著】

定価 本体3,800円+税　ISBN:9784775971918

FXトレーダーとしての成功への第一歩は出来高だった！

本書には、あなたのトレードにVPA Volume Price Analysis（出来高・価格分析）を適用するために知らなければならないことがすべて書かれている。それぞれの章は前の章を踏まえて成り立つものだ。価格と出来高の原理に始まり、そのあと簡単な例を使って2つを1つにまとめる。本書を読み込んでいくと、突然、VPAがあなたに伝えようとする本質を理解できるようになる。それは市場や時間枠を超えた普遍的なものだ。

Python3ではじめる システムトレード
環境構築と売買戦略

定価 本体3,800円+税　ISBN:9784775991473

高頻度取引HFTへの入り口
無料プラットフォームと豊富なソースコードを使え！

ネットワーク上にあるデータベースから金融経済関連のデータをダウンロードし、そのデータの特徴を理解する。そして投資・取引戦略を構築するための知恵を身に着ける。その際にPythonプログラム言語を学び、統計的手法を用いデータ分析の客観性を向上し、安定した収益を実現する取引戦略の構築を試みてみよう。また、学習に用いたプログラムコードを公開することで、だれでも卓上で分析結果を再現できるようにする。これらが本書の特徴であり、目的である。本書から開発の楽しさを知り、トレーディングへ活かしていただけることを願っている。

現代の錬金術師シリーズ121

Rubyではじめる システムトレード
「使える」プログラミングで検証ソフトを作る

定価 本体2,800円+税　ISBN:9784775991282

プログラミングのできるシステムトレーダーになる!! 絶対金持ちになってやる!!

本書は、「どうにかして株で儲けたい」という人のために書かれた。そのトレードで勝つためには、極力感情を排除することが重要だ。そのために、明確なルールに従って機械的に売買する「システムトレード」がどうも有効らしい。しかし、プログラミングが壁になって二の足を踏んでしまう。そういう人たちのために、自分の手を動かし、トレードアイデアをプログラムで表現する喜びを味わってもらおうとして書いたのが本書の一番の目的だ。さあ、あなたも、株で金持ちになってみませんか。

ウィザードブックシリーズ 248

システムトレード 検証と実践
自動売買の再現性と許容リスク

ケビン・J・ダービー【著】

定価 本体7,800円+税　ISBN:9784775972199

プロを目指す個人トレーダーの宝物！

本書は、ワールドカップ・チャンピオンシップ・オブ・フューチャーズ・トレーディングで3年にわたって1位と2位に輝いたケビン・ダービーが3桁のリターンをたたき出すトレードシステム開発の秘訣を伝授したものである。データマイニング、モンテカルロシミュレーション、リアルタイムトレードと、トピックは多岐にわたる。詳細な説明と例証によって、彼はアイデアの考案・立証、仕掛けポイントと手仕舞いポイントの設定、システムの検証、これらをライブトレードで実行する方法の全プロセスをステップバイステップで指導してくれる。システムへの資産配分を増やしたり減らしたりする具体的なルールや、システムをあきらめるべきときも分かってくる。

ウィザードブックシリーズ 183

システムトレード基本と原則
トレーディングで勝者と敗者を分けるもの

ブレント・ペンフォールド【著】

定価 本体4,800円+税　ISBN:9784775971505

あなたは勝者になるか敗者になるか？

勝者と敗者を分かつトレーディング原則を明確に述べる。トレーディングは異なるマーケット、異なる時間枠、異なるテクニックに基づく異なる銘柄で行われることがある。だが、成功しているすべてのトレーダーをつなぐ共通項がある。トレーディングで成功するための普遍的な原則だ。マーケットや時間枠、テクニックにかかわりなく、一貫して利益を生み出すトレーダーはすべて、それらの原則を固く守っている。彼らは目標に向かうのに役立つ強力な一言アドバイスを気前よく提供することに賛成してくれた。それぞれのアドバイスは普遍的な原則の重要な要素を強調している。

ウィザードブックシリーズ 237

システマティックトレード
独自のシステムを開発するための完全ガイド

ロバート・カーバー【著】

定価 本体7,800円+税　ISBN:9784775972069

これからのシステム設計の予言書！ ロケット工学者が相場を席巻する時代は終わった！

本書はあなた独自のシステムを開発するための完全なるガイドであり、トレードや投資の意思決定をスムーズに行ううえで役立つものだ。金融の意思決定を部分的にあるいは全面的にシステム化したい人にとっては必読の書である。本書では、金融理論を駆使し、システマティックなヘッジファンド戦略の豊富な運用経験を生かし、また掘り下げたリサーチを使って、なぜシステマティックなトレードでなければならないのかを説明する。そしてシステマティックなトレードを安全かつ利益が出るように行うにはどうすればよいのかを示していく。

ウィザードブックシリーズ 244

世界一簡単な
アルゴリズムトレードの構築方法
あなたに合った戦略を見つけるために

ペリー・J・カウフマン【著】

定価 本体5,800円+税　ISBN:9784775972137

世界一やさしいアルゴリズムトレードの本
本書でアルゴリズムトレードのデビュー

1970年代、ペリー・カウフマンが自動化システムでトレードを始めたとき、プロのトレーダーたちは「バカバカしい」と一笑に付した。しかし、今や高頻度トレードは「一般投資家からお金を盗んでいる」として、その不公平なまでの優位性を非難されるまでになった。本書で公開されたアルゴリズムトレードのテクニックを習得すれば、ホームトレーダーのあなたにもパワーを取り戻すことができるだろう！ トレーダーとして洞察力を磨き、その洞察力を利益の出る戦略に変えることから、トレードを生計手段とするうえで直面する現実的な問題に至るまで、第一線で戦ってきた40年以上に及ぶ経験を惜しげもなく披歴し、エキスパートと戦えるまでの近道を教えてくれるのが、アルゴリズムトレードの最高傑作ともいえる本書である。

ウィザードブックシリーズ 250

アルゴリズムトレードの道具箱
VBA、Python、トレードステーション、アミブローカーを使いこなすために

ジョージ・プルート【著】

定価 本体9,800円+税　ISBN:9784775972205

富を自動的に創造する世界に飛び込もう！

技術の進歩によって、今や平均的なトレーダーでもアイデアを低コストで簡単に実装できるようになった。これまで実現不可能と思われていたトレードシステムに新たな息吹が吹き込まれたわけである。自分のトレードアイデアをもとに最高のアルゴリズムを作成したいと思っているが、どこから始めればよいのか分からない人やプログラミングなどやったことがない人にとって、本書は完璧なコードを素早く簡単に書くための良い出発点になるだろう。

あなたのトレード判断能力を大幅に鍛える
エリオット波動研究
基礎からトレード戦略まで網羅したエリオット波動の教科書

一般社団法人日本エリオット波動研究所【著】

定価 本体2,800円+税　ISBN:9784775991527

正しいエリオット波動を、正しく学ぶ

エリオット波動理論を学ぶことで得られるのは、「今の株価が波動のどの位置にいるのか（上昇波動や下落波動の序盤か中盤か終盤か）」「今後どちらの方向に動くのか（上昇か下落か）」「どの地点まで動くのか（上昇や下落の目標）」という問題に対する判断能力です。

エリオット波動理論によって、これまでの株価の動きを分析し、さらに今後の株価の進路のメインシナリオとサブシナリオを描くことで、それらに基づいた「効率良いリスク管理に優れたトレード戦略」を探ることができます。そのためにも、まずは本書でエリオット波動の基本をしっかり理解して習得してください。

関連書

ウィザードブックシリーズ228

FX 5分足スキャルピング
プライスアクションの基本と原則

ボブ・ボルマン【著】

定価 本体5,800円+税　ISBN:9784775971956

132日間連続で1日を3分割した5分足チャート【詳細解説付き】

本書は、トレーダーを目指す人だけでなく、「裸のチャート(値動きのみのチャート)のトレード」をよりよく理解したいプロのトレーダーにもぜひ読んでほしい。ボルマンは、何百ものチャートを詳しく解説するなかで、マーケットの動きの大部分は、ほんのいくつかのプライスアクションの原則で説明でき、その本質をトレードに生かすために必要なのは熟練ではなく、常識だと身をもって証明している。

トレードでの実践に必要な細部まで広く鋭く目配りしつつも非常に分かりやすく書かれており、すべてのページに質の高い情報があふれている。FXはもちろん、株価指数や株や商品など、真剣にトレードを学びたいトレーダーにとっては、いつでもすぐに見えるところに常備しておきたい最高の書だろう。

ウィザードブックシリーズ200

FXスキャルピング
ティックチャートを駆使したプライスアクショントレード入門

ボブ・ボルマン【著】

定価 本体3,800円+税　ISBN:9784775971673

無限の可能性に満ちたティックチャートの世界！ FXの神髄であるスキャルパー入門！

日中のトレード戦略を詳細につづった本書は、多くの70ティックチャートとともに読者を魅力あふれるスキャルピングの世界に導いてくれる。そして、あらゆる手法を駆使して、世界最大の戦場であるFX市場で戦っていくために必要な洞察をスキャルパーたちに与えてくれる。

関連書

ウィザードブックシリーズ80

ディナポリの秘数
フィボナッチ売買法

ジョー・ディナポリ【著】

定価 本体16,000円+税　ISBN:9784775970423

押し・戻り分析で仕掛けから手仕舞いまでわかる

本書は、投資市場における「押しや戻り」を正確に当てるフィボナッチを基本したトレーディング手法を紹介したものである。この不思議な数値である0.382や0.618は、投資家として、またトレーダーとしてワンランク上を目指す者、どうしても現状の沈滞ムードを打破できない者にとっては絶大な力と啓示を与えてくれるだろう！
レオナルド・フィボナッチが発見した秘数があなたに莫大な財産を作らせる第一歩になるかもしれない！

ウィザードブックシリーズ36

ワイルダーのテクニカル分析入門
オシレーターの売買シグナルによるトレード実践法

J・ウエルズ・ワイルダー・ジュニア【著】

定価 本体 9,800円+税　ISBN:9784939103636

あなたは、RSIやADXの本当の使い方を知っていますか？

RSI、ADX開発者自身による伝説の書！ワイルダーの古典をついに完全邦訳。ウエルズ・ワイルダーは、テクニカル・トレーディング・システムに関する斬新かつ独創的な概念を次々と考案し、世界中にその名を知られている。この分野に革命を起こした本書は、今やテクニカル派にとって伝説ともいえる1冊だ。また図表やワークシート、チャートをふんだんに使って、初心者でもその指標を簡単に算出できるように配慮した本書は、すべてのトレーダーにとってかけがえのない財産になるだろう。

関連書

ウィザードブックシリーズ 166

フィボナッチブレイクアウト売買法
高勝率トレーディングの仕掛けから手仕舞いまで

ロバート・C・マイナー、【著】

定価 本体5,800円+税　ISBN:9784775971338

フィボナッチの新たな境地！ 従来のフィボナッチの利用法をブレイクアウト戦略まで高めた実践的手法

本書では、トレーダーであり著名なトレーディング講師であるロバート・マイナーが実践的なトレード計画のすべての要素を非常に分かりやすく説明している。これは、彼が20年以上をかけて開発したトレード計画で、仕掛けから手仕舞いまでを網羅している。このフィボナッチとブレイクアウト手法を融合させた「トレイリング・ワン・バー戦略」と「スイングエントリー戦略」を学べば、あらゆるマーケットのあらゆる時間枠で自信を持ってトレードするための一貫性が身につくだろう。

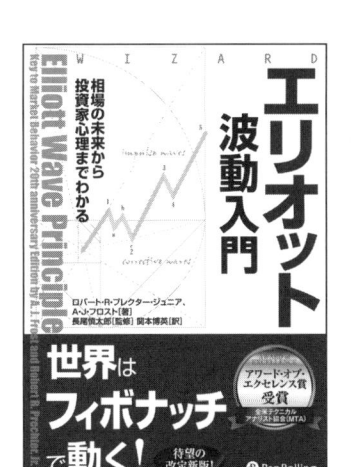

ウィザードブックシリーズ 156

エリオット波動入門
相場の未来から投資家心理までわかる

ロバート・R・プレクター・ジュニア、A・J・フロスト【著】

定価 本体5,800円+税　ISBN:9784775971239

待望のエリオット波動の改定新版！ 相場はフィボナッチを元に動く！ 波動理論の教科書！

本書の初版本は1978年に出版されたが、そのときのダウ工業株平均は790ドルだった。初版本が出版されると、書評家たちはこぞって波動原理に関する決定的な参考書だと称賛したが、残念なことにベストセラーとなるには数十万部も及ばなかった。しかし、本書の興味あるテーマと長期の株価を正確に予想したことに対する関心が大きく高まったことから、毎年増刷を続け、ついにウォール街では古典の地位を獲得するまでになった。

関連書

ウィザードブックシリーズ 146
フィボナッチ逆張り売買法
パターンを認識し、押し目買いと戻り売りを極める

ラリー・ペサベント、レスリー・ジョウフラス【著】

定価 本体5,800円+税 　ISBN:9784775971130

フィボナッチ比率で押しや戻りを予測して、トレードする！デイトレードからポジショントレード売買手法が満載！

本書には、今まであまり知られていなかったいろいろなパターンの形成を見極め、それを効果的にトレードする方法が述べられている。焦点が当てられているのは幾何学的なパターンとフィボナッチ比率に基づいたトレード方法である。そうした幾何学的なパターンの形成プロセスとそのトレードの仕方が分かれば、パターン認識とそのトレードはぐっと身近なものになるだろう。不安定なマーケットでは買いと売りを自在に操ることが資産を築く第一歩になる。

ウィザードブックシリーズ 163
フィボナッチトレーディング
時間と価格を味方につける方法

キャロリン・ボロディン【著】

定価 本体5,800円+税 　ISBN:9784775971307

利益を最大化し、損失を最小化する！トレンドを予測するフィボナッチの魅力！

本書はフィボナッチ級数の数値パターンに基づく実績ある方法を使い、トレードで高値と安値を正確に見定めるための新たな洞察を提供する。本書の知識やツールを身につければ、フィボナッチ比率の水準を使ってどのように相場のトレンドを判断すればいいかが分かる。それに従って相場の波を予測すれば、利益を最大化し、損失を限定する方法を学ぶことができる。